SPEKTRUM DER NATUR
BLV Intensivführer

Lebensräume

Mitteleuropäische Landschaften und Ökosysteme

Prof. Dr. Werner Nachtigall

W0066686

BLV Verlagsgesellschaft
München Wien Zürich

CIP-Kurztitelaufnahme der Deutschen
Bibliothek

Nachtigall, Werner:
Lebensräume: mitteleurop.
Landschaften u. Ökosysteme /
Werner Nachtigall. – München; Wien; Zürich:
BLV Verlagsgesellschaft, 1986.
   (Spektrum der Natur)
   ISBN 3-405-13254-1

Bildnachweis

Bellmann 102, 119, 166, 184, 192
Eisenbeiss 13, 16 r, 45, 77, 138/139
Limbrunner 30, 47 o, 57 or, 122/123, 143,
   165 u, 176 l
Pfletchinger/Angermayer 141 or, 151 r, 176 r
Pott 16 r, 40, 61, 78, 120, 136, 168
Quedens 101, 196 r, 209, 210
Reinhard 16 l, 63, 79, 135, 196 l
Reinhard/Angermayer 48, 72
Sauer 47 u, 151 l
Schmelzenbach 65, 108 r, 109 r, 194/195
Seidl 35
Wothe 8/9, 17 l, 41, 53, 137 u, 146 o, 146 u
Titelfoto: Agentur Anthony
Grafiken S. 19, 20/21, 38, 51, 68, 74, 82,
   85, 90, 96, 103, 104, 105, 130, 180, 205
   von Barbara von Damnitz

Alle anderen Fotos und Grafiken stammen
vom Autor

© 1986 BLV Verlagsgesellschaft mbH, München
8000 München 40

Satz und Druck: Appl, Wemding
Bindung: Großbuchbinderei Monheim

Printed in Germany · ISBN 3-405-13254-1

BLV Naturführer

Alpen · Alpenblumen · Aquarienfische · Bach – Fluß – See · Bäume + Sträucher · Fische · Giftpflanzen – Gifttiere · Heilpflanzen · Heimische Pflanzen 1 · Heimische Pflanzen 2 · Hunde · Insekten · Lebensraum Stadt · Mein Hobby: Mikroskopieren · Mein Hobby: Natur fotografieren · Mein Hobby: Pflanzen kennenlernen · Mein Hobby: Schmetterlinge beobachten · Mein Hobby: Steine sammeln · Mein Hobby: Vögel beobachten · Mineralien + Gesteine · Moor und Heide · Pflanzen am Mittelmeer · Pilze · Säugetiere · Schmetterlinge · Spuren und Fährten unserer Tiere · Sterne + Sternbilder · Strand und Küste – Wattenmeer · Versteinerungen · Vögel · Wald und Forst · Wasservögel – Strandvögel · Wiesen und Felder · Wolkenbilder – Wettervorhersage · Zootiere

BLV Bestimmungsbuch

Amphibien und Reptilien · Aquarienfische · Bäume + Sträucher · Bäume und Sträucher Europas · Blumen am Mittelmeer · Edelsteine und Schmucksteine · Farbige Pflanzenwelt · Farne – Moose – Flechten · Fossilien · Foto-Pflanzenführer · Gräser · Heilpflanzen · Die Höhlen Europas · Hunderassen der Welt · Insekten + Weichtiere · Meeresfische · Muscheln + Schnecken · Orchideen Europas · Pferderassen der Welt · Pflanzen der Tropen · Pflanzen Europas · Pflanzen- und Tierwelt der Alpen · Pilze · Pilzführer · Säugetiere · Säugetiere Afrikas · Steine + Mineralien · Sterne + Planeten · Süßwasserfische · Tiere und Pflanzen an Mittelmeerküsten · Tierspuren · Vögel · Wetterkunde für alle

BLV Intensivführer – Spektrum der Natur

Alpenpflanzen · Laubgehölze · Lebensräume · Nadelgehölze · Pflanzen der Feuchtgebiete · Pilze, Band 1: Lamellenpilze, Täublinge, Milchlinge und andere Gruppen mit Lamellen · Pilze, Band 2: Röhrlinge, Porlinge, Bauchpilze, Schlauchpilze und andere · Vögel, Band 1: Singvögel · Vögel, Band 2: Spechte, Eulen, Greifvögel, Tauben, Hühner u. a. · Vögel, Band 3: Taucher, Entenvögel, Reiher, Watvögel, Möwen u. a.

Weitere BLV Bücher zum Bestimmen

BLV Vogelführer · Greifvögel · Der große BLV Mineralienführer · Der große BLV Naturführer · Der große BLV Pflanzenführer · Der große Pilz-führer, Band 1–4 · Heilpflanzen in Farbe · Das neue BLV Pilzbuch · Der neue BLV Steine- und Mineralienführer · Stimmen der Vögel Europas

Weitere BLV Naturbücher

BLV Bildatlas der Bäume · Das farbige BLV Hausbuch der Natur · Korallenriffe · Naturinseln in Stadt und Dorf · Tiere in der Landschaft · Wie Tiere denken

BLV Umweltwissen

Autofahren umweltfreundlich · Darum brauchen wir den Wald · So stirbt der Wald · Wenn Gewässer sauer werden

Inhalt

See und Teich 139

Bach und Fluß 175

Meeresküste und Watt 195

Anhang 212

Einführung

Die Lebensräume in unserer mitteleuropäischen Umwelt sind teils natürlich (Mischwälder, Moore), teils auch vom Menschen künstlich geschaffen, d.h. anthropogen (Siedlungen, viele Wiesen). Ich beschreibe in diesem Buch alle wesentlichen natürlichen Lebensräume, bewußt auch solche, die der Mensch fast zum Verschwinden gebracht hat, wie beispielsweise Hochmoore. Auch die wichtigsten anthropogenen Räume sind aufgenommen (mit Ausnahme der Ackerfluren), von denen manche erstaunlich vielseitig besiedelt sind, wie etwa Kiesgruben und wiederbewachsene Schuttplätze als »sekundäre Urlandschaften« zeigen.

Viele natürliche Biotope sind vom Menschen stark zurückgedrängt worden und erweisen sich als zunehmend gefährdet, so Alpenmatten, Auwälder, Moore, Wattregionen. Ich habe mich entschlossen, im vorliegenden Buch nur an einer einzigen Stelle, nämlich am Beispiel der Alpenregionen, auf die Gefährdung durch den Menschen einzugehen und dieses traurige Kapitel sonst auszuklammern. Dies und die Tatsache, daß ich nicht auf jeder zweiten Seite zum aktiven Naturschutz aufrufe, soll nicht bedeuten, daß ich mir der zugrundeliegenden Problematik nicht bewußt bin und nicht ausdrücklich zur Achtung vor der Natur und zu ihrem Schutz mahne. In allen meinen Büchern, so auch in diesem, habe ich das Prinzip verfolgt, durch Vermittlung von Informationen auf indirekte Weise Naturschutz zu betreiben: Wer Organismen und Umwelt kennt, etwas von ihrem feinen Zusammenwirken ahnt, wird die Natur lieben und sie zumindest in seiner persönlichen Einflußmöglichkeit schützen und erhalten.

Wenn man sich die unterschiedlichen Lebensräume (Biotope) ansieht, kann man zunächst ganz naiv fragen »Was lebt wo und warum gerade da?«. Die Besiedelung eines Lebensraums hängt zunächst davon ab, inwiefern Pflanzen und Tieren auf die abiotischen Umweltansprüche, wie Temperatur, Feuchtigkeit, Windverhältnisse usw. abgestimmt sind. Dieser Gesichtspunkt (»Autökologie«) wird im vorliegenden Buch stärker herausgearbeitet. Die Besetzung »ökologischer Nischen« durch Lebewesen wird geschildert, die vielfältige Anpassungserscheinungen an die jeweils vorherrschend physikalischen Umweltbedingungen entwickelt haben. Man kann weiter danach fragen, wie sich artgleiche Tierpopulationen in unterschiedlichen Arealen halten und entwickeln können (»Demökologie«) und wie artunterschiedliche Lebewesen im gegenseitigen Konkurrenzkampf, aber auch zum gegenseitigen Nutzen Lebensgemeinschaften, Biozönosen bilden (»Synökologie«). Diese beiden letzteren Gesichtspunkte sind hier nur andeutungsweise behandelt.

Das vorliegende Buch soll also als Biotopführer – kurzgefaßt natürlich, was angesichts der großen Vielzahl von besiedelbaren Lebensräumen unvermeidlich ist – dem Leser zum einen eine Übersicht über die abiotischen Anforderungen geben, die die jeweiligen Biotope stellen, und die oft ganz extrem sind. Zum anderen soll nach Art kurzer Aufzählungen vorgestellt werden, »was wo lebt«, und zum dritten habe ich versucht, die Querbeziehungen zwischen Organismen und Umwelt im Sinn einer Anpassung an die Erfordernisse mit typischen Beispielen herauszuarbeiten.

Berg und Fels

Wer eine Bergwanderung vom Tal zum Gipfel macht, durchläuft in nordalpinen Regionen die folgenden charakteristischen Höhenstufen.

Hügelstufe: Ursprünglich von Laub- und Mischwäldern (in Trockengebieten: Föhren) bedeckt, reicht diese auch als »kollin« bezeichnete Höhenstufe 200 bis 700 m hoch hinauf. Heute ist diese Höhenlage durch land- und forstwirtschaftliche Nutzung stark beeinflußt.

Bergstufe: Die »montane Stufe« trägt als natürliche Pflanzenbedeckung einen Bergmischwald aus Buchen, auch Eichen (in Südlagen Kastanien) sowie Tannen, in den Zentralalpen mehr Nadelholzbedeckung mit Fichten, Föhren und auch Lärchen. Sie verläuft zwischen 600 und 1300 m.

Subalpine Stufe: Die untere der eigentlichen hochgelegenen Regionen ist charakteristischerweise mit fast reinem Nadelwald bedeckt. Nach oben geht diese Stufe in die Latschen- oder Grünerlenregion über. Sie reicht bis etwa 1800 m.

Alpine Stufe: Durch die Waldgrenze (zwischen 1700 und 1900 m in den Nordalpen, zwischen 2100 und 2400 m in den Zentralalpen) ist diese eigentliche Alpin-Region von der subalpinen Stufe scharf abgesetzt. Sie trägt Zwergsträucher oder natürliche Bergwiesen und Grasheiden (Urwiesen), heutzutage häufig Almweiden, und reicht 1800 bis 2500 m hoch hinauf.

Schneestufe: Diese auch als »nivale Region« bezeichnete Stufe trägt nur noch im unteren Bereich schütteren Bewuchs von Pflanzen. Sie beginnt mit 2500 m und endet im Eis und Schnee der höchsten Gipfel.

Höhenstufen

Die einleitend genannte Vertikal-Verteilung der Vegetation in Höhenstufen ist ein Prinzipschema. Im einzelnen spielt die lokale Humusauflage ebenso eine Rolle wie eine Gesteinsänderung; die veränderte Sonneneinstrahlung an mehr nördlich oder südlich exponierten Hängen ist ebenso mitbestimmend wie ein lokaler Windschutz und anderes mehr. Damit verzerren sich die idealerweise horizontal verlaufenden Grenzen der Höhenstufen zu zickzackartig auf- und abspringenden Bändern. Solche Bereiche können auch in sich geschlossen sein: In einer geschützten, etwas Humus enthaltenden Südnische in größerer Höhe können inmitten »toter« Schnee- und Felsregion Pflanzen gedeihen, die man normalerweise in weit tieferen Lagen findet. So kommt es häufig zu einer Auflösung der Höhenstufen in ein mosaik- oder fleckerlteppichartiges Muster. Nichtsdestoweniger behält die Einteilung in Zonen ihre prinzipielle Bedeutung und ist für eine erste Orientierung sehr hilfreich.

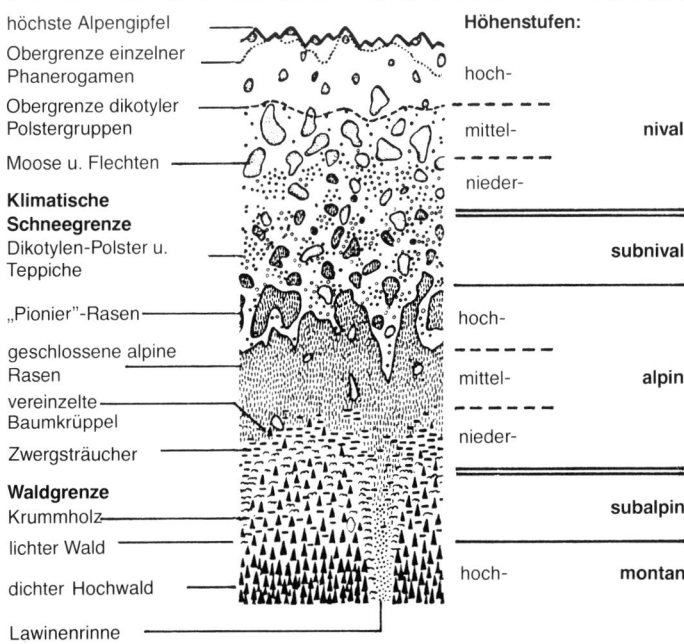

Mosaikartige Verteilung der Pflanzengesellschaften in den oberen Höhenstufen der Alpen. Nach Reisigl und Pitschmann (1958) aus Ellenberg (1978).

Die Abbildungen rechts zeigen charakteristische Berg- und Fels-Regionen. Links oben: Schroffe Gipfelregion in den Dolomiten, besiedelt nur von Flechten, Moosen und Pflanzen der Felsspalten. Rechts oben: Geschichtete Kalkplatten am Wallberg mit Latschen, Grün-Erle, Rasenstücken und Flecken von Felsspalten-Vegetation. Links unten: Obergrenze des Nadelwalds mit Übergang in die Latschenregion in den bayrischen Alpen; Lawinenrinne. Rechts unten: Übergang des Berg-Nadelwalds in anmoorige Talwiesen mit Bach bei Rottach-Egern.

Gipfelstürmer

Oft wird die Frage gestellt, welche Pflanzen und Tiere am höchsten hinaufgehen.

Pflanzen

Zu dieser Gruppe gehört nicht etwa das Edelweiß; hierzu zählen beispielsweise eine Reihe von Steinbrech-Arten. Die am höchsten hinaufsteigenden Alpenblumen sind Moos-Steinbrech *(Saxifraga bryoides)*, Moschus-Steinbrech *(S. moschata)*, Zweiblütiger Steinbrech *(S. biflora)*, weiter Gletscher-Hahnenfuß *(Ranunculus glacialis)*, Schwarze Schafgarbe *(Achillea atrata)*, Gletscher-Mannsschild *(Androsace alpina)*, dazu Kurzblättriger Enzian *(Gentiana brachyphylla)*, Alpen-Leinkraut *(Linaria alpina)* sowie ein Hungerblümchen *(Draba fladnizensis)* und ein Gras *(Poa alpina* var. *minor)*.

In großer Höhe machen schon wenige Dutzend Meter Höhenzunahme viel aus. So kommen in den Ötztaler

Keulenschrecke *(Gomphocerus sibiricus)*, eine an den Auftreibungen der Vorderbeine leicht erkennbare alpine Heuschrecke, die bis in das Kleinstrauchgebüsch hochsteigt.

Alpen bei 3000 m Höhe noch 74 Arten von Blütenpflanzen vor, in 3400 m dagegen nur noch 29. Der Gletscher-Hahnenfuß soll noch auf 4275 m Höhe gefunden worden sein. Noch höher steigen nur Moose und vor allem Flechten (im Himalaja an eisfreien Steilwänden bis 4800 m) sowie Blaualgen. Hochgelegene Schneeflächen können rotgefärbt sein von Myriaden Individuen einer einzelligen Alge, *Chlamydomonas nivalis,* die den tiefen Temperaturen angepaßt ist. Ihre Entwicklungsobergrenze liegt bei +4 °C.

Tiere

Unter den Amphibien gehen nur der Alpenmolch *(Triturus alpestris)* und der glänzend-schwarze Alpensalamander *(Salamandra atra)* an die 3000-m-Grenze. Den auffällig gelb gefleckten, sonst schwarzen Feuersalamander *(Salamandra salamandra)* findet man nur bis 2000 m. Unter den Reptilien nähern sich dieser Grenze Bergeidechse *(Lacerta vivipara)*, Kreuzotter *(Vipera berus)* und vielleicht noch Blindschleiche *(Anguis fragilis)*.

Als Brutvögel der hochalpinen Kleinstrauchgesellschaften und Geröllhalden gehen Steinhühner *(Alectoris graeca)* bis 3000 m, Alpenschneehühner *(Lagopus mutus)* gar bis 3500 m. In den senkrechten Felswänden bis 2500 m klettern Mauerläufer *(Tichodroma muraria)* und brüten Alpensegler *(Apus melba)*, während der Schneefink *Montifringilla nivalis)* »nur« von 1800 m bis an die Schneegrenze hoch geht. Die höchsten Alpengipfel überfliegen die gelbschnäbelige Alpendohle *(Pyrrhocorax graculus)*, die rotschnäbelige Alpenkrähe *(Pyrrhocorax pyrrhocorax)*, der gelegentlich auf Bäumen, häufiger aber in Felsnischen horstende Kolkrabe *(Corvus corax)* und schließlich der immer noch nicht ganz ausgerottete Steinadler *(Aquila*

Der Moos-Steinbrech *(Saxifraga bryoides)* kommt auf Silikatschutt vor, am Matterhorn noch auf 4200 m Höhe.

chrysaetos). Früher kamen unter anderem auch Gänsegeier *(Gyps fulvus)* und Bartgeier *(Gypaetos barbatus;* bis 1882) in den Alpen vor.

Von den Säugetieren kommen Schneehase *(Lepus timidus)* und sogar Wieselarten im Sommer bis in Höhen von 3000 m vor, während das Murmeltier *(Marmota marmota)* nicht ganz so hoch hinaufgeht, bis 2800 m. Der an steilen Felswänden bis zu 60° Neigung kletternde, mit Hilfe aufsetzbarer Afterklauen recht tritt- und rutschsichere Steinbock *(Capra ibex)* kann bis 3500 m hoch gehen; die Gemse *(Rupicapra rupicapra)* schließlich hält sich lieber in den geringeren Höhen der Latschenregion auf.

Hochgebirgstiere besitzen generell relativ mehr sauerstoffbindendes Hämoglobin im Blut, und ihr Herzgewicht ist relativ größer als bei ihren Verwandten der Tiefebenen.

Auch Insekten können in großen Höhen gefunden werden. Berggipfel sind beliebte Versammlungsplätze schwärmender Ameisen und anderer Hymenopteren. Hummeln und räuberische Laufkäfer – etwa *Pterostichus negligens* – gehen bis an die Schneegrenze, und mehrere Arten knallig gefärbter Fliegen, speziell von Schwebfliegen, jagen um die Gipfelbrocken. Bisweilen sind dies Begattungsplätze: Männchen und Weibchen fliegen hoch »bis es nicht mehr weiter geht« und finden sich dann zwangsläufig. Unter den Schmetterlingen geht der Alpenapollo *(Parnassius phoebus)* bis 2500 m hoch hinauf; manche Schwärmer, Spanner, Bläulinge und Eulen gehen bis 3000 m, der Dunkle Flechtenbär *(Endrosa aurita ramosa)* als hochalpine Rasse gar bis nahe an 3500 m. Nicht ganz so hoch gehen manche Urinsekten (z. B. Felsenspringer der Gattung *Machilis),* Spinnen und Tausendfüßer.

Gesteinsgrund und Vegetationstyp

Wenn die Humusauflage nicht allzu hoch ist – dann nämlich kann der Einfluß des Untergrunds »kaschiert« werden – bestimmt das Gestein den Vegetationstyp. Kalk und Dolomit auf der einen Seite, die Silikatgesteine (Granit, Gneis, Schiefer, Sandsteine) auf der anderen lassen jeweils eine ganz kennzeichnende Vegetation optimal gedeihen, so daß der Erfahrene mit einem Blick auf die Pflanzenbedeckung sicher auf den Untergrund schließen kann. Das fällt vor allem bei inselartigen Einsprengseln auf, wenn beispielsweise ein Kalkvorkommen mitten im Silikatgestein liegt: Hier wachsen ganz andere Charakterpflanzen als in der Umgebung.

Chemismus

In der Hauptsache ist die chemische Zusammensetzung des Gesteins entscheidend. Die Zellen mancher Pflanzen, so zum Beispiel des Schweizer Mannsschilds *(Androsace helvetica)*, vertragen eine starke Calciumkonzentration. Verträgt die Pflanze allgemein auch eine alkalische Reaktion des Untergrunds, so ist sie für Kalkgrund prädestiniert. Für andere Pflanzen, etwa den Gletscher-Mannsschild *(Androsace alpina)*, wirkt eine hohe Calciumkonzentration geradezu giftig, und sie lieben eher saure Böden. Solche Arten kann man auf Silikatgrund erwarten. So findet man charakteristische Schuttgesellschaften auf mehr alkalischen Kalk und Kalkschiefer bei einem pH (Säuregrad) etwa um 7,5. Ganz andere Schuttgesellschaften siedeln sich auf mehr sauren Silikatböden bei pH etwa um 5 an.

Verwitterungstyp

Eine beachtliche Rolle spielen auch die unterschiedlichen Verwitterungseigenschaften. Langgestreckte, weit herabreichende Schutthalden mit ihren charakteristischen ökologischen Gruppen der tiefwurzelnden, schuttwandernden, schuttüberdeckenden und schuttstauenden Pflanzen (s. S. 44, 45) findet man zwar auch im Silikatgestein ausgebildet, besonders vielfältig und formenreich aber im Kalkschutt. Durch Bodenrutschung (Solifluktion) überlagern sich hier häufig abgerutschte Bodenfladen, die an den Stirnseiten mit Vegetationsgirlanden bestanden sind. Die weit glatteren Hänge mit Silikatuntergrund wiederum sind häufig mit flächendeckenden Zwergstrauchheiden und Borstgrasfluren besetzt, und da, wo Felder riesiger Blöcke liegen, bilden sich besonders viele Mikrobiotope für eine äußerst abwechslungsreiche, buntblühende Alpenflora, durchsetzt mit vielen Moosen und Farnen, so den charakteristischen Krausen Rollfarn *(Cryptogramma crispa)*.

Vegetationsgirlanden an den Stirnseiten von Bodenrutschungen kalkhaltiger Alpenhänge. Dort wo die Humusschicht zutage tritt, siedeln charakteristische Pflanzengesellschaften. Nach Zuber (1968).

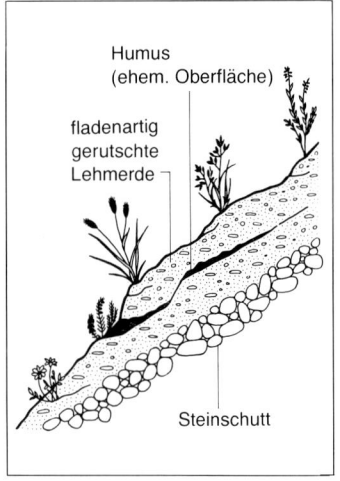

Humus
(ehem. Oberfläche)

fladenartig
gerutschte
Lehmerde

Steinschutt

Epilithische, oberflächlich auf Steinen lebende Grün- und Blaualgen auf Kalkuntergrund.

Mikromorphologie

Auch die mikromorphologische, feinstgegliederte Ausbildung des Gesteins spielt eine Rolle. Der vergleichsweise leicht zersetzliche Kalk, in den kleine und kleinste Hohlräume geätzt werden können, erlaubt es beispielsweise manchen Blaualgen, Grünalgen und Flechten, sich oberflächlich einzunischen (»Epilithen«) oder sogar ins Gestein einzudringen (»Endolithen«). Die harten Silikatgesteine dagegen ermöglichen diese Lebensweise nicht.

Vegetation auf Kalkgestein

Im Untergrund versickert das Wasser rasch, und wegen seiner Trockenheit erwärmt sich der Boden stark. Die Verwitterung bringt nährstoffreichen Humus. Die Bodenreaktion ist alkalisch. Damit hängt es zusammen, daß die Nährstoffe nicht leicht in Lösung gehen. Pflanzen der Kalkböden müssen also Trockenheit und Hitze vertragen und zur Aufnahme der schwer zugänglichen Nährstoffe über hocheffektive Wurzeln verfügen.

Die senkrechten Kalkwände besiedeln endolithische, sich in den Stein hineinätzende Algen und Flechten. Für die Spaltenpflanzen typisch ist zum Beispiel das Stengel-Fingerkraut *(Potentilla caulescens)*, der Schweizer Mannsschild *(Androsace helvetica)* und das Filzige Hungerblümchen *(Draba tomentosa)*. Auf feucht gehaltenem Feinschutt und Kalkgrus bildet die Schneepestwurz *(Petasites paradoxus)* mit ihren Begleitpflanzen eine kennzeichnende Gesellschaft; auf tonigen, wasserhaltigen Schichten der Nordalpen finden sich Bestände der Rost-Segge *(Carex ferruginea)*. Im und auf dem langsam abwärts wandernden Grobschutt leben all die auf den Seiten 44 und 45 beschriebenen kalkliebenden Schuttpflanzen mit ihren vielfältigen Anpassungserscheinungen. Die windumtosten, vorspringenden Bänder und Grate schließlich werden im Winter schneefrei geblasen und bieten nur ganz besonders sturmfesten und frostresistenten Pflanzen Siedlungsmöglichkeiten, wie der Polster-Segge *(Carex firma)*, der Silberwurz *(Dryas octopetala)* und einigen Steinbrecharten.

Vegetation auf Silikatgestein

Silikatgestein enthält stets mehrere Mineralien, die sich bei Temperaturänderungen verschiedenartig ausdehnen. Es unterliegt deshalb einer starken Temperaturverwitterung: »Vergrusen«. Der entstehende mineralische Rohboden bildet zusammen mit verwesender organischer Substanz Feinerde. Silikatböden bieten also an sich gute Voraussetzungen für Pflanzenwachstum. Im allgemeinen sind sie auch wenig wasserdurchlässig, und wegen ihrer Feuchte bleiben sie kühl. Die Bodenreaktion ist sauer. Nährstoffe lösen sich deshalb relativ leicht. Damit können sie zwar vom Wurzelwerk problemlos aufgenommen werden, ebenso leicht aber vom Sickerwasser in Tiefen verfrachtet werden, die den Wurzeln nicht mehr ohne weiteres zugänglich sind. Pflanzen der Silikatböden haben also weniger Wasserprobleme, müssen aber mit sekundärer Nährstoffarmut und Bodenkühle zurechtkommen und somit ebenfalls Anpassungserscheinungen zeigen.

Die hohen, windumtosten und oft von Schnee freigeblasenen Kuppen sind stark mit Flechten bewachsen; an den sturmumtosten steilen Graten halten sich blütendurchsetzte Rasengesellschaften, die nach ihrer Charakterart *(Elyna myosuroides)* als Nacktriedrasen bezeichnet werden: »... vielleicht die schönsten und artenreichsten hochalpinen Rasen« (Reisigl).

Die weniger windgepeitschten Höhenregionen sind häufig mit niederwüchsigen Zwergsträuchern bestanden, und zwar mit solchen Arten, die wenig kälte- und windempfindlich sind. Dazu gehört die Gemsheide *(Loiseleuria procumbens)* und die Rauschbeere *(Vaccinium uliginosum)*. Beeren- und Alpenrosenheiden bedecken großflächig Regionen, die im Winter schneeüberdeckt und damit kälte- und windgeschützt sind. Wärmere und trockenere Südhänge werden bedeckt von Strauchheiden mit dem Zwerg-Wacholder *(Juniperus sibirica)*, der Kleinareale bilden kann, und Wiesen des Borst-

Ein Beispiel für Vikarianten: Links die kalkliebende Aurikel *(Primula auricula)*, rechts die Silikatböden liebende Behaarte Primel *(Primula hirsuta)*.

graes *(Nardus stricta)*. Die Blockgründe am Fuße der Steilwände besiedeln Weidenröschen und Farne, insbesondere der Krause Rollfarn *(Cryptogramma crispa)*, und zahlreiche bunte Blütenpflanzen. Talwärts schließen sich vielerorts Wiesenbukkel mit Grasheiden an; stellenweise häufig ist die Krumm-Segge *(Carex curvula)*.

Vikarianten

In Anpassung an den Gesteinsgrund haben sich im Laufe der Jahrhunderttausende manche Pflanzenarten aufgespalten. So kennt man heute Gattungen, bei denen eine Art nur auf Kalkgesteinen vorkommt, eine nahe verwandte Art dagegen auf Silikatgesteinen. Bekannte Beispiele sind die Gattungen *Rhododendron* und *Primula*, sowie die obengenannte Gattung *Androsace*. Die Behaarte Alpenrose, der Almrausch *(Rhododendron hirsutum)* ist Kalkanzeiger, die Rostblättrige Alpenrose *(Rhododendron ferrugineum)* dagegen Silikatanzeiger. Wer die gelbblühende Aurikel (das »Platenigl« der Österreicher, *Primula auricula)* sehen will, muß auf Kalk suchen; die rosarot blühende Behaarte Primel *(Primula hirsuta)* wird man dagegen auf Silikatgestein finden. Die Botaniker bezeichnen solche nahe verwandten Arten unterschiedlicher Bodenpräferenz als »Vikarianten« (sich vertretende Arten, Formen oder Sippen).

Weitere derartige Paare sind beispielsweise (zuerst Kalkform, dann die Silikatform genannt): die weißblühende Frühlings-Küchenschelle *(Pulsatilla vernalis)* und die schwefelgelbe Küchenschelle *(Pulsatilla alpina* ssp. *apiifolia)*, Stengelloser Enzian *(Gentiana clusii)* und Breitblättriger Enzian *(Gentiana kochiana)* sowie Schwarze Schafgarbe *(Achillea atrata)* und Zwerg-Schafgarbe *(Achillea nana)*.

Ein »Vikarismus« bezieht sich, wie geschildert, im allgemeinen auf den Gesteinsgrund. Es gibt aber noch andere Auslöser, beispielsweise unterschiedliche geographische Breite oder Meereshöhe.

Ein weiteres Beispiel für Vikarianten: Links die kalkliebende Behaarte Alpenrose *(Rhododendron hirsutum)*, rechts die kalkmeidende Rostblättrige Alpenrose *(R. ferrugineum)*.

Besiedelungsfolge

Nach einem Bergsturz oder Erdrutsch ist das zutagegetretene nackte Gestein zunächst frei von Aufwuchs. Doch kaum entstanden, setzt auch schon die Besiedelung der Fläche ein. Dies geschieht in einer ganz charakteristischen Reihenfolge (»Sukzéssion«), beginnend mit den bodenabhängigen Pionierpflanzen und endend mit einer mehr klimabedingten Schlußgesellschaft, die sich dann nicht mehr prinzipiell verändert.

Pioniere und Anfangsgesellschaft

Die ersten Lebewesen, die den Stein besiedeln, sind Algen, Flechten und Moose. Vor allem durch Abgabe chemischer Stoffe verändern sie die Mikrostruktur der Gesteinsoberfläche. In Kalkgestein können sich einige Blaualgen und Flechten einätzen (»Endolithen«, S. 15). Dort eindringendes Wasser gefriert im Winter und schilfert dann die Gesteinsoberfläche schüppchenweise ab: organisch vorbereitete Verwitterung.

Steinabbau an einer Autobahn der Südalpen. Nach dem Auflassen dürfte eine vollständige Wiederbedeckung mit Wald mehrere tausend Jahre dauern.

Ist durch anorganische und organisch mitbedingte Verwitterung ein Spaltensystem mit einem Minimum an Feinschutt und (auch angewehtem) Humus entstanden, so können sich erste höhere Pflanzen ansiedeln, beispielsweise bestimmte Gräser (»Pionierrasen«) und auch auffallendere Blütenpflanzen wie die Alpen-Wucherblume *(Chrysanthemum alpinum)*. Viele sind bodenbestimmt. So kommt, wie bereits erwähnt, beispielsweise die Aurikel *(Primula auricula)* auf Kalk und die Behaarte Primel *(Primula hirsuta)* auf Silikatgrund als Pionierart vor. Alle derartigen Pflanzen zusammen bilden die Anfangsgesellschaft eines Standorts.

Übergangsgesellschaft

Mit zunehmender Humusbildung kommen weitere und immer mehr Pflanzen dazu, so daß sich der Aspekt im Laufe der Zeit ändert. Dies zeigt besonders gut die Besiedelung von Moränen, die durch Gletscherrückgang freigelegt worden sind. Von Jahrzehnt zu Jahrzehnt ändert sich deutlich das Spektrum der Artenzusammensetzung, und noch nach Jahrhunderten hat sich die Endformation (hier: ein Bergwaldtyp) längst nicht herauskristallisiert. Dies ist ein Beispiel für die äußerst langsame Sukzession im alpinen Bereich und zudem eine Mahnung: Es braucht Jahrhunderte oder gar Jahrtausende (!) bis gar nicht so drastisch erscheinende Eingriffe des Menschen wieder »geheilt« sind.

Schlußgesellschaft

Schließlich, meist erst nach Jahrhunderten, ist so viel Humus gebildet worden, daß der ursprünglich nackte Untergrund vollständig bedeckt ist. Es spielt sich eine standorts- und klimabedingte Schlußgesellschaft ein, die sich nicht weiter verändert, solange kein anthropogener Eingriff erfolgt.

Hochalm in den Tegernseer Bergen. Erkennbar ist die großräumige Bodenbeeinflussung (Treppenbildung) durch Viehvertritt. Eine Wiederbewaldung kann einige hundert Jahre dauern.
Wiederbesiedelung einer freigelegten Seitenmoräne des Aletschgletschers. Noch nach rund hundert Jahren hat sich kein Gleichgewicht eingespielt. Aufgetragen ist die Änderung des Deckungsgrads (bei Überdeckung größer als 100%) und des Anteils von verschiedenen Bodendeckern als Funktion der Zeit. Nach Lüdi (1945).

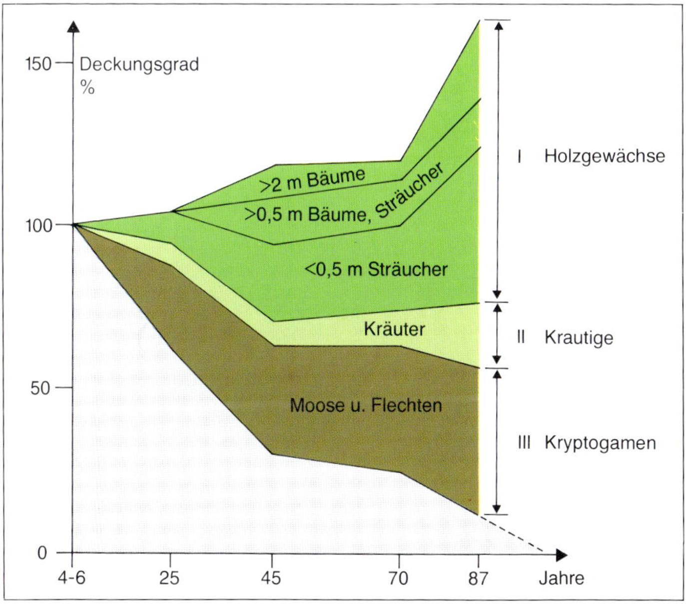

Nackter Fels

In den alpinen Regionen gibt es infolge der mehrminder deutlich ausgeprägten Zonierung (s. S. 10) im allgemeinen gut abgrenzbare Biotope und charakteristische Pflanzengesellschaften.

Die ersten Pioniere, nämlich niedere Blaualgen, verankern sich entweder in feinsten Mikrostrukturen der Gesteinsoberfläche, kleben sich mit einem zähen, bei Trockenheit gelatineartig einschrumpfenden Sekret an und leben in feinsten Oberflächenspalten (»epilithische Arten«), oder ätzen sich durch Säureabscheidung direkt in Kalkgrund ein (»endolithische Arten«). Die sogenannten »Tintenstriche«, lange, dunkle Vertikalbänder, vor allem auf Kalkgestein, werden im wesentlichen von Blaualgen gebildet; auch zwei Arten epilithischer Grünalgen (Gattung *Trentepohlia*) kommen vor. Manche Blaualgen lagern den gelösten Kalk oberflächlich in Bändern wieder ab. Unter feinsten Mineralblättchen können Kieselalgen leben.

Flechten und Moose haben keine echten Wurzeln, aber doch wurzelähnliche Haftorgane. Eine der auffallendsten Flechten, die überwiegend Silikatgrund besiedelt, ist die grellgelbe, von schwarzen Pilzmyzelien durchsetzte Landkartenflechte (*Rhizocarpon geographicum*). Sie dehnt sich nur langsam aus, vielleicht 0,5 mm pro Jahr; pfennigstückgroße Exemplare können mehr als 30 Jahre alt sein, die großflächigen Gipfelflechten viele hundert Jahre (vielleicht manchmal bis 10 000 Jahre!). Wachstum findet nur statt, wenn die Netto-Photosynthese dieser Symbioseformen, also die Differenz zwischen dem vom Algenpartner aufgenommenen CO_2 und dem in der gleichen Zeit vom Pilzpartner (bei unseren einheimischen Flechten nur

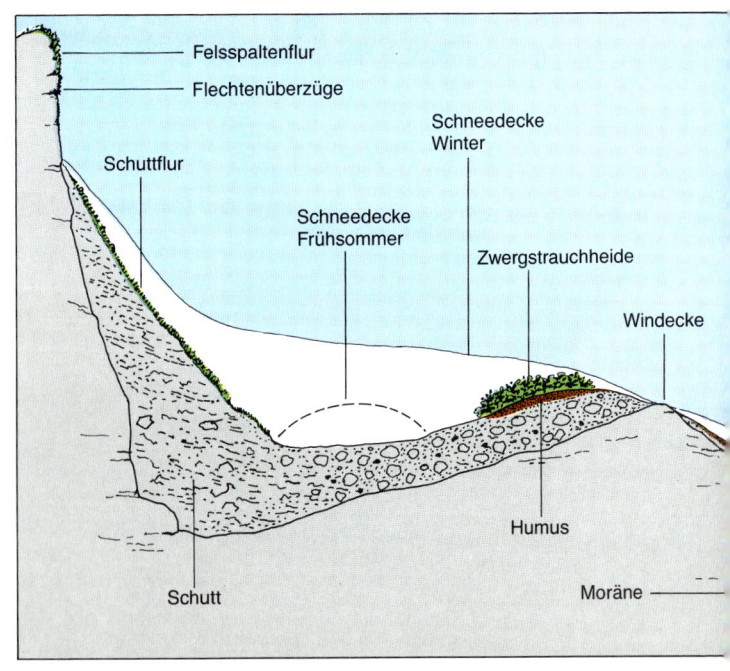

Felsspaltenflur
Flechtenüberzüge
Schneedecke Winter
Schuttflur
Schneedecke Frühsommer
Zwergstrauchheide
Windecke
Humus
Schutt
Moräne

Schlauchpilze) abgegebenen CO_2, positiv ist. Dies ist bei höheren Temperaturen als 20 °C meist nicht mehr der Fall. Eine Anpassung an das Hochgebirgsklima ist darin zu sehen, daß das Maximum der Netto-Photosynthese sehr tief liegt, bei der Korallenflechte z. B. bei +5 °C.

Oft leben Flechten im Verband und durchdringen sich. So finden sich neben der gelbschwarzen Landkartenflechte *(Rhizocarpon)* anders gefärbte Formen: die Schönflechte *(Caloplaga)* ist tieforange, die Blutaugenflechte *(Haematomma)* grünlich mit blutroten Fruchtkörpern, die Nabelflechte *(Umbilicaria)* mehr grau. Auch hochentwickelte Strauchflechten kommen vor, meist auf saurem Gestein und in Spalten, so die den Bartflechten der Bergwälder verwandte Fadenflechte *(Alectoria ochroleuca)*.

Endolithische Flechten, beispielsweise *Verrucaria calciseda,* ätzen

Ausschnitt aus einer Landkartenflechte *(Rhizocarpon geographicum)*.

sich mit ihrem Thallus durch Säureabgabe ins Kalkgestein und leben in den selbstgefertigten Miniaturhöhlen, gegen Windschurf und Feuchtigkeitsverlust geschützt. Nur mit ihren

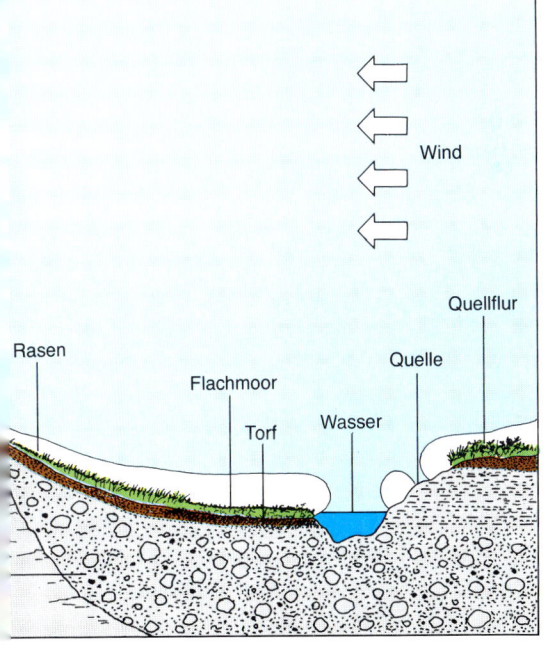

Böden, Vegetationsformen und Besiedelungstypen sowie Lage der Schneedecke in der alpinen Region. Ein Schema, das die wichtigsten Biotope und Pflanzengesellschaften des Hochgebirges kennzeichnet. Nach Ellenberg (1977).

krugförmigen Vermehrungskörpern, den sogenannten Perithecien, erreichen sie die freie Welt. So entstehen viele feine Poren, und nach dem Herauswittern der Flechten sieht Kalkstein manchmal aus wie mit vielen feinen Nadelstichen durchsetzt. Eingedrungenes Wasser kann gefrieren; da es sich hierbei um etwa 9% ausdehnt (wobei Drücke bis 2000 bar (!) erzeugt werden können) werden kleine Gesteinsteilchen abgesprengt. Verwitterungswirksam sind auch Bakterien, die mit Milchsäure Kalk angreifen.

Aus den stecknadeldicken Löchern haben – jetzt herausgewitterte – endolithische (im Gestein lebende) Flechten ihre Vermehrungskörper herausgestreckt.

Zu den Moosen unter den Pionierpflanzen, die das kahle Gestein besiedeln, und denen es nichts ausmacht, während Trockenheitsperioden fast vollständig zu unscheinbaren, schwarzgrauen Pölsterchen auszutrocknen, gehören Gattungen wie *Tortella, Tortula, Pleurochaete* und *Barbula*, die teilweise Temperaturen bis zu 70 °C aushalten und jahrelang in Trockenstarre überdauern können.

Felsspalten

Feinste, dem Auge kaum auffallende Spalten mit Spuren von Erde können schon ausreichen, Pflanzen mit speziell angepaßtem tief reichendem und weit verteiltem Wurzelwerk Verankerung und Nahrung zu geben. Günstigerweise ist der Humusgehalt der Feinerde in den Felsspalten mit 10–30% extrem hoch (Vergleich: Feinerde in Kalkschutt 1–3%). Der Extremstandort hat immerhin den Vorteil, daß die nicht sehr vielen, speziell angepaßten Arten, die starke Trockenheit, Stürme, hohe Strahlungsintensitäten und extreme Temperaturgegensätze mit harten Winterfrösten aushalten, nicht durch Konkurrenz weniger standortangepaßter Pflanzen verdrängt werden. Man nimmt sogar an, daß sich an solchen extremen Standorten »Ur-Alpenpflanzen« aus der Tertiärzeit halten konnten. Gerade in den Alpenrandgebieten sind nicht wenige Hochwände einerseits in den Eiszeiten unvergletschert geblieben, konnten andererseits aber in den wärmeren Zwischeneiszeiten wegen ihrer Höhenlage nicht von aufsteigendem Wald bedeckt werden: Extrembiotope als Refugien für Extremformen!
Man kann die Felsspaltenbewohner auch nach der Art des Untergrunds einteilen. Auffallende Pflanzen der Kalkfelsspalten sind beispielsweise das Stengel-Fingerkraut *(Potentilla caulescens)*, der Schweizer Mannsschild *(Androsace helvetica)*, die Aurikel *(Primula auricula)* und der Trauben-Steinbrech *(Saxifraga paniculata)*. Silikatfelsspalten bewohnen andere Arten der genannten Gattungen, beispielsweise das Schmalkronblättrige Fingerkraut *(Potentilla grammopetala)*, der Vielblütige Mannsschild *(Androsace vandellii)*, die Leim-Primel *(Primula viscosa)* und der Furchen-Steinbrech *(Saxifraga exarata)*.

Felsschutt

Von »Schutt« als Verwitterungsprodukt spricht man bei Materialien, die im wesentlichen durch die Schwerkraft abwärts transportiert werden (während »Geröll« von Fließwässern bewegt wird). Vor allem an Kalk- und Dolomitwänden ziehen sich riesige Schutthalden talwärts. Wo sie noch nicht weitgehend zur Ruhe gekommen, von Humus überdeckt und mit Bergmatten, Almwiesen und Talauen bedeckt sind, bilden sie einen weiteren Extrembiotop. Gekennzeichnet ist er im wesentlichen durch die Bewegung des Untergrunds, des talabgleitenden und -rollenden Grobschutts.

Diese zeitlupenartige, doch stetige Abwärtsbewegung zwingt zu mancherlei Anpassungserscheinungen bei Blütenpflanzen, die in diesen Wällen von Gesteinsbrocken zu wurzeln und wachsen vermögen. Weiter sind große Entfernungen zwischen trockener und oft heißer Oberfläche und wasserhaltigen Schichten typisch, die von den unterirdischen Pflanzenorganen überwunden werden müssen. Der tiefliegende Grus und Feinschutt kann nährstoffreich und recht feucht sein, weil angewehte Feinerde (bis 1,8 kg pro m^2 und Jahr!) in diese Schicht abgeschwemmt wird, und weil diese durch den Überzug von Grobschutt gut gegen Austrocknung geschützt ist. Erreicht die Wurzel erst einmal dieses Dorado und vermag sie sich dort zu halten, während die Oberfläche langsam abrutscht, so ist die wichtigste Besiedelungsvoraussetzung erfüllt.

So erklärt sich auch das Paradoxon, daß auf – oberflächlich – trockenstem Blockschutt Pflanzen leben, die an sich viel Feuchtigkeit brauchen, wie das Rundblättrige Täschelkraut (*Thlaspi rotundifolium*) auf Kalkschutt, der Gletscher-Mannsschild

Zwerg-Glockenblume *(Campanula cochleariifolia)*, die in einer winzigen Gesteinsspalte zu wurzeln vermag.

(Androsace alpina) auf Schutt von Silikatgestein. Die meisten derartigen Pflanzen besitzen somit kaum Einrichtungen zur Verhinderung von Austrocknung (»xeromorpher Bau«), zumal auch die helle, reflektierende Gesteinsoberfläche Überhitzung vermeidet.

Auf die Wärmegegensätze wurde schon hingewiesen. So wurden einmal in Kalkschutt 25 °C gemessen, knapp daneben, in einem Rasenbestand, dagegen 40 °C!

Schutt ist nicht gleich Schutt. Kalkgeröll ist kantig, wasserdurchlässig, mäßig rasch verwitternd und basisch und rutscht der Schwerkraft folgend abwärts. Kalkschiefer verwittert rascher, ist somit reicher an Feinmaterial (und wird deshalb früher besiedelt als Kalkschutt), wird aber auch rascher ausgelaugt und ist deshalb deutlich stärker basisch. Silikatschutt schließlich zerfällt besonders rasch, bildet saure, wasser- und humusreiche Erdteilchen, geeignet für tiefwurzelnde, säureliebende Pflanzen, und wird von Wasser und Eis transportiert (Moränenbildung!).

Eine genauere Ananlyse führt demnach auch zu drei Schuttgesellschaften, nämlich Pflanzen auf Kalkschutt, Kalkschieferschutt und Silikatschutt. An auffälligen Arten gehören zur ersteren Gruppe beispielsweise der Weiße Alpenmohn *(Papaver sendtneri)* und das Alpen-Leinkraut *(Linaria alpina)*, zur zweiten Gruppe der Kurzblättrige Enzian *(Gentiana brachyphylla)* und das Farnblättrige Läusekraut *(Pedicularis aspleniifolia)*, zur dritten Gruppe der Alpen-Säuerling *(Oxyria digyna)* und die Kriechende Nelkenwurz *(Geum reptans)*. Auf Silikatschutt gedeihen auch viele Moose sowie auffallende Flechten, die auf Kalkschutt nicht zu finden sind, so die strohgelbe, dem »Islandmoos« verwandte Art *Cetraria nivalis* oder die aschgraue Art *Stereocaulon alpinum* mit ihren rötlich-braunen Fruchtkörpern.

Gletscher-Hahnenfuß *(Ranunculus glacialis)* auf einem Schuttkegel des Piz Nair.

Schneetälchen und Schneeböden

Als Schneeböden bezeichnet man geneigte Hänge, als Schneetälchen wannen- oder muldenartige Einsenkungen mit feinkörnigem, meist lehmig-tonigem Boden, in denen sich im Frühjahr noch lange der Schnee hält, und die auch im kurzen Sommer von kaltem Schmelzwasser stets gut durchfeuchtet sind. Unter dem Schnee wird es bei Sonneneinstrahlung schon im Frühling relativ warm, zumal dann, wenn dunkler Humus den (geringen) Anteil der durchdringenden Strahlung absorbiert. Es wundert deshalb nicht, wenn sich eine niederstehende Vegetation noch unter dem weißen Mantel weit entwickelt (Assimilation ist bei Schneeüberdeckung kleiner als 15 cm möglich!) und dann rasch austreibt und sogar den Schnee durchstößt. So schieben die Alpenglöckchen, *Soldanella alpina* (Kalk) und *Soldanella pusilla* (Silikat,) ihre fransigen Glockenblüten als erste durch das schmelzende Weiß. Sie sollen dabei Stoffwechselwärme einsetzen.

Den Grund der Schneetälchen auf Kalkböden, die immer nur wenige Quadratmeter einnehmen, bedecken mehrere Arten kleinblättriger, ausdauernder Weiden (Abb. S. 26), so die Netz- und die Stumpfblättrige Weide *(Salix reticulata* und *S. retusa)*. Zu den auffallenderen Blütenpflanzen gehören der Kleine Enzian *(Gentiana pumila)* und der Alpen-Hahnenfuß *(Ranunculus alpestris)*. Weiter findet man beispielsweise das Alpen-Ruhrkraut *(Gnaphalium hoppeanum)*, die Blaue Gänsekresse *(Arabis coerulea)*, den Mannsschild-Steinbrech *(Saxifraga androsace)* und Clusius' Primel *(Primula clusiana)*. Charakteristisch ist die Kleinwüchsigkeit dieser Pflanzen und die Fähigkeit, sich durch Ausläufer zu vermehren.

Auf Bodenstrukturen wie diesen können sich in Hochlagen leicht Schneetälchen bilden. Ist der Boden besonders stark feintonig, halten sich auch bis in den Spätsommer hochgelegene Tümpel. Hochalm bei Alpbach, Tirol.

All diese und die weiter unten genannten, Silikatböden liebenden Pflanzen müssen mit einer äußerst kurzen Vegetationsperiode auskommen. Zwischen Schneeschmelze und herbstlichem Neuschnee liegen nur wenige Monate. Bis acht Monate Schneebedeckung vertragen die Weidenböden auf wärmerem Rohschutt, bis neun Monate gar die Gänsekresseböden auf kühleren, Feinerde enthaltenden Schuttflächen. Für die reine Vegetationszeit können im Extremfall nur 4–6 Wochen zur Verfügung stehen.

Zudem schmilzt der Schnee von außen nach innen, so daß ein Schneetälchen außen vier, innen nur zwei Monate schneefrei bleiben kann; im umgebenden Boden ergibt sich eine Temperaturzonierung. Nach innen zu findet man denn auch Pflanzen, die mit zunehmend geringerer Vegetationszeit vorlieb nehmen.

Für Schneeböden auf saurem Silikatgrund, die viel großflächiger vorkommen als diejenigen auf Kalkgrund, gilt grob etwa die folgende Anordnung: Kraut-Weide (*Salix herbacea*, Abb. S. 26) ganz außen,

dann beispielsweise häufig Alpen-Schaumkraut *(Cardamine alpina)*, Zwerg-Ruhrkraut *(Gnaphalium supinum)* und Zweiblütiges Sandkraut *(Arenaria biflora)*, und schließlich Widertonmoos *(Polytrichum sexangulare)* und Lebermoose (zum Beispiel der Art *Anthelia juratzkana)* ganz innen. Bei unsymmetrischen Lagen kann sich die Reihenfolge ändern.

Schneetälchen füllen sich langsam auf. Einerseits sammeln sich im dichten Pflanzenüberzug feinste, lehmige Schwebeteilchen, die das Schmelzwasser mitführt, andererseits stocken sich unzersetzte Reste des abgestorbenen Pflanzenmaterials auf. Steine versinken langsam im hochwachsenden Untergrund.

Interessant ist auch die Kleintierwelt der Schneetälchen, die ebenfalls in gewisser Weise von außen nach innen zoniert auftritt. Auffallenderweise kommen einige Hochgebirgsformen auch weit unterhalb der Waldgrenze vor, nämlich in moosüberzogenen, lange schneegefüllten, dolinenartigen Senken: kleinräumigen Verlagerungen der Hochgebirgsumwelt in tiefer gelegene Regionen.

Rasengesellschaften

Auf windumtosten Graten hält sich Pionierrasen in unzusammenhängenden Flecken oder in langen Bändern, vorzugsweise der Nacktried *(Elyna myosuroides)* mit seinen charakteristischen, bunt blühenden Begleitern. Hier sind Nährstoffe rar, da kaum Feinerde vorhanden ist. Wurzeln gehen mehr in die Tiefe als in die Breite; Symbiosen mit Wurzelbakterien tragen zum Stickstoffhaushalt bei. Süßgräser und Sauergräser (Seggen) bilden zahlreiche weitere natürliche Rasengesellschaften auf den Matten und nicht gedüngten Wiesen oberhalb der Waldgrenze, deren Zusammensetzung von chemischen und physikalischen Boden- und Klimafaktoren bestimmt ist. So unterscheiden die Pflanzenökologen neben den Nacktried-, Borstgras- und anderen Süßgräserrasen zahlreiche Seggenrasen, von denen die wichtigsten stichwortartig charakterisiert seien. Bestimmte Kleintiere haben wohl in der einen oder anderen Rasengesellschaft ihren Verbreitungsschwerpunkt, doch sind sie kaum streng typisch.

Blaugras-Horstseggenrasen

Vorkommen: auf südexponiertem Kalk und Dolomit oberhalb der Waldgrenze oder auf Rodungen in der Waldregion. Boden: grob- und flachgründig, wasserdurchlässig und leicht austrocknend; durch »Solifluktion« (Bodenrutschung) häufig rutschend und deshalb getreppt erscheinend. Pflanzen: Blaugras *(Sesleria coerulea),* Horst-Segge *(Carex sempervirens),* dazu Arten von Wundklee, Sonnenröschen, Habichtskraut, Läusekraut. Besonderheiten: Wegen starker Hitze und Austrocknungsgefahr xeromorpher Bau und Sonderbildungen, wie zum Beispiel die »Strohtunika« am Halmgrund des Blaugrases.

Rostseggenrasen

Vorkommen: auf tonig-mergeligem Kalk und Schiefer in regenreichen Randlagen. Boden: feinerdig, nährstoffreich und tiefgründig, hoher Wassergehalt, nicht austrocknend. Pflanzen: Rost-Segge *(Carex ferruginea),* dazu zahlreiche farbenprächtig blühende Arten von Tragant, Sterndolde, Pippau, Flockenblume, Anemone sowie Orchideen. Besonder-

Kraut-Weide *(Salix herbacea)* mit Blütenknospen aus der Randregion eines Schneetälchens. Eine Reihe weiterer Formen von kriechenden Weiden kommen vor.

heiten: Wegen Kälteempfindlichkeit im Winter Schneedecke nötig; bei Wasserarmut keine Südlage.

Polsterseggenrasen

Vorkommen: auf steinig-felsigen Hängen von Kalk und Dolomit. Boden: flachgründig, sehr humusarm. Pflanzen: Polster-Segge *(Carex firma),* dazu Silberwurz *(Dryas octopetala)* und niederwüchsige Arten von Hungerblümchen, Steinbrech, Enzian, Mannsschild, Leimkraut, Kugelblume, Schafgarbe sowie Orchideen. Besonderheiten: Pioniergesellschaft, die sich wegen der langsamen Entwicklung aber jahrhundertelang halten kann. Viele halbkugelige, frost- und trockenresistente Polsterpflanzen, die in feine Spalten wurzeln können, zuungunsten geschlossener Rasen.

Nacktriedrasen

Vorkommen: auf windumtosten, im Winter meist schneefrei gefegten Graten. Boden: felsig, extrem wenig Humus. Pflanzen: Nacktried *(Elyna myosuroides),* dazu Arten von Nelke, Spitzkiel, Berufkraut, Alpenscharte sowie zahlreiche Strauchflechten. Besonderheiten: Feinverzweigte, zähe Wurzeln schützen die karge Erdschicht vor Windabtragung; extreme Kälte-, Trockenheits- und Windresistenz.

Krummseggenrasen

Vorkommen: Typische Rasengesellschaft der Silikatgesteine, die sie großflächig überzieht. Geht in tieferen Lagen bei Bewaldung in Rasen des vom Vieh gemiedenen Borstgrases *(Nardus stricta)* über. Pflanzen: Krumm-Segge *(Carex curvula),* dazu Arten von Binse, Horstgras, Günsel, Glockenblume, Primel, Enzian, Anemone. Besonderheiten: Teilweise Deckung des Stickstoffbedarfs durch Pilzsymbiose (»Mykorrhiza«), einem Pilzgeflecht um die Wurzelhaare.

Abgeblühter Rasen, wahrscheinlich Nacktried *(Elyna myosuroides),* in Kalkgesteinsspalten wurzelnd.
Frühlings-Enzian *(Gentiana verna),* eine Pflanze der Magermatten und Felsregionen.

Zwergstrauchbestände und Karfluren

Oberhalb der Waldgrenze wird der Unterwuchs des Bergwaldes deutlicher sichtbar. Teppiche von Zwergsträuchern ziehen sich zunächst gemeinsam mit den Latschen weiter hinauf und lassen schließlich auch die Latschenregion hinter sich. Hemmend auf die Bestandsbildung wirkt sich auf der einen Seite die oft nötige Frostresistenz dieser niederliegenden Holzgewächse aus, auf der an-

Zum Gebirgsbach steil abfallender Hang mit streifenförmigem Latschenbewuchs auf den trockeneren Rücken, dazwischen Kleinsträucher und Rasengesellschaften.

deren Seite die Konkurrenz der vielfach robusteren Rasengesellschaften.
Zwergstrauchheiden setzen sich je nach Untergrund und Lage, stark abhängig auch von der winterlichen Schneebedeckung, aus einer ganzen Reihe von niederliegenden Kleinbüschen zusammen. Hoch hinauf geht die gegen Wind und Frost weniger empfindliche, auch bei −40 °C nicht erfrierende Gemsheide (Loiseleuria procumbens), gelegentlich aber auch die empfindlichere Rauschbeere (Vaccinium uliginosum) und die Krähenbeere (Empetrum nigrum). Einer winterlichen Schneedecke als Kälte- und Windschutz bedarf beispielsweise die Rostblättrige Alpenrose (Rhododendron ferrugineum). Auf wärmeren Südhängen können Zwerg-Wacholder (Juniperus sibirica), Bärentraube (Arctostaphylos uva-ursi) und Heidekraut (Calluna vulgaris) große Flächen bedecken.
Man kann neben den hochgelegenen Alpenazalee-Windheiden (mit der Gemsheide oder Alpenazalee, Alpenlattich und zahlreichen Flechten) Zwergstrauchgesellschaften auf basischen Kalk- und sauren Silikatböden unterscheiden. Zu den ersteren gehören beispielsweise die Behaarte Alpenrose (Rhododendron hirsutum), die Schnee-Heide (Erica carnea), die Alpen-Bärentraube (Arctostaphylos alpina) sowie Seidelbastarten (Daphne spec.). Zu den letzteren zählt man die Rostblättrige Alpenrose und eine Reihe teils genießbarer »Beeren«, wie die Krähenbeere, die Rauschbeere und weiter Heidelbeere (Vaccinium myrtillus) und Preißelbeere (Vaccinium vitis-idaea). Nach ihren Charakterarten bezeichnet man die letztgenannte Gesellschaft auch als Krähenbeeren-Rauschbeeren-Heide.

Karfluren

In kleinräumigen Einsprengseln kommen auch Hochstaudenbestände, wie sie für die tieferen Regionen typisch sind (s. S. 34), in günstigeren Hochlagen vor. Man nennt sie dort Karfluren.

Makroaufnahmen von alpinen Kleinsträuchern. Links oben: Bärentraube *(Arctostaphylos uva-ursi)* mit charakteristischen, rotglänzenden Beeren. Rechts oben: Heidelbeere *(Vaccinium myrtillus)* mit blauschwarzen, bereiften Beeren. Unten: Blätter der Rostblättrigen Alpenrose *(Rhododendron ferrugineum)*, am Rand ein wenig umgerollt, oben dunkelgrün, unten im Jugendstadium gelblich-grüne, später rostrot werdende Drüsenschuppen tragend. Gallbildungen durch einen Basidienpilz *(Exobasidium rhododendri)*.

Bergwiesen und Weiden

Unterhalb der eigentlichen Hochgebirgsgrenze findet man auf waldfreien Stellen entweder mehr oder minder natürliche Bergwiesen und Fluren, stellenweise von hohen, verholzenden Gewächsen beherrscht (Hochstaudenfluren) und bei Wasseraustritt vermoorend, oder, heutzutage überwiegend, vom Menschen angelegte und unterhaltene Almen und Weiden.

Rasenbestände und Alpenmatten

Von Rasen beherrschte Fluren gibt es nicht nur in höheren Lagen, sondern auch in der Waldregion; insbesondere können sie sich auf großflächigen Abholzungen ansiedeln. Die Weiderasen werden häufig von Bürstling oder Borstgras *(Nardus stricta)* beherrscht, weil dieses Gras vom Vieh ungern gefressen wird. Da es weiter trittunempfindlich ist und sich durch Ausläufer stark vermehren kann, hat es einen starken Konkurrenzvorteil. Es kommen aber auch die bei den alpinen Rasen genannten Charaktergräser vor.

Herkunft der Blütenpflanzen Die auffälligsten Blütenpflanzen dieser Gesellschaft stammen erstens aus der Waldregion, zweitens aus den Hochstaudenfluren und drittens sogar aus der hochalpinen Region, soweit sie von herabgeschwemmtem Schuttmassen mitgenommen worden sind.

Zur erstgenannten Gruppe gehören unter anderem die Goldnessel *(Lamium galeobdolon)*, das Wald-Bingelkraut *(Mercurialis perennis)* und der Graue Alpendost *(Adenostylis alliariae)*.

Häufigere Pflanzen aus der zweitgenannten Gruppe sind beispielsweise Wolfs-Eisenhut *(Aconitum lycocto-*

Hochgelegene Almwiese im Rofangebirge. Alte Almhütten hatten charakteristische, mit Steinen beschwerte Dächer.

Wiesenumgebung eines modernen Bergbauernhofes und höhergelegene Almwiesen, in Restbewaldung eingesprengt (Tirol).

num), Berg-Flockenblume *(Centaurea montana)* und – besonders auffallend, auch im Frühherbst noch blühend – Schwalbenwurz-Enzian *(Gentiana asclepiadea).*

Zur dritten Gruppe schließlich gehören beispielsweise die Alpen-Anemone *(Pulsatilla alpina)* und die Herzblättrige Kugelblume *(Globularia cordifolia).*

Wiederbewaldung Wenn die Rodungsflächen nicht laufend gemäht werden, erobert sie der Wald zurück. Dies kann vergleichsweise rasch geschehen, etwa da, wo Viehvertritt den Boden freilegt. Ansonsten haben Baumkeimlinge wegen der filzigen Grasnarbe wenig Chance, so daß die Wiederbewaldung eine lange Anlaufszeit braucht. Manche vor 100 Jahre aufgelassenen Almen sind heute noch durch offene, unbewaldete Grasbestände gekennzeichnet.

Natürliche Magerrasen Im Gegensatz zu den anthropogenen Matten und Weiderasen gibt es auch Regionen der Inneralpen, die durch natürliche Rasenbestände und Matten gekennzeichnet sind, nämlich wasserarme, steppenartige, hochalpine Trockentäler oberhalb der Baumgrenze. Dazu gehören die großen inneralpinen Längstäler, beispielsweise das Aosta-Tal und das Wallis. Auf diesen sogenannten Silikatmagerrasen herrschen als auffälligste Blütenpflanzen Nelkengewächse vor, zum Beispiel die Gattungen Nelke *(Dianthus)* und Leimkraut *(Silene).* Daneben kommen sukkulente Formen vor, wie beispielsweise die Gattungen Fetthenne *(Sedum)* und Hauswurz *(Sempervivum).*

Tiefergelegene Wiesen

In tieferen Lagen werden die Schuttkegel flacher und sind vollständig mit Humus bedeckt. Diese Lagen sind das Reich der blumenreichen Alpenmatten, in die die alpinen Rasengesellschaften übergehen, oder der anthropogen beeinflußten Talwiesen. Nach dem Wassergehalt des Untergrunds findet man eher Wiesen vom Typ der Goldhaferwiesen auf nicht zu feuchten Böden oder vom Typ der Bachkratzdistelwiesen in feuchten Hanglagen.

Goldhaferwiesen Der Goldhafer (*Trisetum flavescens*) besiedelt besonders ausgeprägt Frischböden, die aber nicht zu feucht sein dürfen. Ausgedehnte Goldhaferwiesen findet man sehr häufig zwischen 700 und 1200 m; weiter oben können Übergänge zu Rostseggenrasen vorkommen.

Auf Rodungsflächen ersetzen die Goldhaferwiesen Bergmischwälder; sie siedeln sich gerne auch dort an, wo feuchtere Gebiete, etwa Hochfilze, trockengelegt worden sind.

Goldhaferwiesen können so schön und blumenreich sein, daß sie selbst den nüchternen Botaniker zu begeisterten Formulierungen verleiten. So schreiben Riese/Schauer (ergänzt): »Zu den zahlreichen Gräsern, wie Wiesen-Schwingel *(Festuca pratensis)* und Honiggras *(Holcus lanatus)* zaubern buntblühende Kräuter einen prächtigen Farbteppich in die sommerliche Gebirgslandschaft. Zu dem leuchtenden Gelb des Wiesen-Bocksbarts *(Tragopogon pratensis),* des Weichen Pippaus *(Crepis mollis)* und des Scharfen Hahnenfußes *(Ranunculus acris)* kontrastiert die purpurne Farbe des Wald-Storchschnabels *(Geranium silvaticum)* sowie der Perücken-Flockenblume *(Centaurea pseudophrygia)* und wird durch die weißen Tupfer der Großen Bibernelle *(Pimpinella major),* des Bärenklaus *(Heracleum sphondylium)* und der Großen Sterndolde *(Astrantia major)* aufgelockert. Dazu kommen Lichtnelke *(Silene dioica),* Frauenmantel *(Alchemilla vulgaris)* und, im Frühjahr, Frühlings-Krokus *(Crocus albiflorus).* Die Doldenblütler, wie beispielsweise auch der Wiesen-Kümmel *(Carum carvi)* werden besonders durch häufige Düngung gefördert.«

Bachkratzdistelwiesen Feuchtstellen der Talregionen, etwa dort, wo Hangwasser austritt oder lehmige Mulden vorkommen, besiedelt ein feuchtigkeitsliebender Wiesentyp, der von der Bach-Kratzdistel *(Cirsium rivulare)* geprägt ist. Er stellt sich häufig auch da ein, wo frühere Grauerlen-Auwälder abgeholzt worden sind. Im Gefolge der Bach-Kratzdistel finden sich Pflanzen wie die Sumpf-Dotterblume *(Caltha palustris),* das Sumpf-Vergißmeinnicht *(Myosotis palustris)* und der Wiesen-Knöterich *(Polygonum bistorta),* dazu Bach-Nelkenwurz *(Geum rivale),* Sumpf-Schachtelhalm *(Equisetum palustre)* sowie der noch relativ häufige Schwalbenwurz-Enzian *(Gentiana asclepiadea),* die selten gewordene Trollblume *(Trollius europaeus)* und das Breitblättrige Knabenkraut *(Dactylorhiza majalis).*

Weiter kann man noch Vertreter der häufigeren Schmetterlingsgattungen finden, beispielsweise der Scheckenfalter *(Melitaea),* Mohrenfalter *(Erebia),* Heufalter *(Colias)* oder der auffallenden, meist rot-schwarz gefärbten Blutströpfchen *(Zygaena).*

Große Sterndolde *(Astrantia major).*

Almweiden

Entstehung   Ein großer Teil der natürlichen Bergwiesen ist heute in Almen umgewandelt. Dazu kommen
großflächige Rodungen in der Waldregion. Der Pflanzenbestand setzt
sich im wesentlichen zusammen aus
ursprünglich in Bergwiesen behei-
mateten Arten und aus eingeschleppten oder angepflanzten Wie-
senarten der niederen Lagen.

Einfluß des Weideviehs   Das Vieh
beeinflußt die Almenflora auf dreierlei
Weise: durch Verbiß, Vertritt und Bo-
dendüngung über die Exkremente.
Der Abbau eines Kuhfladens als Mi-
ni-Ökosystem ist auf S. 102 geschildert.

Bei der Nahrungssuche geht das
Vieh durchaus wählerisch vor, bevorzugt gut schmeckende Arten und
verschmäht andere, bitter schmek-
kende, giftige oder mechanisch geschützte. So sieht man im Spätsommer viele höherwüchsige Pflanzen,
die sich von den kahlgefressenen
Zwischenflächen auffällig abheben,
beispielsweise den Weißen Germer
(Veratrum album), den ähnlich wachsenden Gelben Enzian *(Gentiana
lutea),* den Schwalbenwurz-Enzian
(Gentiana asclepiadea) mit seinen
gebündelten blauen Blüten und daneben große Disteln, wie beispielsweise die Wollige Kratzdistel *(Cirsium eriophorum).* Almweiden können
nach Lage, Boden- und Nährstoffver-
hältnissen unterschiedlichen Typen
angehören. Die beiden wichtigsten
sind die Borstgrasweiden und die
Milchkrautweiden.

Borstgrasweiden   Diese Graswei-
den wurden bereits auf S. 26 charakterisiert. Sie lieben nicht zu feuchte,
mehr saure Böden und können auffallende Blütenpflanzen beherbergen, so den Bergwohlverleih *(Arnica
montana),* den Punktierten Enzian
(Gentiana punctata) und die farbvari-
able, spät blühende Bärtige Glok-
kenblume *(Campanula barbata).*

Frischwiesen-Schwärzling *(Erebia medu-
sa),* ein auch in größere Höhen vordrin-
gender Augenfalter.

Milchkrautweiden   Diese Weiden,
von Bergbauern sehr geschätzt, werden auch als »Alpenfettweiden« bezeichnet, besonders dann, wenn
nach guter Düngung der Rauhe Löwenzahn *(Leontodon hispitus)* reichlich auftritt, den der Volksmund auch
als Milchkraut bezeichnet. Gold-Pip-
pau *(Crepis aurea),* Braun-Klee *(Trifolium badium)* und Alpen-Wegerich
(Plantago alpina) sind häufig. An
charakteristischen Gräsern kommt
das Alpen-Lieschgras *(Phleum alpinum)* und das Alpen-Rispengras
(Poa alpina) vor. Gute Milchkrautweiden benötigen nährstoffreiche, tiefgründige, nicht zu trockene Böden.
Sie liegen zwischen 1100 und
1900 m hoch. 80–100 Tage im Jahr
sollte die Vegetationszeit bei guten
Almen betragen. Mit zunehmender
Höhenlage gehen die Erträge zurück, etwa zwischen 5 und 10% pro
100 Meter.

Der Schwalbenwurz-Enzian *(Gentiana asclepiadea)* wird auf Almwiesen vom Vieh verschmäht.

Ausschnitt aus einer Quellflur mit Sumpf-Herzblatt *(Parnassia palustris)*

Fluren

Hochstaudenfluren

Imponierend große Gewächse wie etwa der Meisterwurz *(Peucedanum ostruthium),* der Graue Alpendost *(Adenostylis alliariae),* Bäumchen-Weide *(Salix arbuscula),* Hain-Kreuz-kraut *(Senecio nemorensis),* Alpen-Milchlattich *(Cicerbita alpina),* Blauer Eisenhut *(Aconitum napellus)* und andere sind charakteristische Vertre-ter der Hochstaudenfluren. Auf Sili-katböden werden diese häufig von kleinwüchsigen Grün-Erlen be-herrscht; man spricht dann auch von Grünerlengebüsch oder -flur. Diese Pflanzengesellschaft liebt ganzjährig feuchte, nicht zu flachgründige Bö-den. Sie kommt demnach nur an be-sonders günstigen, kleinräumigen Stellen in höheren Lagen vor (»Kar-fluren«, vgl. S. 28); große Flächen be-deckt sie nur unterhalb der subalpi-nen Region. Wenige der nicht hoch-wüchsigen Blumen sind typisch für diese Fluren, etwa Alpenlattich *(Ho-mogyne alpina)* und Platanenblättri-ger Hahnenfuß *(Ranunculus platani-folius).* Die meisten derartigen Blü-tenpflanzen kommen auch in ande-ren Gesellschaften vor, wenngleich nicht so häufig.

Hochstaudenfluren siedeln sich auf feuchten, frischen Böden an. Sie ver-brauchen viel Wasser, das zur Verfü-gung stehen muß, besitzen keinerlei verdunstungshemmende Einrichtun-gen. Hochwüchsig wie sie sind, ver-langen sie leicht windgeschützte La-gen; an windumtosten Graten wird man sie vergeblich suchen. Schließ-lich besitzen sie ein umfangreiches, kräftiges Blattwerk, das stark assimi-liert. Die Produktion an Biomasse ist groß. Voraussetzung dafür sind nähr-stoffreiche Böden, die nicht zu flach-gründig sind. Wie erkenntlich verlan-gen also auch die Hochstauden-fluren ihre speziellen ökologischen Voraussetzungen.

Sehr schöne Beispiele dieser Pflanzenformation gibt es im übrigen auch im Schwarzwald, so auf den Hochflächen in der Nähe des Feldbergs.

Lägerfluren

Wo im Almbereich – besonders im Schatten der Sennhütten – gerne Vieh lagert und durch Exkremente den Boden überdüngt, kommt es zur Ausbildung sogenannter Lage- oder Lägerfluren mit der charakteristischen Brennessel *(Urtica dioica)*, dem Alpen-Ampfer *(Rumex alpinus)*, dem Guten Heinrich *(Chenopodium bonus-henricus)*, weiter mit Alpen-Kreuzkraut *(Senecio alpinus)*, Frauenmantel *(Alchemilla vulgaris)*, Alpen-Kratzdistel *(Cirsium spinosissimum)* und Eisenhutblättrigem Hahnenfuß *(Ranunculus aconitifolius)*. Dazu kommen Farbflecken von Blauem Eisenhut *(Aconitum napellus)*. Auf Schaflägern wachsen gerne das Alpen-Rispengras *(Poa alpina)*, auf

»Wildlägern« (Gemsen) ein Sandkraut *(Arenaria marschlinsii)*, ein Fingerkraut *(Potentilla multifida)* und etliche weitere, seltenere Pflanzen.

Quellfluren und Hochfilze

Um Stellen, an denen Wasser aus dem Boden sickert, versammelt sich stets eine charakteristische Quellflurgesellschaft, die sich zu Flachmoor- oder Sumpfbeständen erweitern kann. Viele (schwer bestimmbare) Moose sind hier anzutreffen, dazu als ganz charakteristische Form dieses Biotops das Sumpf-Herzblatt *(Parnassia palustris)*, ferner Sternblütiger Steinbrech *(Saxifraga stellaris)*.

Flachmoore in den Alpenregionen werden gerne auch »Filze« genannt. Auf weniger wasserdurchlässigen, flacheren Böden können solche Flachmoore recht hoch gelegen sein, sofern kontinuierliches Sickerwasser zur Verfügung steht.

Ausschnitt aus einer Hochstaudenflur, hier beherrscht vom hochwachsenden Alpen-Greisenkraut *(Senecio alpinus)* und vom Blauen Eisenhut *(Aconitum napellus)*.

Besonderheiten des Hochgebirgsklimas

Frost und Schnee, starke Strahlung und sehr unterschiedliche Niederschläge sind Hauptfaktoren, die das Pflanzenleben beeinflussen.

Lange Frost- und Schneeperiode

In höheren Lagen ist es im Jahresdurchschnitt bekanntlich kühler. Genauer gesagt sinkt die Temperatur bei einem Höhenanstieg um 100 m um rund 0,6 °C (0,5 °C im Sommer, 0,7 °C im Winter). Das macht gegenüber Meereshöhe in 2000 m Höhe nicht weniger als 12 °C aus. Eine größere Höhe bedeutet aber eine Verkürzung der Vegetationszeit durch Frost und Schnee. Für 100 m Höhenanstieg rechnet man mit einer Verkürzung um rund eine Woche. In 1000 m Höhe wird in ungünstigen Lagen nur an 195 Tagen im Jahr, in 2000 m gar nur an 85 Tagen eine Durchschnittstemperatur von +5 °C erreicht, die Bäume und Sträucher brauchen, um die für ein Mindestwachstum nötigen Stoffe aufzubauen. Die Waldgrenze liegt etwa da, wo diese Durchschnittstemperatur von 5 °C noch mindestens an 100 Tagen im Jahr erreicht wird.

Schneebedeckung schützt andererseits auch gegen Austrocknung und Frost; unter dem Schnee sinkt die Temperatur selten unter 0 °C. Ist die Schneelage nicht so dick, kann sich dort Pflanzenwuchs schon zeitig im Jahr entwickeln (s. Schneetälchen-Flora, S. 24).

Ausgeprägtes »Strahlungsklima«

Sonneneinstrahlung erwärmt den Untergrund, besonders dann, wenn er dunkel ist und den langwelligen Strahlungsanteil gut absorbiert. Wo die Lufthülle mit Wasserdampf und Staub beladen ist, kann sich der Boden tagsüber nicht so stark erwärmen, dafür aber nachts auch nicht durch Ausstrahlung stark abkühlen: Es herrscht ein ausgeglichenes Klima.

Nun ist die Hochgebirgsatmosphäre häufig sehr trocken und staubarm. Vergleichsmessungen z. B. ergaben 150 000 Feinteilchen pro cm^3 über einer Großstadt des Flachlands, noch 10 000 auf 500 m Meereshöhe und lediglich 1000 in 2000–3000 m Höhe. Somit tritt tagsüber eine besonders starke Erwärmung des Bodens und damit der zwischen dem Pflanzenbewuchs eingefangenen, bodennahen Luftschicht auf, nachts dagegen erfolgt eine sehr starke Abkühlung, so daß es zu Bodenfrösten kommen kann. Verschiedene Teile einer Pflanze können vor allem am frühen Nachmittag extrem unterschiedliche Temperaturen aufweisen. Die Blattrosetten werden etwa dreimal so warm wie oberflächennahe Wurzeln.

Die Temperaturdifferenz zwischen Mittag und Mitternacht kann 70 °C betragen. Eine Messung auf dem Mont-Blanc ergab bei 4800 m Höhe gar 87 °C! Bei solchen Temperaturen trocknen Kleintiere rasch aus; sie ziehen sich deswegen in feuchtere und kühlere, »mikroökologische Nischen« zurück.

»Frostwechselklima« herrscht besonders im Frühjahr und Herbst und hindert sensiblere Pflanzen dort am Hochkommen, wo sie nicht durch eine Schneelage geschützt sind.

Mikroklimatische Nischenbildung

Auf dem Mond kann es auf der sonnenbestrahlten Seite eines Steins zu Temperaturen von über +200 °C kommen; auf der Schattenseite des gleichen Steins herrscht Weltraumkälte von weit unter −200 °C: Folge des Mangels einer Atmosphäre. Nicht unbeachtliche Differenzen treten auch im Strahlungsklima des

Hochgebirges auf. So zeigte eine Messung auf der Südseite eines Grats etwa +20°C, auf dessen Nordseite – in nur 25 m Entfernung – dagegen −2°C!

Auf der Oberfläche eines kleinen Kalkgeröllblocks in großer Höhenlage kann die Mittagssonne des Hochsommers die Temperatur ohne weiteres auf 30°C hochschnellen lassen, auch bei kräftigen Winden, bei relativen Feuchtigkeiten von 20%. 10 cm tiefer, im Spaltenlabyrinth – hierr herrscht praktisch Windstille – können zur gleichen Zeit angenehme 15°C und 75% Feuchte gemessen werden. Eine Messung aus dem Ötztal bei 2070 m Höhe ergab 80°C Oberflächentemperatur bei Besonnung, aber nur 23°C im Schatten des gleichen Blocks. Nachts sind die Verhältnisse ausgeglichener.

So bilden sich kleinräumige Mikrobiotope ganz unterschiedlicher Wind-, Temperatur- und Feuchtigkeitsverhältnisse aus, ganz hart nebeneinander. Ihr »Kleinklima« ist in den Lagen der Schneestufe zumindest für niederwüchsige Pflanzen und selbstredend auch für die gesamte Kleintierwelt – die oft im Rhythmus der Tageszeiten vom einen zum anderen Mikrobiotop wandert: Felsenspringer, Heuschrecken – weitaus bedeutsamer als das gemittelte und deshalb nur grobe Grenzen setzende »Großklima«.

Starke Niederschläge

Der Jahresniederschlag steigt mit zunehmender Höhe im Durchschnitt um 70 mm je 100 Höhenmeter; die relativ ozeanischen Nordalpen erhalten deshalb (unterhalb etwa 3000 m) mehr Niederschläge als die kontinentaleren Inneralpen.

Im einzelnen ist die Regenmenge allerdings abhängig von den vorherrschenden Winden. Leeregionen können nur 600 mm im Jahr erhalten und damit trocken sein, während in Luvregionen, also der »Wetterseite«, 2000 mm, im Extremfall (Balderschwang im Allgäu) sogar an die 3000 mm pro Jahr abregnen. Häufig entlädt sich diese hohe Niederschlagsmenge in nur relativ wenigen, dafür aber sehr starken Güssen von großer mechanischer Wirkung. Berechnungen ergaben auf einer Fläche von 10 000 m² eine Leistungsabgabe von 500 PS, entsprechend 370 kW. In kürzester Zeit formieren sich dabei stark erodierende Sturzbäche. Es entstehen Erosionsrinnen, die nur sehr langsam, von den Seiten her, wieder bewachsen werden, Erdlawinen (Muren) und Schuttkegel, die beachtliche Flächen bedecken.

Sekundärer Wassermangel

Wasser ist im Hochgebirge nicht eigentlich ein Mangelfaktor. Extreme Erwärmung und heftiger, austrocknender Wind sorgen aber für einen starken Wasserverlust, gegen den sich die Pflanzen durch allerlei Anpassungserscheinungen (s. S. 42) schützen. Man kann hierbei von einem sekundären Wassermangel sprechen.

Drastische Änderung des Kleinklimas – Temperatur und Feuchtigkeit – auf und zwischen Steinen (Kalkgeröll), bei Tag und Nacht. Daten nach Digest (1977).

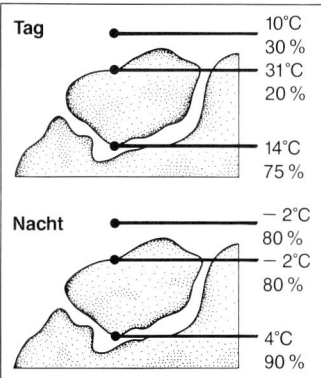

Tag	
	10°C
	30 %
	31°C
	20 %
	14°C
	75 %

Nacht	
	−2°C
	80 %
	−2°C
	80 %
	4°C
	90 %

Anpassungen der Lebewesen

Heftige Winde, kurze Wärmeperioden und sehr große Temperaturkontraste führen ebenso zu speziellen Anpassungen der Lebewesen wie langanhaltende Trockenheit, extrem starke Lichteinwirkung und schließlich die mechanische Belastung durch Schutt und Schnee. Betrachtet sei zunächst der Einfluß des Windes und der sogenannten »Grenzschicht« der Strömung.

Starke Winde

Niederwuchs Die Windgeschwindigkeit nimmt mit größerer Höhe über dem Boden von sehr geringen Werten bis zur Geschwindigkeit der freien Strömung zu: »Grenzschicht«.

Die Zunahme der Windgeschwindigkeit über dem Boden hängt u. a. stark von der Art der Bodenbedeckung ab (vgl. Kurven 1 und 3). Nach Turner (1970).

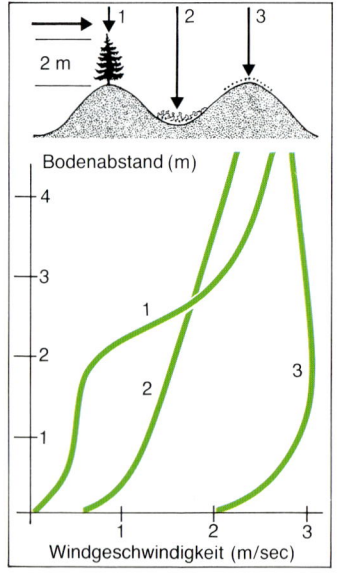

Bodenabstand (m)

Windgeschwindigkeit (m/sec)

Niederwüchsige oder niederliegende Pflanzen wie die Gemsheide (Loiseleuria procumbens) oder die Netzblättrige Weide (Salix reticulata) erfahren im bodennahen Teil der Grenzschicht lediglich geringe Geschwindigkeiten von vielleicht 10% der freien Strömung. So ist eine bereits 40 Jahre alte Silberwurz (Dryas octopetala) gerade erst 15 cm hoch, und ihr Stämmchen mißt nicht mehr als 7 mm im Durchmesser: ein »Bonsai« der heimischen Bergwelt. Die in die Schneeregion hochgehende Kraut-Weide (Salix herbacea) schließlich lebt völlig unterirdisch und sendet nur im kurzen Bergsommer ein einziges Blattpaar mit Blütenstand über den Boden, dem Gestein eng angeschmiegt.

Niederwuchs ist auch ein Effekt der starken Lichteinwirkung im Hochgebirge (s. S. 43).

Endolithen Wie bereits erwähnt, schützen sich manche Blaualgen und Flechten durch Einätzen in Kalkgestein vollständig vor Windeffekten (s. S. 20 ff.).

Polsterwuchs Der abkühlenden und austrocknenden Wirkung des Windes arbeiten die Polsterpflanzen entgegen, die recht genaue Halbkugeln bilden können.

Dazu gehören auf Kalk beispielsweise der Schweizer Mannsschild (Androsace helvetica), die Zwerg-Miere (Minuartia sedoides), der Blaugrüne Steinbrech (Saxifraga caesia), der Sparrige Steinbrech (S. squarrosa), das Pyrenäen-Steinschmückel (Petrocallis pyrenaica) und die Polster-Segge (Carex firma). Diese Wuchsformen machen sich das Prinzip der Oberflächenverkleinerung zu Nutze: Die Kugel besitzt im Verhältnis zum Volumen die kleinste Oberfläche.

Wasserspeicherung Die unter dem Stichwort »Trockenheit« (s. S. 42) genannten Mechanismen sind auch gegen Windaustrocknung effektiv.

Dicke Oberhaut Die schleifende

Kraft des Sturms, der 160 Stundenkilometer erreichen kann und stets Sandkörnchen oder Eiskristalle mitführt, ist enorm und rasiert in den Höhenregionen zarte Blätter mechanisch weg. Blätter mit kräftiger, lediger Oberhaut, wie sie beispielsweise für die Rostblättrige Alpenrose *(Rhododendron ferrugineum)* typisch sind, widerstehen dem Windschliff besser.

Indirekte Windeffekte Durch Windabkühlung wird die starke Oberflächenaufheizung deutlich abgeschwächt. Vorherrschende Winde bestimmen oft sehr stark mit, an welchen Stellen Schnee abgelagert oder weggeblasen wird. Schützende Schneeüberdeckungen wiederum sind für sehr viele Alpenpflanzen eine wichtige Voraussetzung, die harte Jahreszeit zu überstehen (s. S. 46). Auf diese indirekte Weise beeinflußt der Wind ebenfalls ganz entscheidend die Bodenbedeckung.

Wo der Wind im Winter Schneewächten aufbaut, können diese bei der Schmelze als Grundlawinen abgehen, den Pflanzenbewuchs abreißen und den nun erosionsgefährdeten Boden freilegen.

Wegen der Temperaturänderungen im Tagesverlauf kehrt sich häufig die Windrichtung um; kalten Fallwinden am Vormittag folgen an Südhängen warme, aufsteigende Winde. Diese erlauben nicht nur den segelnden Bergvögeln – Alpendohlen, Alpenkrähen, Kolkraben – ein müheloses Hochschrauben. Sie führen auch feinste Schwebeteilchen aus dem Tal nach oben, die sich ablagern können, ebenso auch kleinste Insekten. Diese können von Spinnen weggefangen werden oder den schneebewohnenden Kleintieren zur Nahrung dienen. Das Nahrungsangebot dieser Art ist vom Umfang her nicht unbeachtlich: Eine Messung im Himalaja erbrachte alle 35 Sekunden ein totes Insekt pro Quadratmeter!

Silberwurz *(Dryas octopetala):* Blatt, Blüte und Ausbildung von Flugfrüchten.

Windnutzung zur Samenverbreitung Die belebte Welt stellt sich stets aufs feinste auf abiotische Umweltfaktoren ein. So nimmt es nicht wunder, daß der mit zunehmender Höhe stetigere und stärkere Wind mehr und mehr zur Samenverbreitung eingesetzt wird, während die Verbreitung durch Tiere abnimmt. Von der subalpinen über die alpine zur nivalen Stufe steigt die Zahl der Pflanzen mit Samenverbreitung durch Wind von 41% über 52% auf 62%. Für die Schweizer Alpen wurde ermittelt, daß das Verhältnis von Wind- zur Tierverbreitung insgesamt sogar 19:1 beträgt. Zahlreiche Arten haben Mechanismen entwickelt, mit denen die Samen dem Wind eine große Angriffsfläche bieten: Borsten, Flügelfortsätze oder richtiggehende Fallschirme kommen vor bei Anemonen, Skabiosen, Nelkenwurz, Weiden, Wollgräsern, bei vielen Arten von Korbblütlern und bei Rosengewächsen, so beispielsweise bei der Silberwurz, *Dryas octopetala.*

Kurze Wärmeperiode

Geraffter Entwicklungszyklus Die Bergsommer sind kurz. In der montanen Stufe beträgt die gesamte Wachstumszeit noch 150 bis 200 Tage im Jahr. Zwischen Wald- und Schneegrenze bleiben etwa 50 bis 100 Tage, stellenweise sogar nur einige Wochen, davon wieder oft nur wenige echte Sonnentage. In sehr großen Höhenlagen »folgt der Herbst direkt auf den Frühling«, wobei beide Jahreszeiten im Extremfall ebenfalls nur wenige Tage währen können.

Ähnlich dem bekannten Gelben Enzian *(Gentiana lutea)* besitzt auch der punktierte Enzian *(Gentiana punctata)* mächtige, tiefgreifende Pfahlwurzeln, aus deren gespeicherten Nährstoffen er rasch hochtreibt. Aus den Wurzeln beider Arten wird der bekannte Enzianschnaps gewonnen.

Im Zentrum der Schneetälchen dauert die Vegetationsperiode oft nur knapp zwei Monate. Einige Pflanzen bringen es fertig, in dieser kurzen Zeit zu blühen, zu reifen und zu fruchten.

Frühblüher Manche dieser Pflanzen schaffen das Kunststück nur, weil sie entweder Nährstoffe in unterirdischen Wurzelstöcken, Zwiebeln, Knollen oder Wurzelverdickungen speichern (zum Beispiel einige Enzianarten), oder weil sie bereits unter dem Schnee Blätter und sogar Blütenknospen vorgefertigt haben und frühestmöglich – oft noch durch den Schnee – austreiben und blühen. Die bekanntesten Beispiele für diese Gruppe sind die Eisglöckchen *(Soldanella)*.

Immergrüne Die immergrünen Gewächse behalten ihre Blätter im Winter und bauen auch an schönen Wintertagen Nährstoffe auf, die sich bis zum späten Frühjahr ansammeln. Zu dieser Gruppe gehören viele Kleinsträucher, beispielsweise Arten der Alpenrosen *(Rhododendron)*.

Wintersteher Eine Reihe von einjährigen hochalpinen Pflanzen ist nicht in der Lage, noch gegen Ende des kurzen Bergsommers die Samen zu entlassen. Die Entstehung dauert entweder bis in den Winter hinein, so bei der »Schlernhexe« oder Alpen-Grasnelke *(Armeria alpina)* mit ihren hochspezialisierten Blütenständen, oder es werden die Samen sogar erst im nächsten Frühjahr frei. Daß diese Methode sehr effektiv sein muß, zeigen Untersuchungen, wonach nicht weniger als 48% (108 von 224) aller Pflanzen der Schneeregion in den Rätischen Alpen Wintersteher sind.

Mehrjährige Pflanzen Die oben genannten Anpassungen einjähriger Pflanzen sind Sonderfälle. Allgemein tritt mit größerer Höhenlage die Zahl der einjährigen Pflanzen zugunsten mehrjähriger, ausdauernder Gewächse zurück. Diese können über mehr als eine Vegetationsperiode Nährstoffe anreichern, bevor sie zum Blühen kommen. 96% der Pflanzen in der eigentlichen alpinen Region sind mehrjährig.

Vegetative Vermehrung Nicht selten wird ganz auf Vermehrung durch Samen verzichtet, und die Fortpflanzung erfolgt vegetativ (geschlechtslos) durch Ausläufer, wie etwa bei der kriechenden Nelkenwurz *(Geum reptans)* oder durch Brutzwiebeln, wie bei den Hauswurzarten *(Sempervivum)*.

Lebendgebärende Pflanzen und Tiere Eine Sonderform der Vermehrung liegt darin, daß sich auf Pflanzen Tochterpflanzen ausbilden, die abfallen und auskeimen. Solche Pflanzen sind der Lebendgebärende Knöterich *(Polygonum viviparum)* mit seinen abfallenden Brutzwiebelchen oder Bulbillen und eine Form des Alpen-Rispengrases *(Poa alpina var. vivipara)*, auch manche Laucharten der Tiefländer. Bei einer Steinbrechart bilden sich in den Blattachseln Brutknöllchen, die abfallen, überwintern und im nächsten Frühjahr auskeimen.

Amphibien und Reptilien legen normalerweise Eier ab, ins Wasser beziehungsweise in feuchtwarmen Boden. In Anpassung an die Hochgebirgssituation bringt der Alpensalamander *(Salamandra atra)* lebende Junge zur Welt, meist zwei, und zwar ist die Tragzeit in der niederen montanen Region etwa zwei Jahre, in der hochalpinen Umwelt dagegen noch länger: bis zu vier Jahre. Auch die Bergeidechse *(Lacerta vivipara)* bringt, wie der wissenschaftliche Artname besagt, lebende Junge zur Welt, und zwar bis zu acht, nach einer Tragezeit von rund drei Monaten. Lebendgebärend sind weiter die Blindschleiche *(Anguis fragilis)*, alle Ottern, die Schling- oder Glattnatter *(Coronella austriaca)* und schließlich auch einige Schnecken der Hochlagen, nämlich die Felsenpyramidenschnecke *(Pyramidula rupestris)*, die Faltenlose Schließmundschnecke *(Balea perversa)* und einige wenige weitere Molluskenarten.

Ein »lebendgebärendes« Gras, das Alpen-Rispengras *(Poa alpina var. vivipara)*. Deutlich erkennbar sind die »abwurfbereiten Tochterpflanzen.

Große Temperaturkontraste

Mikroökologische Einnischung Es wurde schon ausgeführt, daß für die Hochalpenflora und die Kleintierfauna das Kleinklima in Bodennähe bedeutsamer sein kann als das Großklima. Man merkt das schon an Polsterpflanzen, wie beispielsweise den Mannsschildarten *(Androsace)*, deren eine Hälfte, abhängig von der vorherrschenden Sonneneinstrahlung und Windrichtung, deutlich grüner und »lebendiger« aussehen kann als die andere. Im Inneren des mechanisch stabilen Pölsterchens eines Stengellosen Leimkrauts *(Silene acaulis)* wurde nachts eine um 10 °C höhere Temperatur als in der Umgebung festgestellt: eine wichtige »Temperaturnische« für Kleinstinsekten.

Besonderheiten der Bestäubung Im Gegensatz zur Samenverbreitung durch Wind nimmt die Windbestäubung mit zunehmender Höhe ab: Pollen werden vom Boden weggerissen, und die Chance, auf weit voneinander entfernte Kleinbestände zu treffen, ist zu gering. Da auch bestäubungsfähige Insekten wie Hummeln oder Fliegen seltener werden, sind andere Mechanismen vorherrschend: Selbstbestäubung und Samenentwicklung ganz ohne Befruchtung (z.B. beim Katzenpfötchen, *Antennaria dioica,* und beim Berg-Hahnenfuß, *Ranunculus montanus*).

Gelbblühender Berg-Hahnenfuß *(Ranunculus montanus),* ein Beispiel für Selbstbestäubung.

Resistenz gegen tiefe Temperaturen Viele Pflanzen gefrieren auch bei hohen Minustemperaturen nicht. Im Zellsaft wirken chemische Stoffe, häufig synthetisierte Zuckersubstanzen, als Frostschutzmittel, so beim Gletscher-Hahnenfuß *(Ranunculus glacialis).*

Resistenz gegen Gefrieren und Wiederauftauen Eine Reihe zellphysiologischer Besonderheiten erlauben es manchen Alpenpflanzen, etwa vielen Bergflechten, mehrfachen Wechsel zwischen Gefrieren und Wiederauftauen auszuhalten, ohne daß die Zellen zerstört würden.

Trockenheit

Trockenresistenz Manche Moose und Farne vertragen ein nahezu vollständiges Austrocknen und erholen sich wieder in der nächsten Feuchtigkeitsperiode. Dazu gehören neben den kleineren Streifenfarnen *(Asplenium)* sowie der seltenen Mondraute *(Botrychium lunaria)* auch größere Formen wie der Adlerfarn *(Pteridium aquilinum,* Abb. S. 60) und der seltene alpine Schriftfarn *(Ceterach officinarum).* Der letztere rollt sich bei starker Trockenheit ein und dreht damit die schuppenbesetzten, isolierenden Blattunterseiten nach außen.

Tiefenwurzelung Bei großer Trockenheit verlieren Pflanzen trotz Hilfseinrichtungen viel Wasser, das nachgeliefert werden muß. Gerade Bewohner trockener Schutthalden müssen oft sehr tief wurzeln, bis sie zu Schichten kommen, die genügend Wasser führen. Die Silberdistel *(Carlina acaulis)* geht mit ihrer Pfahlwurzel mehrere Meter tief.

Verdunstungshemmung Dicke, oft wachsüberzogene Blattoberhäute (Epidermen), eingerollte Blätter und eingesenkte Spaltöffnungen, ein enges Aneinanderrücken zu halbkugeligen Polstern und andere Mechanismen dienen den Pflanzen der Trockensteppe wie der alpinen Region zur Herabsetzung der Verdunstung.

Wasserretention Speicherung und Zurückhaltung von Wasser ist ein probates Mittel, Perioden großer Trockenheit zu überdauern. Zu den bekanntesten alpinen Sukkulenten zählt der Scharfe und der Alpine Mauerpfeffer *(Sedum acre* und *S. alpestre)* sowie die Rosenwurz *(Sedum roseum).* Besonders auffallende Formen finden sich bei der Berg-Hauswurz *(Sempervivum montanum)* und bei der Spinnweb-Hauswurz *(S. arachnoideum).*

Starke Lichteinstrahlung

UV-Wirkung Viele Pflanzen der Ebenen würden, in die alpine Region versetzt, alleine schon infolge der sehr starken Ultraviolettstrahlen eingehen: Auf 3000 m Höhe ist die UV-Strahlung 1,5mal so intensiv wie auf Meereshöhe. Versuche haben gezeigt, daß die Kleinwüchsigkeit der Alpenpflanzen mit durch die UV-Strahlung bedingt wird. Die oft sehr starken, satten Blumenfarben sind ebenfalls von der UV-Strahlung mit induziert.

Haarfilz Hochgebirgspflanzen leben »jenseits des Lichtoptimums«. Sie müssen sich vor zuviel und zu starkem Licht schützen. Das kann beispielsweise durch weißfilzige Behaarung geschehen, die zugleich auch einen guten Wind- und Transpirationsschutz darstellt. Bekannt ist, daß das Edelweiß (*Leontopodium al-*

Die Blätter des Stachel-Lattichs (*Lactuca serriola*) sind um die Mittagszeit in einer Ebene in Nord-Süd-Richtung ausgerichtet (»Kompaßeinstellung«).

Die Blattrosetten des kalkliebenden Trauben-Steinbrech (*Saxifraga paniculata*) zeigen leichte Sukkulenz und ledrige Oberfläche als Trockenheitsanpassung; charakteristisch sind die Kalkeinlagerungen.

pinum) in größerer Höhe kleinwüchsiger und zugleich stärker befilzt ist. Ähnliches gilt für den Spinnweb-Hauswurz (*Sempervivum arachnoideum*).

Kompaßeinstellung Nicht nur bei manchen Wüstenpflanzen findet man Formen mit so genauer Nord-Süd-Einstellung der Blattflächen, daß man danach die Himmelsrichtung bestimmen kann. Der Vorteil: Die Blätter nutzen die Früh- und Abendsonne, während sie gegen die hochintensive Mittagssonne mit der Schmalkante weisen und sich somit auf geringstmögliche Weise exponieren. Zu den auffälligen Kompaßpflanzen gehört die seltene alpine Mondraute (*Botrychium lunaria*), ein Farn. Weniger ausgeprägt sind die Verhältnisse bei Tieflandspflanzen wie dem Stachel-Lattich (*Lactuca serriola*), dem Flügel-Ginster (*Ginista sagittalis*) und der aus Amerika eingeschleppten »Kompaßpflanze« (*Silphium perfoliatum*). Viele andere Pflanzen, so Kalmus, Mädesüß und Schafgarbe, zeigen diese Erscheinungen in angedeuteter Form.

Wandernde Schuttmassen

Tiefenwurzler Ist die Auflage von grobem Trockenschutt oder Schotter hoch, so können sich nur Pflanzen behaupten, die mit ganz besonders langen Wurzeln in tiefe, wasserführende Schichten gelangen können. Genannt wurde schon die Silberdistel *(Carlina acaulis)*.

Silberdistel *(Carlina acaulis)*, ein typischer Tiefwurzler.

Schuttwanderer Eine ganze Reihe von Pflanzen kriechen mit bisweilen erstaunlich langen, nachgiebigen Trieben, die sie vom Wurzelhals aus ans Tageslicht schicken, durch den Kalkschutt und passen sich so dessen Verlagerung an. Dazu gehört vor allem das polsterbildende Täschelkraut *(Thlaspi rotundifolium)*. Weitere typische Vertreter dieser Gruppe sind zwei Veilchenarten, nämlich das Mt. Cenis-Veilchen *(Viola cenisia)* und das Langspornige Veilchen *(Viola calcarata)*, daneben die Zierliche Glockenblume *(Campanula cochlea-*

riifolia), die Schwarze Schafgarbe *(Achillea atrata)* und die Weiße Pestwurz *(Petasites albus)*, der Bergbaldrian *(Valeriana montana)* und der Schild-Ampfer *(Rumex scutatus)*, Fleischer's Weidenröschen *(Epilobium fleischeri)* sowie einige Gräser, z.B. der Zweizeilige Grannenhafer *(Trisetum distichophyllum)*.

Schuttüberkriecher Auf der Oberfläche der gröberen Schuttbrocken kriechen beispielsweise das Aufgeblasene Leimkraut *(Silene vulgaris,* ssp. *prostrata)*, das Alpen-Leinkraut *(Linaria alpina)* und das Breitblättrige Hornkraut *(Cerastium latifolium)* und belegen den Untergrund mit dünnsten, bieg- und streckbaren Sprossen. Das Kalkschutt bewohnende Immergrüne Hungerblümchen *(Draba aizoides)* kann wie manche anderen Rosetten- und Polsterpflanzen richtiggehende »Wurzeltaue« bilden, die aus umgebogenen Pfahlwurzeln entstehen und mitwachsen, während der Brocken mit dem aufliegenden Pflanzenpolster langsam abwärts rutscht. Gletscherweiden können sogar drei bis vier Meter lange derartige »Taue« ausbilden.

Schuttstrecker Andere Pflanzen zeichnen sich dadurch aus, daß sie nach Verschüttung mit vertikal wachsenden Trieben erstaunlich rasch die Oberfläche wieder erreichen. Sie »strecken« sich sozusagen wieder dem Licht entgegen und vertragen wiederholte Überdeckung und Verschüttung. Zu dieser Gruppe gehört die Augenwurz *(Athamanta cretensis)*, die Bewimperte Miere *(Moehringia ciliata)* und der Alpen-Säuerling *(Oxyria digyna)*.

Schuttüberdecker Pflanzen wie der Zwerg-Baldrian *(Valeriana supina)*, die Stumpfblättrige Weide *(Salix retusa)*, der Gegenblättrige Steinbrech *(Saxifraga oppositifolia)* und das Kriechende Gipskraut *(Gypsophila repens)* überziehen Kalkschutt breitflächig und senken von den ra-

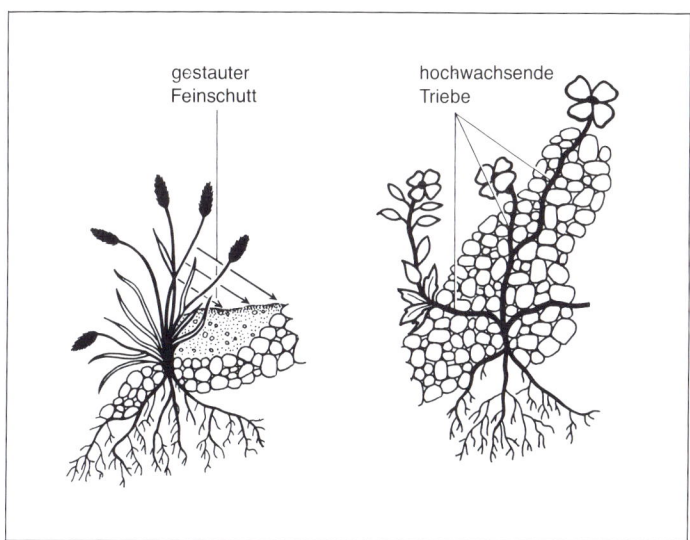

gestauter Feinschutt

hochwachsende Triebe

Beispiel für einen Schuttstauer (Blaugras) und einen Schuttwanderer (Täschelkraut). Nach Engel (1977).

senartig anstehenden, niederliegenden Zweigen immer wieder Wurzeln abwärts in den feuchten Untergrund. Sie verfestigen damit die Oberfläche.

Schuttstauer Noch auffallender ist der letztgenannte Vorgang bei Pflanzen, die mit kräftigen Wurzeln in die Spalten zwischen den Blöcken eindringen, sich dann weiter im Untergrund verankern und schließlich massige Horste bilden.

In ihrer Gesamtheit vermögen Schuttüberdecker und Schuttstauer eine Halde wirkungsvoll zu festigen. Weiter halten sie angewehte Bodenpartikel und bilden so kleine Humusinseln, von denen aus eine Weiterbesiedelung des Blockuntergrunds mit Gräsern und anderen Pflanzen erfolgen kann. Zu diesen Schuttstauern gehören beispielsweise das Stengellose Leimkraut *(Silene acaulis)* und die Silberwurz *(Dryas octopetala)*, Alpenmohn (Gattung *Papaver* mit mehreren Arten) sowie Süß-

und Sauergräser wie das Blaugras *(Sesleria varia)*, die Horst-Segge *(Carex sempervirens)* und der bereits genannte Zweizeilige Grannenhafer *(Trisetum distichophyllum)*.

Hochgelegenen feuchten Feinschutt bewohnt der Gletscher-Mannsschild *(Androsace alpina)*.

Schneeüberdeckung

Schutzeffekte Eine winterliche Schneeüberdeckung, die harte Bodenfröste vermeidet (Temperaturen deutlich unter 0 °C sind unter starken Schneelagen selten), Windschutz bietet und die Feuchtigkeit hält, ist eine sehr wichtige Voraussetzung für die pflanzliche Besiedelung der Höhenlagen. Durch die Vermeidung steter Bodenfröste wird gleichzeitig auch die Gefahr der Bodenrutschungen (»Solifluktion«) verringert. Damit wird vermieden, daß die Wurzeln gedehnt und zerrissen werden. Es nimmt somit nicht wunder, daß zahlreiche Alpenpflanzen nur an Stellen gedeihen können, an denen im Winter Schnee liegt.

Mechanische Beanspruchung Die dicken Schneeüberdeckungen bedingen andererseits eine beachtliche mechanische Druckbeanspruchung und – wenn sie ins Rutschen kommen – Zerrungen. Gerade die schneebedeckten Kleinsträucher wie die Alpenrosen *(Rhododendron,* S. 17), auch Latschen *(Pinus mugo)* besitzen ein zähes, hochelastisches Zweigwerk, das starke mechanische Beanspruchungen zu ertragen vermag. Schneedruck bedingt auch die Vermehrung der Fichte in den hochgelegenen Bergwäldern durch niederliegende Zweige, die schließlich anwurzeln.

Tiere auf Schnee Die Schneeregion wird nur von wenigen Wirbeltieren bewohnt. Im Sommer klettert die Gemse *(Rupicapra rupicapra)* in die Schneelagen ein, während sich der Steinbock *(Capra ibex)* auch im Winter in verschneiten Hochregionen aufhalten kann, allerdings nur dort, wo der Schnee abrutscht und somit Äsung freilegt – also an bis zu 50 oder 60° steilen Hangabschnitten. Beide Huftiere sind an sich Bewohner der oberen Latschenregion.

Der im Sommer braungefleckte, im Winter aber bis auf die schwarze Schwanzblume und die Löffelspitzen weißliche Schneehase *(Lepus timidus)* ist an die Schneeregion durch Körpermerkmale und Verhaltensweisen angepaßt. Er besitzt stark behaarte Pfoten, die als »Schneeteller« ein Einsinken erschweren, ein wärmeisolierendes wolliges Unterfell und nur wenig Wärme abstrahlende, kurze Löffel. Notfalls läßt er sich vollständig einschneien.

Ähnlich gut schneeangepaßt ist auch das Alpenschneehuhn *(Lagopus mutus).* Es besitzt ebenfalls »Schneereifen« in Gestalt kräftiger, feinbefiederter Zehen, ein weißes, lufthaltiges und isolierendes Winterkleid (gegenüber einem braunweißen Sommer- und einem mehr grauen Herbstkleid) und läßt sich, wie der Schneehase, bei starkem Schneefall total zuschneien. Nach Aufhören der Gefahr gräbt es sich einen Gang ans Tageslicht. Gefriert der angetaute Schnee oberflächlich zu einer Eisschicht, so vermag es sein Gefängnis allerdings nicht mehr zu verlassen.

Vermehrung der Fichte in Hochlagen durch schneeniedergedrückte, später schuttüberdeckte Zweige. Nach Jeník und Větvička (1978).

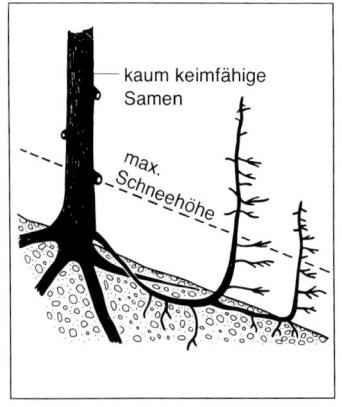

kaum keimfähige Samen

max. Schneehöhe

»Schneereifen«: Flächenvergrößerung am Lauf des Alpenschneehuhns *(Lagopus mutus)* verhindert das Einsinken bei schnellem Lauf.

Die scheinbar absolut lebensfeindliche Schneedecke ist nicht frei von kleinen Bewohnern. In den Hochlagen tritt der gut zwei Millimeter lange Gletscherfloh *(Isotoma saltans)* – kein Floh, sondern ein Urinsekt – manchmal in so großer Menge auf, daß der Schnee schwarz bestäubt erscheint. Die Tiere nähren sich von angewehten Pollen und vertragen es ohne weiteres, im Eis einzufrieren. Springschwänze überleben ein dreijähriges Einfrieren im Gletschereis. Auf Schnee sitzen gelegentlich Gletscherzuckmücken, deren Larven im eiskalten Wasser der Gletscherbäche und -töpfe leben. Die Schneerandlagen bewohnen auch einige wenige Wanzen, Spinnen und Kurzflügler sowie etwa 10 Arten räuberischer Laufkäfer.

Bei geringen Plusgraden, wenn die allermeisten anderen Insekten kältestarr werden, sind die Schnee-Insekten aktiv. Neben dem Schneefloh *(Entomobrya nivalis),* dessen Larven in Moospölsterchen leben, kommt noch die flügellose Schnee»fliege« *(Chionea,* eine Mücke) vor.

Die eher wie kleine Wolfsspinnen aussehenden Weibchen tragen keine Flügel mehr, dafür aber noch stummelförmige Schwingkölbchen. Sie nähren sich von hochgewehten Insekten der Talgründe. Von toten Insekten und angewehten Pflanzenstoffen lebt auch der zu den Skorpionsfliegen gehörende Winterhaft, auch Gletschergast genannt *(Boreus hyemalis),* der noch bei −15 °C aktiv ist. Auch drei Glasschnecken gehen bis über die Schneegrenze hinauf, darunter die Kugelige Glasschnecke *(Vitrina pellucida).*

Der Winterhaft *(Boreus hyemalis)* lebt auf schmelzendem Schnee und Moos. Er nährt sich von toten Insekten.

47

Alpentiere

Definitionsfrage

Es wurde bereits dargestellt, daß es eigentliche Alpentiere, die also nur in den alpinen Hochlagen vorkommen, gar nicht gibt, den Steinbock vielleicht ausgenommen und Arten wie die Schneemaus, denen die Klimabedingungen zusagen. Doch existieren zahlreiche Wirbeltiere und Wirbellose, die im wesentlichen in den genannten Regionen anzutreffen sind, dazu entweder auch im hohen Norden mit gleichen oder sehr nahe verwandten Arten (boreo-alpine Arten wie etwa Alpenschneehuhn und Schneehase) oder auch im Tiefland (Fuchs, Iltis), oder die schließlich als Sommergäste kommen oder kamen, wie der Gänsegeier *(Gyps fulvus)*.

Anpassungen bei Wirbeltieren

Hierzu zählen Lebendgeburt bei Insekten und Wirbeltieren (s. S. 41), Winterschlaf beim Murmeltier, bei Bilchen und der Schneemaus, extreme morphologische und verhaltensphysiologische Anpassungen an Schnee-Umgebungen bei Schneehase und Schneehuhn (s. S. 46), Ausweichen in andere Habitate bei Gemsen, Leben unter dem Schnee bei Schneemaus und Alpenspitzmaus. Dazu kommt der Besitz eines besonders wärmeisolierenden Feder- oder Haarkleids und von Wärmeaustauschsystemen bei Vögeln und Säugern, die die Körpertemperatur weniger absinken lassen. So verträgt das Kaninchen »nur« eine Abkühlung über eine Stunde auf $-45\,°C$, der Eisfuchs dagegen auf $-80\,°C$! Bei Wirbeltieren ist es entscheidend für das Fortbestehen der Arten, daß – jeweils hormonell gesteuert – im Sommer meist ein Fettdepot angelegt wird, und daß die Jungen zu Beginn der warmen Jahreszeit geboren werden, oft unab-

Der Schneehase *(Lepus timidus)* geht in den Alpen sommers bis 2400 m hinauf, winters bis 600 m hinunter. Durch den Farbwechsel seines Fells ist er in jeder Jahreszeit vorzüglich seiner Umgebung angepaßt.

hängig davon, wann das Weibchen begattet worden ist.

Von den genannten Alpenbewohnern ist der kälteangepaßte Schneehase mit dem Ende der Eiszeit nach Norden, und, mit den sich zurückziehenden Gletschern, in höhere Alpenlagen nachgewandert. Während der Eiszeit lebte das Murmeltier in Steppenregionen der Vorgletschergebiete; später ist es ebenfalls in die höhergelegenen Kälteinseln nachgezogen. Die Alpenfledermaus lebt überwiegend in Südeuropa und erreicht mit den Alpen gerade die Nordgrenze ihres Verbreitungsareals. Gemsen sind zwar Bergtiere, kamen aber auch im Mittelgebirge vor.

Früher gab es auch Großwild, wie Wisent, Auerochs und Elch, dazu Bär, Luchs und Wolf in den Alpen; die Gebirgsflüsse besiedelte der Fischotter. Frühere und heutige Alpenbewohner kann man im Innsbrucker Alpenzoo in naturnahen Gehegen besichtigen.

Anpassungen bei Insekten

Jede größere Familie hat irgendwelche Alpenformen hervorgebracht. Melanismus, das heißt Dunkelfärbung und damit bessere Wärmeabsorption, sowie starke Behaarung als Wärmeschutz sind für eine ganze Reihe hochalpiner Insekten typisch. Von den klimatischen Faktoren, die die Kleinlebewelt mitbestimmen, ist zudem der heftige Wind sehr wesentlich. Ähnlich wie bei Inselfaunen ist in den Alpen die Zahl flügelloser oder flügelreduzierter Insekten – die dann weniger vom Wind abgetrieben werden – besonders groß: bei Käfern in den Alpen 70%, im Tiefland nur 5%! Höchstlagen bedingen zum mindesten zwei spezielle physiologische Anpassungen bei Wirbellosen: Kälteresistenz (bestimmte Fliegen über längere Zeit bis −10 °C, Springschwänze bis −28 °C) und

die Fähigkeit, ihr Leben für neun bis zehn Monate in einer Kältestarre zu verbringen und die Zeit zwischen Schlüpfen und Eiablage dafür auf mehrere Jahre zu verteilen. So überwintern die Raupen der Blutströpfchen-Arten (Zygaena) in der Tallage einmal, die des Alpenblutströpfchens (Zygaena exulans) jedoch zweimal. Schneebewohnende Insekten und Schnecken wiederum sind gerade bei (nicht zu großen) Frostgraden besonders aktiv.

Starke Behaarung als Wärmeschutz ist für hochfliegende Hautflügler charakteristisch. Hier eine auf Gipfeln vorkommende Art.

Verständlich erscheint auch, daß mit steigender Höhe die relative Zahl der Nahrungsspezialisten unter den Insekten abnimmt. So gibt es in der Zwergstrauchregion viele Insekten, die an allen möglichen Pflanzen fressen, aber nur wenige, die bestimmte Futterpflanzen essentiell für die Raupen benötigen: der Alpenapollofalter (Parnassius phoebus) etwa Fetthennen-Steinbrech und Berg-Hauswurz, der Rote Apollo (Parnassius apollo) neben Hauswurz überwiegend Mauerpfeffer, der Schwarze Apollo (Parnassius mnemosyne) ausschließlich den Hohlen Lerchensporn. Fehlen die Futterpflanzen, können sich diese Arten nicht fortpflanzen.

Gefährdung der Alpenlandschaft

Übererschließung und Zersiedelung, Wildüberbesatz und mangelhafte Pflege der alten Kulturlandschaft durch veränderte bäuerliche Tradition sind die hauptsächlichen Elemente einer bedrohlichen Veränderung und Zerstörung der Alpenlandschaft.

Übererschließung und Überbeweidung

In den Alpen gibt es derzeit über 12000 Seilbahnen und Skilifte, in Deutschland (das nur 3% Alpenanteil hat) heute bereits 49 Luftseilbahnen, 86 Sesselbahnen und 1590 Lifte. Dazu kommen Bergstraßen, Bergbahnen, Berghotels, Rastplätze, Touristenmüll. Zerstörte Lebensgemeinschaften werden zu ihrer Regeneration – wenn man ihnen eines Tages

Der »feinfühlig« in die Landschaft modellierte, asphaltierte Almweg paßt vortrefflich zum pflegeleichten, blumenleeren Almengrün.

die Möglichkeit dazu geben sollte – Jahrhunderte, ja Jahrtausende brauchen.

Weiter existiert eine große Zahl von Almen, die Touristen anlocken: 658 allein in Bayern (mit 20000 Tieren), 563 im Allgäu (mit 35000 Tieren). Diese Zehntausende von »Großvieheinheiten« benötigen für ihre segensreiche Tätigkeit, nämlich mit Hilfe staatlicher Subventionen den ebenso unnützen wie teuren EWG-Butterberg zu vermehren, einerseits selbstredend Weideland, das damit für eine natürliche Nutzung ausfällt – in Oberbayern etwa 87000 ha bester Lage. Andererseits zertreten sie, zusammen mit den Touristenmassen, die sich nicht an Wege halten, den Untergrund, machen ihn erosionsanfällig und vernichten Kleinbiotope. Empfindliche Pflanzen und Tiere werden verdrängt, Bergmatten verarmen und veröden.

Der Bau asphaltierter Wege und die für die Bergwelt gefährliche Überdüngung sind weitere Negativa der heutigen intensiven Almenwirtschaft. Besonders gefährlich ist die Gletschererschließungen durch Sommerskianlagen, zumal, da das Gletscherwasser alle Oberflächenverschmutzungen ungefiltert mitnimmt. Bauten und Bauhilfsmaßnahmen zerschneiden unwiederbringlich in Jahrtausenden gewachsene Ökosysteme. Auch kleinräumige Zerstörungen durch gedankenlose Touristen summieren sich. Nach meiner Meinung muß man eigentlich gar nicht wissen, welche Pflanzen geschützt sind: Man sollte in den Bergen überhaupt keine Blumen abreißen, ob sie nun geschützt sind oder nicht. Gerade in Hochlagen mit schütterem Bewuchs kann im Extremfall das Abreißen einer einzigen Pflanze – so seltsam es klingt – die Population schon unter die kritische Masse absinken und aussterben lassen.

Mangelnde Mahd

Wurden früher wirtschaftlich genutzte Bergwiesen alle zwei Jahre gemäht, so unterbleibt das heute. Das hat Folgen für höherwüchsige Pflanzen. Auf Steillagen ergeben sich stärkere Zugrisse im Boden durch Schneeschub (vgl. Schemazeichnung, a). Sommerregen dringen verstärkt ein und spülen hangabwärts Material aus (b); unter dem Ausspülhorizont entsteht eine Gleitzone (c) mit zerfließendem Boden, so daß die darüberliegende Rasenscholle abrutscht (d): Entstehung von vielen Blattanbrüchen oder »Bleichen« und damit großflächige Erosionen. Diese »heilen« nur langsam, denn die biogene Bodenbildung verläuft in großer Höhenlage mit geringem Pflanzenbestand vielleicht hundertmal langsamer als im wiesenbedeckten Tal. Dementsprechend langwierig läuft auch die Besiedelungsfolge ab, die ja vom Bodenangebot abhängt. Der wenige gebildete Humus wird zudem nur schwach zersetzt.

Zersiedelung

Neben der touristischen Übererschließung macht die großflächige Landschaftszersiedelung der Alpenregion schwer zu schaffen. Man werfe nur einmal einen Blick vom Wallberg auf den rundum zugesiedelnden Tegernsee!

Daß Abwasserbelastungen auch halbwegs in den Griff zu bekommen sind, zeigt ebenfalls das Beispiel Tegernsee. In den Jahren 1957 bis 1965 wurde die erste (und wohl bekannteste) Ringkanalisation um den rund 9 qkm großen Tegernsee gebaut. Die Leitungslänge beträgt 22,5 km, die zentrale Kläranlage entspricht 60 000 Einwohnergleichwerten (1 Einwohnergleichwert ist die Klärleistung, die erbracht werden muß, um die durchschnittliche Abwassermenge eines Einwohners pro Tag zu klären).

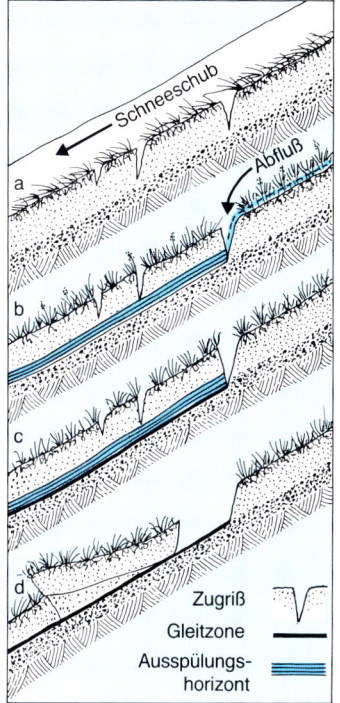

Schema der Entstehung von Rasenschollen-Abrutschungen. Nach Riess und Schauer (1982).

Nach dem Bau dieser Ringabwasserleitung mit einer zentralen Kläranlage bei Gmund stieg die Wassergüte im See wieder an. Es war nicht nötig, das drohende Badeverbot auszusprechen. Der See erholte sich deutlich in bezug auf den Phosphatgehalt, die Sichttiefe, das Sauerstoffprofil und die Zusammensetzung des Planktons. Der ehemals stark eutrophe See konnte Ende der siebziger Jahre wieder als oligotroph eingestuft werden. Allerdings ist die mechanisch/biologische Kläranlage in der Zwischenzeit überlastet. Die Schaffung zusätzlicher Anschlußwerte würde aber unabdingbar eine weitere Landschaftsverbauung nach sich ziehen.

Abholzung

Sehr bedauerlich ist weiter die Anlage immer großräumigerer Pistenflächen für den Skibetrieb, weil sie großflächige Waldabholzungen fordern, Bahnen für Kaltluftabflüsse neu schaffen und in den Hochregionen Vegetation und Oberboden zerstören. Die Folge ist eine mangelnde Wasserretention. Nach einer Messung floß auf einer »wiederbegrünten« Pistenfläche mit 335 g Wurzelmasse pro Quadratmeter 73% des Regenwassers sofort ab, auf nahegelegenen (und sogar steileren) Borstgraswiesen mit 1030 g Wurzelmasse pro Quadratmeter dagegen lediglich 26%. Bei heftigen Güssen sind Bodenabtragungen mit Erdlawinengefahr die Folge.

Ein abgeholzter Bergwald ist nur mit allergrößter Mühe und astronomischen Kosten – wenn überhaupt – wieder aufzuforsten. Großflächige Waldzerstörungen zeigen kurz- und langfristige katastrophale Folgen:

Der Boden erodiert, und es kommt zu klein- und großflächigen Erdrutschen und zu Steinschlägen. Es wird kaum mehr Wasser festgehalten, und Quelleinzugsgebiete versiegen. Lawinen werden nicht mehr aufgehalten, sondern donnern zerstörend ins Tal. Fehlender Windschutz trocknet den Boden aus. Die klimatischen Extreme vergrößern sich. Der Lebensraum für eine charakteristische Flora und Fauna verschwindet, die Landschaft verarmt.

Dabei ist der Bergwald schon durch natürliche Einflüsse genügend gefährdet. Windbrüche (in Föhngassen kamen Holzbrüche bis eine Million Festmeter über 200 ha vor!), Bergstürze, Schneelawinen (ein Extremfall war die Lawine Vinade, die 93 ha Wald vernichtete), Erdrutsche durch Stau- und Hochwasser vernichten große Flächen. Pilzkrankheiten und Insektenbefall (Borkenkäfer), Bodenfröste und Sommerdürre schädigen gerade bereits kränkelnden Wald,

Kahlschläge, in der Folge Bodenzerstörung, Erdrutsche, Miniaturterrassenbildung und Verarmung an Pflanzen: Eine Tiroler Skiabfahrt, die sommers auch noch als Weide genutzt wird.

Hirsch und Hirschkuh *(Cervus elaphus):* Verbißschäden durch Schalenwild beeinflussen vielerorts dramatisch das Hochkommen junger Waldbestände.

vor allem Monobestände – und gesund ist heute kein Wald mehr. Das Stichwort »Waldsterben«, ein Syndrom, das auf unterschiedliche anthropogene Einflüsse zurückgeht – vorzugsweise, aber nicht allein, auf saure Niederschläge und sekundäre Stickoxidbildung –, steht wie ein Menetekel an der Wand. Trotzdem zerstört der Mensch unentwegt großflächig weiter, durch Almerweiterungen, Straßenbau, Trassenschlag für Bergbahnen, Planierung für Skiabfahrten.

Wildüberbesatz

Ein gemeinhin übersehener, doch außerordentlich bedeutsamer Schadensfaktor ist der Wildverbiß. Der Hirsch- und Gems-, besonders aber der Rehbestand ist durch falsch verstandene Hege (Winterfütterung!) und mangelnden Abschuß in katastrophaler Weise übersetzt. Dazu einige Zahlen: Die Menge des Wilds ist heute doppelt so hoch wie vor 40 Jahren und erreicht mit beispielsweise 1,5 Millionen Rehen ein Vielfaches des natürlichen Bestands (!). Die Verbißschäden erreichen inzwischen mehr als 50%, ja bis 100% (!) der Jungbäumchen. Allein in den Bergwäldern Österreichs sind etwa 0,5 Milliarden Stämmchen geschält; dem entsprechen Schälschäden von knapp 24 Millionen Festmetern. Besonders betroffen sind Tanne, Bergahorn und Buche, so daß die natürliche Waldverjüngung vielerorts nicht mehr erfolgen kann: Der Wald stirbt.

In unserer Zivilisation kann man auf den »echten« Jäger, und nur auf diesen, nicht verzichten. Der allerdings versteht sich in erster Linie in ökologischer Verantwortung als ein Bestandsregulator.

Wald und Busch

Die natürliche Vegetationsdecke in unseren mitteleuropäischen Breiten ist in der derzeitigen geologischen Epoche ein Mischwald. Bei Grobeinteilung scheinen die Waldtypen leicht übersehbar. Wald als natürliche Vegetationsgemeinschaft, Forst als Anpflanzung durch den Menschen sind einfach zu definieren. Die Extreme reichen, wie umstehend abgebildet, vom typischen Nadelforst, der als »Fichtenwald« jedermann bekannt ist, und einem reinen Laubwald, wie etwa einem hohen Bestand alter Buchen, bis hin zum wärmeliebenden Flaumeichenwald und dem heute selten gewordenen Auwald, dessen Schwarzerlenbestände mit ihren bemoosten Stammbasen im Wasser stehen. Wissenschaftler untergliedern die Waldgesellschaften noch sehr viel feiner. Die vier genannten Typen mit ihren umstehend gekennzeichneten, extrem unterschiedlichen Standortsansprüchen müssen aber als Beispiele genügen; im Text sind sie näher charakterisiert.

Zum Baumbestand gehören aber auch unsere Parks und Englische Gärten, die sich oft durch eine erstaunlich hohe Artenzahl und Dichte von Brutvögeln auszeichnen. Als Brutbiotope und Refugien für Kleintiere bedeutsam sind weiter Gebüsche und Hecken jeder Art, seien es Randgebüsche an Waldrändern oder Dornhecken in der Kulturlandschaft. Auch als Windschutz sind diese Baum- und Buschformationen bedeutsam, und man beginnt, nachdem man sie durch Flurbereinigungsmaßnahmen erst einmal stark dezimiert hat, hie und da bereits mit Wiederanpflanzungen.

Einteilung der Waldtypen

Nach welchen Gesichtspunkten werden Waldgesellschaften eingeteilt?
Die ausschlaggebende Rolle spielt der Boden. Seine beiden wichtigsten Kenngrößen sind das Mineralstoffangebot und das Wasserangebot. Entwirft man ein x-y-Diagramm mit dem Mineralstoffangebot als x-Achse (von mineralstoffarm (1) zu mineralstoffreich (9) verlaufend) und dem Wasserangebot als y-Achse (von trocken (1) zu naß (9) verlaufend), so ergibt sich ein flächiges Schema, in dem man die Hauptvertreter der Waldbäume nach ihrem Mineralstoff- und Wasserbedarf einordnen kann. Die vier auf den Seiten 60 bis 64 genannten Waldgesellschaften sind als Beispiele eingetragen. Bei mittlerer Bodenfeuchtigkeit (»frische Böden«) bevorzugt Fichtenwald ein eher armes, Buchenwald ein mittleres Mineralstoffangebot. Ein weiterer Vergleich: Eichenwälder und Erlenbruchwälder lieben beide reiches Mineralstoffangebot, doch bevorzugen Eichenwälder eher trockene, Erlenbruchwälder nasse Standorte.

Koordinatenschema zur Einteilung der Waldtypen. Die hier besprochenen Waldtypen sind angegeben, weitere weggelassen. Nach Hofmeister (1977).

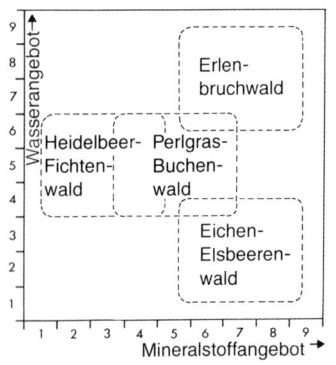

Vielfalt der ursprünglichen Waldformen

H. Rupf schildert, was wir in der Steinzeit bei einer Reise von der Bergwelt des Hochgebirges über das bayerische Alpenvorland zu den tertiären Sandhügeln der Donauumgebung gesehen hätten.
»Nach der Lärchen-, Zirben- und Latschenregion des Hochgebirges nimmt uns die streng anmutende Fichtenwaldgesellschaft auf, mit Zirben, Lärchen, Ahorn und Vogelbeere als Begleitholzarten. Wir durchschreiten dann die anmutige und schön durchmischte Waldgesellschaft des Tannen-Buchenwalds mit etwas Fichte und Ahorn, der uns im Alpenvorland so weit begleitet, wie die von den Gletschern geschaffene Hügelwelt (Moräne) die Frostgefahr noch etwas abschwächt. Nördlich dieser Moränenwälder erfreut uns das lichte Grün der immer stärker vertretenden Eiche im Buchenwald, wir befinden uns im Buchen-Eichenwald mit seinen Begleitholzarten Esche, Ahorn, Linde, Ulme und einzelnen Kiefern. Das Donaugebiet und seine südliche Vorlandschaft überrascht uns durch seine lichten Eichenwälder mit Weißbuchenunterstand und Beimischungen von Esche, Linde, Ulme und Ahorn, auf trockenen Partien auch Kiefer und Birke.«

Die Abbildungen rechts zeigen: links oben einen Fichtenforst mit Trauben-Holunder und anderen Arten der Strauchschicht bei Dasing, rechts oben einen lichten Laubwald im Vorfrühlingsaspekt mit Märzenbechern (Leucojum vernum), links unten einen Kiefernwald bei Darmstadt, rechts unten einen Erlenbruchwald mit Pestwurz aus den Rheinauen bei Kappel.
Auf den Seiten 54/55 ist ein wärmeliebender Flaumeichenwald bei Saßbach/Kaiserstuhl abgebildet.

Nadelwald

Hochstehender Bergwald

Kennzeichnung Geschlossene Baumbestände ziehen sich die Berghänge hinauf und lösen sich an der Baumgrenze in einzeln stehende, windzerzauste Trutzformen auf. Tannen und Fichten – die letzteren oft mit gradiosen Exemplaren, unvergleichbar den Kulturformen der Tiefländer –, in den Zentralalpen häufig auch Lärche und Zirbe, gelegentlich Eibe, bilden den Hauptbestand der Nadelbäume. Selbst der höher gelegene Bergwald ist aber nicht ausschließlich Nadelwald. An Laubbäumen finden sich neben der Buche Berg-Ahorn, Esche sowie heute seltener gewordene Arten wie zum Beispiel die Mehlbeere *(Sorbus aria).*

Charakteristische Gestaltung des oberen Drittels bei einer Tanne (*Abies alba,* links) und Fichte (*Picea abies,* rechts).

Vielfalt Bergwald ist nicht gleich Bergwald. Die Pflanzensoziologen unterscheiden sehr viele Untergruppen, die durch Höhenlage, Bodenart, Humusbeschaffenheit, Untergrund, klimatische Faktoren, Wasserreichtum und andere Kenngrößen bedingt sind. Die Palette reicht vom ursprünglichen Eichen-Hainbuchenwald der Tallagen über den feuchten Bergahorn-Schluchtwald, den Fichten-Tannen-Buchenwald der feuchteren Alpenrandlagen bis hin zum Steppenheide-Kiefernwald und zum subalpinen Spitzfichtenwald der höchsten Waldstufen.

Die föhndurchtosten Nordtäler der Alpen bilden einen Sonderstandort, gekennzeichnet durch schiffmastenförmige Wald-Kiefern und Berg-Spirken. Den Unterwuchs bildet die Schnee-Heide *(Erica carnea).*

Jede dieser Bergwaldformen ist durch einen anderen, jeweils typischen Unterwuchs gekennzeichnet, nach dem die Spezialisten die Waldform sicher benennen können. Für das vorliegende Buch erscheint mir diese Vielfachuntergliederung überspezialisiert, und es bringt nicht viel, hier auf nähere Details einzugehen.

Alte, standortbedingte »Urwälder« finden sich kaum mehr; durch Abholzung und forstwirtschaftliche Eingriffe sind heutzutage praktisch alle Waldgesellschaften anthropogen verändert. Auch wo in Naturschutzgebieten – etwa im Bayerischen Wald, dem Naturpark Königsee – Waldregionen sich selbst überlassen sind, wird es wegen der geringen, leicht auszuwaschenden Humusdecke und der langsamen Humusbildung Jahrhunderte dauern, bis sich die standorttypischen Urwaldgesellschaften wieder etabliert haben – vorausgesetzt, dem Waldsterben kann Einhalt geboten werden.

Latschenbestände

Gegen die Waldgrenze zu löst sich der geschlossene Bergwald in einen lockeren Bestand besonders knorriger, winderprobter Bäume auf und geht dann in die Latschenregion über. Hier bildet, etwa auf Kalkgestein, die Latsche oder Legföhre *(Pinus mugo)* großflächige, niederwüchsige und niederliegende Bestände. In günstigeren Lagen können einzeln stehende Bäume dage-

Der Aufschluß einer Abrutschung unter Berg-Jungwald gibt einen Eindruck von der sehr geringen Dicke der Humusschicht über Kalkschotterboden.

gen zu beachtlichen Exemplaren von an die 10 m Höhe auswachsen; man nennt diese Wuchsform Berg-Spirke. Auf Silikatgestein finden sich eher Bestände von buschförmigen Grün-Erlen *(Alnus viridis)*, Rostblättriger Alpenrose *(Rhododendron ferrugineum)*, auch Heidelbeere *(Vaccinium myrtillus)*, Alpen-Bärentraube *(Arctostaphylos alpina)* und – in den Ostalpen – Zwergalpenrose *(Rhodothamnus chamaecystus)*. An besonders auffallenden Blütenpflanzen finden sich hier unter anderem schöne Exemplare von Akelei-Arten *(Aquilegia)* des Alpen-Milchlattich *(Cicerbita alpina)* und der Meisterwurz *(Peucedanum ostruthium)*.

Ob in der »Latschenregion« tatsächlich die Latsche oder eher die Grün-Erle vorherrscht, hängt nicht so sehr vom Boden, sondern im besonderen Maße vom Wasserangebot ab. Latschen bevorzugen wasserärmere, Grün-Erlen wasserreichere Stellen.

Latschen *(Pinus mugo)* über Kalkschotter am Wallberghang. Der Ameisenhaufen gehört zur Roten Waldameise *(Formica rufa)*, die auch über die Waldgrenze geht.

Heidelbeer-Fichtenwald

Fichtenwälder sind in mitteleuropäischen Tieflagen überwiegend Forste, die zur Holzgewinnung als Monokulturen angelegt worden sind. Wegen ihres vergleichsweise schnellen Wuchses und brauchbaren Holzes wird die Fichte bevorzugt angepflanzt, auch auf Stellen der Tieflagen, die sonst überwiegend von Laubbäumen (vorherrschend Rot-Buche) besiedelt werden. Natürliche Fichtenwälder kommen bei uns im wesentlichen noch in den höheren Lagen der Mittelgebirge vor, ab 700 m. Da die Fichten relativ eng stehen und dichtes Gezweig besitzen, werfen sie starken Schatten. Deshalb fehlt der lichtliebende Mittelbau an kleineren Bäumen und Sträuchern (vgl. S. 66); höchstens die Vogelbeere *(Sorbus aucuparia)* findet sich mit eingestreuten Kümmerexemplaren an lichteren Stellen.

Fichten-Kiefern-Hangwald mit Adlerfarn *(Pteridium aquilinum)* im Herbstaspekt.

Stattdessen herrscht eine ausgeprägte Krautschicht vor mit Gräsern wie der Geschlängelten Schmiele *(Deschampsia flexuosa)* und dem Roten Straußgras *(Agrostis tenuis)*, Zwergsträuchern wie der Heidelbeere *(Vaccinium uliginosum)*, gelegentlich in großen Beständen auch der Preiselbeere *(Vaccinium vitis-idaea)* und Farnen wie dem Adlerfarn *(Pteridium aquilinum)* und dem Rippenfarn *(Blechnum spicant)*. Gelegentlich kommen auch Bärlappgewächse vor, wie der Keulen-Bärlapp *(Lycopodium clavatum)*. Wohlausgeprägt ist auch die Moosschicht mit dem Rotstengelmoos *(Pleurozium schreberi)*, dem Schönen Haarmützenmoos *(Polytrichum formosum)* und zahlreichen anderen Arten.

Die Böden der Fichtenwald-Standorte, in der Regel Braunerdeböden, sind fast stets sehr nährstoffarm.

Fichtenwälder und erst recht -forste sind relativ homogene Pflanzengemeinschaften. In dichteren Beständen, gerade auch Schonungen, fehlt selbst die Kraut- und Moosschicht fast vollständig; einförmiger Nadelstreu bedeckt den Boden. Die Nadeln besiedelt ein kleiner Pilz, der Nadelschwindling *(Marasmius perforans)*, dessen Mycel jeweils nur eine einzige Nadel durchsetzt. Zahlreiche Pilzarten, darunter bekannte Speisepilze, wie der Steinpilz *(Boletus edulis)*, leben in Symbiose mit den Fichtenwurzeln.

Der Fichtenforst ist arm an standorttypischen Tieren. Brutvögel sind unter anderem Tannenmeise *(Parus ater)* und Fichtenkreuzschnabel *(Loxia curvirostra)*.

Gerade wegen seiner Homogenität ist der Fichtenforst anfällig gegen Schadinsekten, beispielsweise Borkenkäfer wie dem Buchdrucker *(Ips typographus)*. Bei absterbenden Fichten registriert man einen ganz charakteristischen zeitlichen und räumlichen Käferbefall. Es gibt Spe-

zialisten für Stamm, Äste und Nadeln, weiter für außen oder innen,
mehr oben und mehr unten gelegene Regionen. Einer der ersten Besiedler ist der genannte Buchdruk-
ker. In den ersten sechs Jahren nach
der Erkrankung folgen Arten der Gattung *Pissodes* und andere. Fichten
sind vielseitig von Blattläusen besiedelt, von denen die Fichtengallen-
laus *(Adelges laricis)* die charakteristischen und häufig zu findenden
»Ananasgallen« induziert. Die von
den Bienen abgeernteten Ausschei-
dungsprodukte der Fichtenblattläu-
se bilden die Basis für den geschätz-
ten Waldhonig.

Andere Nadelwälder

In unseren Breiten kommen vor allem Tannenwälder, Kiefernwälder
und Moorwälder vor, bei denen Na-
delholzarten beherrschend sind.

»Ananasgalle« der roten Fichtengallen-
laus *(Adelges laricis)*.

Heidelbeer-Tannenwald Zu den
Fichten enthält dieser Waldtyp eine
stärkere Beimengung an Weiß-Tan-
nen, aber auch Rot-Buchen. Er siedelt sich vor allem über kristallinem
Gestein ab, dessen Verwitterungsprodukte arm an Nährstoffen sind,
also im Schwarzwald, den Mittelge-
birgen und im Bayerischen Wald. In
den Randgebüschen findet man
häufig Holunder und Hasel.

Moos-Kiefernwald Vor allem in
kontinentaleren Gebieten mit heiß-
trockenen Sommern und kalten Win-
tern siedelt sich auf nährstoffarmen
Sandböden (Verwitterungsprodukte
von Sandsteinen) Kiefernwälder an,
so besonders in Pommern und Ost-
preußen. Auf geeigneten Böden und
in ungünstigen klimatischen Regionen kann sich dieser anspruchslose
Waldtyp aber auch weit nach Westen
vorschieben; so findet man beispielsweise ausgedehnte Kiefernwälder bei Darmstadt und Mainz.
Hier ist die Wald-Kiefer *(Pinus sylvestris)* beherrschend, die allerdings
meist keine allzu dichten Bestände

bildet und einer lichten Unterschicht
von Birken, Vogelbeeren, Faulbaum,
aber auch Wachholder und Besenginster das Wachstum ermöglicht.
Die Moosschicht ist besonders ausgeprägt und formenreich.

Nadelholz-Moorwald Auch dieser
Waldtyp bevorzugt nährstoffarme
Böden, wie sie sich auf vertorften
Hochmooren ergeben, und verträgt
einen hohen Säuregrad. Während im
Harz die Fichte bestandsbildend ist,
findet man im Schwarzwald und
Bayerischen Wald vor allem die
Berg-Kiefer *(Pinus mugo)* oder deren
Unterart, die Spirke. Die Baumschicht ist nicht sehr dicht und oft,
gerade in Richtung auf das Moorzen-
trum, von Krüppelformen gekennzeichnet. Da die Lichtabsorption in
der Baumschicht gering ist, findet
sich ein ausgedehntes Unterholz
aus zahlreichen Zwergsträuchern,
wie sie bei der Besprechung des
Hochmoores genannt werden, und
vielen Moosen, gerade auch Torfmoosen.

Laubwald

Als Beispiele sind hier der Perlgras-Buchenwald, der Eichen-Elsbeeren-wald und der Erlen-Bruchwald besprochen. Ihre Standortsansprüche sind mit dem Diagramm auf S. 56 charakterisiert.

Buchenstamm, algenbewachsene Wetterseite links. Die gesamte Stammfläche dieser etwa 80jährigen großen Buche beträgt schätzungsweise 40 qm (ohne Äste).

Perlgras-Buchenwald

Dies ist einer der häufigsten und typischsten Laubwälder, die sich auf mehr oder minder basenreichen Verwitterungsböden der Hügelländer ausbreiten. In Norddeutschland geht er bis in die tiefer gelegenen Flachregionen hinunter. In Süddeutschland bildet er eine etwas andere Unterformation mit dem Waldmeister *(Galium odoratum)* an Stelle des Einblütigen Perlgrases *(Melica uniflora)*.

An Bäumen herrscht die Rot-Buche *(Fagus sylvatica)* so stark vor, daß man stellenweise von reinen Buchenbeständen sprechen kann. Nur gelegentlich findet man andere Bäume, beispielsweise die Esche *(Fraxinus excelsior)* und den Berg-Ahorn *(Acer pseudoplatanus)*. Kleinsträucher und Büsche finden sich ebenfalls selten, höchstens in Lichtungen und an den stärker besonnten Waldrändern.

Die Braunerdeböden der typischen Rotbuchenwälder sind in bezug auf Feuchtigkeits- und Nährstoffangebot relativ ausgeglichen. Man findet deswegen keine bodenbedeckenden Pflanzen, die extreme Feuchtigkeit oder Trockenheit, extremen Nährstoffreichtum oder -mangel anzeigen (vgl. hierzu die Darstellungen auf S. 76). Die ausgeglichenen Standortsbedingungen werden gekennzeichnet durch Pflanzen wie das Busch-Windröschen *(Anemone nemorosa)* und die Goldnessel *(Lamium galeobdolon)*, das Wald-Bingelkraut *(Mercurialis perennis)* und das Echte Lungenkraut *(Pulmonaria officinalis)*, in höheren Lagen auch beispielsweise durch die quirlblättrige Weißwurz *(Polygonatum verticillatum)* und den Hasenlattich *(Prenanthes purpurea)*.

So sehr die Wasser- und Nährstoff-Standortsbedingungen ausgeglichen sind, so extrem sind die Lichtverhältnisse. Die bodendeckenden Pflanzen der Buchenwälder sind fast ausnahmslos eingestellt, daß sie ihren Entwicklungszyklus früh im Jahr abschließen, wenn der Boden noch relativ durchsonnt ist, und bevor sich die Buchen belauben. Auf S. 68/69 wird dazu noch Näheres mitgeteilt.

Buchen sind mit ihrer relativ glatten Oberfläche, an der bei Regen das Wasser in Strömen herunterrinnt, sowie ihrer ausgeprägten »Wetter«- und »Leeseite« ideale Substrate für zahlreiche Aufwuchsorganismen. Die abgewickelte Fläche (ohne kleinere Äste) einer großen Buche entspricht leicht der einer mittleren Neubauwohnung!

Algen und Flechten besiedeln die Rinde, beispielsweise die Rinden-Grünalge *(Pleurococcus vulgaris)* und die Flechte *Xanthoria fallax*, dazu zahlreiche Klein- und Kleinstinsekten, die die Rindenritzen oder die Lücken im Aufwuchs bewohnen. Von den gallbildenden Insekten wäre die Buchenblatt-Gallmücke *(Mikiola fagi)* zu nennen, die die charakteristischen, langgezogen-tropfenförmigen Gallbildungen auf den Buchenblätter-Oberseiten hervorruft.

Auch für die Vogelwelt bieten die großen Buchen Brut- und Nahrungsnischen. In ihr Holz hackt beispielsweise der Schwarzspecht *(Dryocopus martius)* seine Höhlen; in den Astgabeln baut der Buchfink *(Fringilla coelebs)* seine charakteristischen, getarnten und feingepolsterten Kugelnester. Die Stämme werden regelmäßig von insektensuchenden Vögeln abpatrouilliert. Während der Kleiber *(Sitta europaea)* ähnlich wie Spechte aufwärts aber auch abwärts laufen kann, fliegt der Waldbaumläufer *(Certhia familiaris)* den Baum an der Basis an und läuft in Spiralen aufwärts. Von halber Höhe aus fliegt er dann wieder den nächsten Baum kurz über dem Boden an, und der Vorgang wiederholt sich.

Bezüglich Nestort, Nahrung und Nahrungssuchstrategie überschneiden sich die laubwaldbewohnenden Vögel nur wenig. Der stimmlich auffallendste ist der Waldlaubsänger *(Phylloscopus sibilatrix)*, dessen Stimme zu den noch lichten, hohen Buchenwäldern im Spätfrühling gehört: Einer Reihe von mäßig langen Schwirrstrophen (deshalb auch die Bezeichnung »Waldschwirrvogel«) folgt eine charakteristische, weiche »dü-dü-dü«-Strophe.

Eichen-Elsbeerenwald

Diese Waldgesellschaft besiedelt Extremstandorte: die trockensten und wärmsten Lagen, auf denen Wald noch gedeihen kann. Man findet sie denn auch an stark durchsonnten, heißen und steilen Südhängen, vor allem in Süddeutschland. Bekannte Beispiele sind Regionen am Oberrhein, die wegen ihrer faunistischen und floristischen Besonderheiten bei Naturfreunden bekannt sind. Ganz im Gegensatz beispielsweise zum typischen Buchenwald ist dieser von den Charakterarten Flaum-Eiche *(Quercus pubescens)*

Elsbeere *(Sorbus torminalis)*.

und Elsbeere *(Sorbus torminalis)* beherrschte Waldtyp durch drei Eigentümlichkeiten gekennzeichnet: Es finden sich neben den genannten noch viele weitere Baumarten, dazu zahlreiche Straucharten und schließlich auch eine Fülle von Bodenpflanzen. Neben der Flaum-Eiche und der Elsbeere sind Stein-Eiche *(Quercus petraea)* und Feld-Ahorn *(Acer campestre)* bestandsbildend, dazu noch andere größere Baumarten, die aber in diesem Waldtyp kaum 10 Meter Höhe erreichen und sich durch knorrig-krüppeligen Wuchs auszeichnen.

Obwohl relativ dicht, sind die Bestände – vor allem wegen des Niederwuchses – hell durchsonnt und deshalb auch mit vielen Straucharten durchsetzt, die sich an den Rändern zu mantelartigen Säumen verdichten. Charakteristisch sind unter anderem der Wollige Schneeball *(Viburnum lantana)*, die Hasel *(Corylus avellana)*, die Berberitze *(Berberis vulgaris)* und der Liguster *(Ligustrum vulgare)*. Dazu kommen Roter Hartriegel *(Cornus sanguinea)*, Rote Heckenkirsche *(Lonicera xylosteum)* und schließlich dorntragende Arten wie Weißdorn *(Crataegus)*, Schlehdorn *(Prunus spinosa)* und Kreuzdorn *(Rhamnus cathartica)*, durchsetzt von Heckenrosen *(Rosa canina)*.

Die Bodenflora ist dank der relativ starken Durchsonnung reich entwickelt, und ihre Arten zeigen oft, aber nicht ausschließlich, Trockenheit an. Zu ihnen gehört das Nickende Leimkraut *(Silene nutans)*, der Salomonssiegel *(Polygonatum multiflorum)*, die Schwalbenwurz *(Vincetoxicum hirundinaria)*, Straußblütige Wucherblume *(Chrysanthemum corymbosum)*, Maiglöckchen *(Convallaria majalis)*, Leberblümchen *(Hepatica nobilis)*, Seidelbast *(Daphne mezereum)* und zahlreiche andere krautige Pflanzen.

Erlenbruchwald

Im Vergleich zur letztgenannten Waldgesellschaft steht der Erlen-Bruchwald, gekennzeichnet durch mächtige Exemplare der Schwarz-Erle *(Alnus glutinosa)*, auf einem genau entgegengesetzten Extremstandort: Das Grundwasser steht hoch, überflutet teilweise auch die Stammbasen (was die Erle auf Dauer verträgt); die Böden sind anmoorig, nährstoffreich und kühl. Neben der Schwarz-Erle vertragen nur wenige Bäume sehr hochstehendes, eher saures Wasser. So findet man im Erlenbestand nur gelegentlich eine Moor-Birke *(Betula pubescens)* oder Vogelbeere *(Sorbus aucuparia)*.

Auch die Strauchschicht ist bei weitem artenärmer als im letztgenannten Fall. Einige wenige Weidenarten kommen vor, so die charakteristische, »ohrförmige« Blattansätze bildende Ohren-Weide *(Salix aurita)* oder vereinzelt ein Faulbaum *(Frangula alnus)*. Dazu kommen Ranker oder »Schlinger«, vor allem der Hopfen *(Humulus lupulus)* und der farblich auffallende Bittersüße Nachtschatten *(Solanum dulcamara)* mit seinen blaugelben Blüten.

Sämtliche Bodenpflanzen gehören zu wasserliebenden ökologischen Gruppen, so die Gelbe Schwertlilie *(Iris pseudacorus)*, der Mädesüß *(Filipendula ulmaria)*, der Blut-Weide-

Bittersüßer Nachtschatten *(Solanum dulcamara)*.

Das Sumpf-Blutauge *(Comarum palustre)* kommt in Mooren, gelegentlich aber auch in Bruchwäldern vor.

rich *(Lythrum salicaria)*, dazu Wasserdost *(Eupatorium cannabinum)*, Große Brennessel *(Urtica dioica)*, Sumpf-Dotterblume *(Caltha palustris)*, Kriechender Günsel *(Ajuga reptans)*, Sumpf-Blutauge *(Comarum palustre)* und andere. Die im Wasser stehenden Basen der großen Erlen sind von Laubmoosen dicht überzogen; daneben bilden Torfmoose *(Sphagnum)* bereits niedere Bülten.

Erlenbuchwälder sind in Reinausbildung recht selten geworden, verschwinden mehr und mehr mit den Flußbegradigungen und Entwässerungsmaßnahmen, und außerdem vertragen sie keine Düngung, werden von eingeschwemmten Düngestoffen naheliegender Felder geschädigt. Wohlausgebildete Bruchwälder dieser Art findet man deshalb in größeren Beständen nur noch selten, vor allem am Rhein, beispielsweise bei Kappel am Oberrhein. Aber selbst da, im Naturschutzgebiet Taubergießen, werden sie durch Ausholzen des Unterwuchses stark geschädigt.

Erlenbruchwälder sind häufig die natürliche Extremgesellschaft in wasserreichen Regionen; feuchtere Gebiete werden von Wäldern nicht mehr besiedelt (vgl. S. 56). Somit bilden die Erlenbrüche gerne auch Randgesellschaften an der Grenze zu Sumpf- und Moorregionen.

Auwälder, vor allen deren Randgesellschaften, werden von einer ganzen Reihe buschbrütender Vögel bewohnt, so von zahlreichen Laubsängern und Grasmücken und auch von der Nachtigall *(Luscinia megarhynchos)*.

Die vier vorgestellten Beispiele haben gezeigt, daß die Ausbildung von Wäldern von drei Faktoren bestimmt wird: einerseits von der geographischen, klimatischen und höhenmäßigen Lage, andererseits vom Mineralstoffgehalt, gekennzeichnet durch das Nährstoff- und Basenangebot und beherrscht vom Bodentypus, und schließlich vom Wasserangebot. Nach diesen Kriterien kann der Fachmann mehr als 50 Waldgesellschaften voneinander abgrenzen.

Stockwerksaufbau

Der mitteleuropäische Wald ist nach dem Pflanzenbewuchs in ganz charakteristischer Weise in Höhenstockwerke aufgeteilt, die dann vielfältige ökologische Nischen für die Besiedelung durch Tiere bieten.

Schichtung

Baumschicht (B₁): Die bestandsbildenden Arten ragen bis zu einer Höhe von über 40 m hoch und sind im oberen Drittel freistehend.

Baumschicht, Unterbau (B₂): Kleinere Bäume der gleichen bestandsbildenden Art, meist aber eingesprengter anderer Arten; enden im allgemeinen bei einer Höhe von rund 25 m.

Strauchschicht (Str): Einzeln stehende oder dichteres Gestrüpp bildende Sträucher wachsen in Laubwäldern kaum höher als etwa 5 m, meist bleiben sie noch niedriger.

Krautschicht (Kr): Bis höchstens 1 m hoch wachsen die einjährigen Kräuter des Waldbodens; häufig überschreiten sie nicht Höhen zwischen 30 und 50 cm.

Moosschicht (M): 10–20 cm Mächtigkeit erreicht dieses unterste Stockwerk des Waldes.

Diese charakteristische Gruppierung ist – wie jedes abstrahierende Schema – selten in allen Stockwerken klar ausgebildet. So fehlen beim Fichtenforst, aber auch bei sehr dichten Buchenwäldern (die beide ähnlich hohe Deckungsgrade um 85% erreichen können) praktisch die Unterschichten B₂ und Str, während bei den Wärme und Trockenheit liebenden Flaumeichenwäldern keine Schicht B₁ existiert, dafür gerade aber die Schichten Str und Kr in großer Vielfalt ausgebildet sind. Bei Buchenwäldern ist Kr stark, M schwach ausgeprägt, bei Fichtenwäldern ist es vielfach gerade umgekehrt. Der Schichtungsaufbau kennzeichnet also nur ein Prinzip, das sich im einzelnen stark abwandelt.

Schema des Stockwerksaufbaus eines Waldes. Nach Dylla und Krätzner (1977).

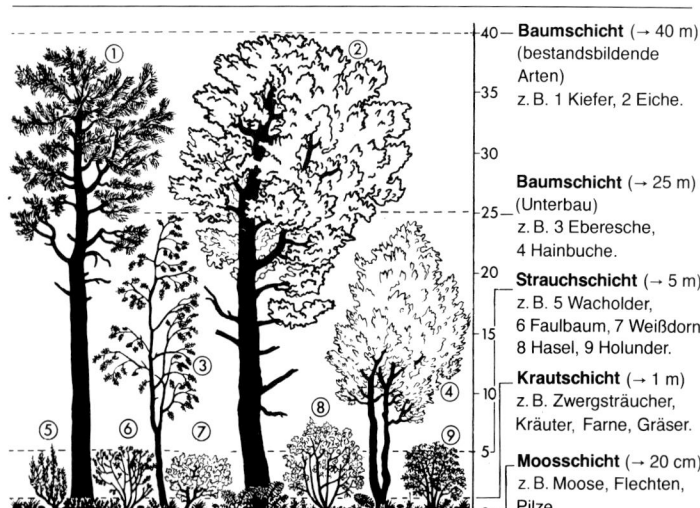

Baumschicht (→ 40 m)
(bestandsbildende Arten)
z. B. 1 Kiefer, 2 Eiche.

Baumschicht (→ 25 m)
(Unterbau)
z. B. 3 Eberesche,
4 Hainbuche.

Strauchschicht (→ 5 m)
z. B. 5 Wacholder,
6 Faulbaum, 7 Weißdorn,
8 Hasel, 9 Holunder.

Krautschicht (→ 1 m)
z. B. Zwergsträucher,
Kräuter, Farne, Gräser.

Moosschicht (→ 20 cm)
z. B. Moose, Flechten,
Pilze.

Vertikalbeziehungen

Lianen wie die Waldrebe verbinden B_1 über B_2 mit Str. Vertikale Luftbewegungen transportieren den Pollen der Nadelbäume aufwärts. Die abwärts rieselnde Biomasse der abfallenden Blätter und Nadeln verstärkt die Verrottungsschicht: Der größte Teil der Produktion wird rezykliert und kommt auch M und Kr zugute. Ähnlich intensive Vertikalbeziehungen spielen sich auch in den anderen Stockwerken ab.

Besiedelung durch Vögel

Kleinvögel sind häufig auf unterschiedliche Stockwerke des Waldes spezialisiert. Die höhenmäßige und topologische (Stamm, Zweige usw.) Trennung der Nahrungsareale ermöglicht eine störungsarme Vielfachbesiedelung durch Kleinvögel. So leben Kleiber *(Sitta europaea)* und Waldbaumläufer *(Certhia familiaris)* vor allem in B_1 und B_2; die Baumläufer gehen aber im Durchschnitt weiter nach unten. Beide sind »Stammsucher«, deren Areale sich in der Mitte etwas überschneiden. Die Kohlmeise *(Parus major)* sucht zwischen B_1 und M, mit Schwerpunkt bei B_2, aber weniger am Stamm als im Geäst (»Gezweigsucher«). Anders der Zaunkönig *(Troglodytes troglodytes),* der als »Verstecksucher« zwischen Str und M sucht. Die Amsel *(Turdus merula)* findet ihre Nahrung als »Bodensucher« im wesentlichen in Kr und M, geht aber gelegentlich auch höher.
Alle die genannten Arten sind potentielle Beutevögel des Habicht *(Accipiter gentilis),* der mit seinen relativ kurzen, stumpfen Flügeln und dem langen, fein-steuerfähigen Schwanz als »Waldjäger« geschickt in B_1 und B_2 herumfliegt, einer Region, in der sich beispielsweise der Mäusebussard mit etwas längeren Flügeln und gerundeterem Schwanz nicht erfolgreich bewegen kann.

Wasserhaushalt

Wälder sind bekanntlich in gewissem Maße Wasserspeicher und wirken ausgleichend auf den Wasserhaushalt. Dabei haben die einzelnen Baumarten recht unterschiedlichen Wasserbedarf, und je nach dem Waldtypus ist das Regenrückhaltevermögen und damit die ausgleichende Wirkung unterschiedlich.

Wasserbedarf von Waldbäumen

Extreme sind beispielsweise die Esche mit 85 l Wasserbedarf pro 100 g Blatt-Trockenmasse und Vegetationszeit und die Fichte mit nur 20 derartigen Einheiten. Die letztere Art verträgt damit Trockenheit weitaus besser als die erstgenannte. Dazwischen liegen Rot-Buche (74), Hainbuche (72), Ulme (66), Berg-Ahorn (58), Stiel-Eiche (54) und Spitz-Ahorn (53).

Regen-Rückhaltevermögen

Vergleicht man die Charakterbäume von Nadel- und Laubwald, nämlich Fichte und Buche, so ergeben sich ganz unterschiedliche Verhältnisse. Von dem auftreffenden Regenwasser verdunstet die Fichte mehr, die Buche läßt mehr durchgehen, so daß auch relativ mehr Wasser im Waldboden gespeichert werden kann. Bei der Fichte läuft kaum Wasser den Stamm abwärts (wenig Besiedelung), bei der Buche dagegen ist der Stammablauf ausgesprochen hoch; entsprechend stark sind Buchenstämme von Moosen und Flechten (nicht weniger als 295 Flechtenarten!) besiedelt. Ab etwa 10 mm Regenhöhe bleibt das durchtropfende Wasser bei der Buche angenähert konstant; das herablaufende nimmt weiter zu und das in den Kronen verdunstende ab. Bei der Fichte stellt sich kein derartiger Sättigungswert ein.

Bei all den genannten Unterschieden wirken Wälder doch in folgenden drei Punkten gleichartig: Verglichen beispielsweise mit einer Wiese in unmittelbarer Nähe ist der Regenrückhalteeffekt des Waldes größer; es fließt weniger Wasser ab. Weiter ist ein Ausgleichseffekt zu beobachten: Kurzfristige Spitzen im Wasserabfluß werden »gekappt«. Schließlich tritt eine gewisse Regelautomatik ein: Wird die Abflußmenge größer, sind die genannten Effekte wirksamer.

Wirkung eines Kahlschlags

In einem 75jährigen Buchenbestand sinkt beispielsweise das Grundwasser zwischen April und Oktober von 1 auf ungefähr 2,5 m ab, weil viel Wasser verdunstet wird. Regnet es nun kräftig, so steht ein hohes Reservoir an Leerräumen zur Verfügung, die das Wasser aufsaugen können.

Nach Abholzen dieses Bestandes blieb der Grundwasserspiegel bei etwa 1 m konstant; der Schwammeffekt ist nun viel geringer; bei Regen muß mehr Wasser ablaufen, und das Regenrückhaltevermögen der Region sinkt.

Lichtwirkungen

Das Licht wird nicht nur beim Durchstrahlen der verschiedenen Stockwerke in charakteristischer Weise geschwächt. Es verteilt sich auch am Waldboden nach kleinräumigen örtlichen Gegebenheiten und beeinflußt damit in entscheidender Weise die Besiedelung in der Krautschicht. Oft spiegeln die Pflanzen recht genau die Verteilung des auftreffenden Lichts wider.

Im Jahresablauf ändert sich die Bodenbelichtung sehr drastisch, insbesondere bei Laubwäldern, was wiederum gravierende Effekte auf die Besiedelung durch Bodenpflanzen hat, deren Blütezeit und Überwinterungsformen den Lichtverhältnissen angepaßt sein müssen.

Lichtschwächung im Mischwald

Setzt man die auf das oberste Stockwerk einstrahlende Lichtmenge gleich 100%, so kann man grob mit folgenden Verhältnissen rechnen. 10% werden gleich reflektiert. Der Löwenanteil von 79% wird in den Kronen absorbiert, und $^4/_5$ davon werden photosynthetisch genutzt.

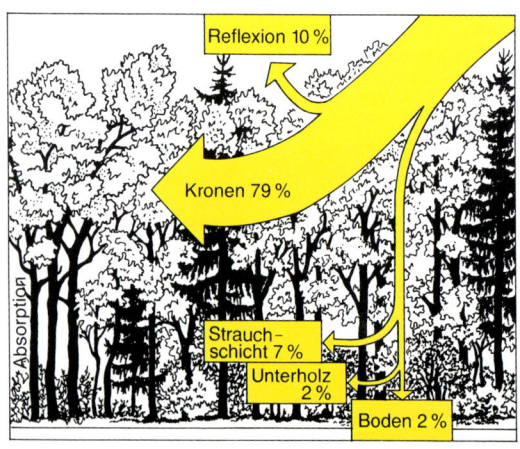

Reflexion 10 %

Kronen 79 %

Absorption

Strauchschicht 7 %

Unterholz 2 %

Boden 2 %

Lichtschwächung im Mischwald. Nach Kairiukšti aus Strasburger (1978).

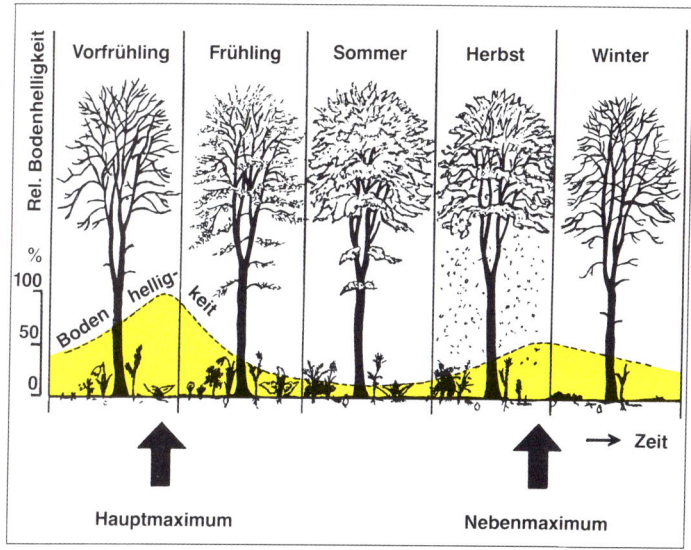

Relative Bodenhelligkeit des Laubwalds im Jahresablauf. Nach Hofmeister (1977).

7% absorbiert die Strauchschicht, 2% das Unterholz. Es bleiben gerade noch 2% Restlicht für den Boden. Dies sind grobe Verhältnisse, die lokal schwanken können, doch wird man beim voll belaubten Mischwald kaum mit einem Bodenrestlicht über 5% rechnen können: Die Böden können nur ausgesprochene Schattenpflanzen besiedeln.

Dies gilt auch für Baumkeimlinge. Für die Lärche liegt beispielsweise der sogenannte Kompensationspunkt, bei dem die Pflanze gerade noch existieren kann, weil sie so viel Produkte photosynthetisiert, wie sie wieder veratmet, bei einer relativen Lichtmenge von 20%. Auf dem Waldboden kann eine Junglärche also als »Unterholz« im allgemeinen nicht hochkommen. Für die Stiel-Eiche liegt der Wert bei 4%, für die Fichte bei 3%, die Rot-Buche bei 1,2%. Bei einer Waldbodenbelichtung von 5% könnte die genannte Eiche gerade noch, die Rot-Buche recht gut hochkommen.

Lichtverteilung und Besiedelung am Waldboden

Es ist ganz erstaunlich, wie sehr Waldbodenpflanzen der Verteilung des geringen Restlichts folgen. Man kann Verteilungsunterschiede bei Lichtunterschieden von lediglich einem halben Prozent finden! Die Große Sternmiere (Stellaria holostea) findet sich nur auf relativ hellen Stellen über 6% Restlicht. Das Maiglöckchen (Convallaria majalis) besiedelt Stellen im Bereich von 5–6%, während der Sauerklee (Oxalis acetosella) seine »Lichtnischen« bei Werten unter 5% findet, bei denen andere Blütenpflanzen nicht mehr existieren können.

Bodenhelligkeit im Jahresablauf

Wie aus der Schemaabbildung ersichtlich, erreicht die Bodenhelligkeit beim charakteristischen Laubwald (Buchenwald) im späten Vorfrühling den Jahreshöchststand. Dafür sind zwei Effekte verantwortlich.

Zum einen steigt mit fortschreitender Jahreszeit die Tageshelligkeit, zum anderen sinkt die durchstrahlende Lichtmenge mit dem Einsatz der Belaubung. Deshalb nimmt die Bodenbelichtung im späten Frühling wieder ab und erreicht im Hochsommer, bei voller Belaubung, ihr Minimum. Im Herbst ist zwar die Lichteinstrahlung geringer, doch kommt mit dem Laubfall nun mehr Licht durch. So entsteht ein Nebenmaximum im Spätherbst.

Unterirdische Knollen des Scharbockskrauts *(Ficaria verna).*

Wachstums- und Blütezeit von Bodenpflanzen

Nur wenige Waldbodenpflanzen, wie der genannte Sauerklee, können auch beim sommerlichen Lichtminimum existieren. Pflanzen mit größeren Lichtansprüchen müssen die Zeit des Lichtmaximums im Vorfrühling nutzen. Nicht weniger als 50% der Bodenpflanzen eines Buchenwaldes haben vor Beginn des Belaubungsprozesses bereits abgeblüht! In dem Zeitraum, da die Buchen-

knospen aufbrechen und schließlich voll ausgetrieben sind (Anfang Mai bis Mitte Juni), haben weitere 30% abgeblüht. Kurz nach dem vollen Laubaustrieb (bis etwa Anfang Juli) haben dann fast die gesamten restlichen 20% der Bodenpflanzen ihre Blühperiode abgeschlossen. Nur wenige, sehr schattenliebende Arten wie beispielsweise der Wald-Ziest *(Stachys sylvatica)* oder das Gemeine Hexenkraut *(Circaea lutetiana)* blühen noch bis Ende September.

Die eigentliche Entwicklungszeit beginnt im allgemeinen rund einen Monat vor der Blütezeit und zieht sich mehr oder minder lang noch in den Sommer und Herbst hinein. Ausgesprochene Frühblüher mit kurzer Entwicklungszeit sind das Scharbockskraut *(Ficaria verna)* und das Busch-Windröschen *(Anemone nemorosa).* Sie können sich bereits im Februar entwickeln und blühen im allgemeinen schon Mitte März.

Überdauerungsformen bei Bodenpflanzen

Laubabwerfende Bäume (Phanerophyten) überdauern mit Wurzel und Holz den Winter. Sträucher (Nannophanerophyten) und Zwergsträucher (Chamaephyten) wie z.B. die Heidelbeere *(Vaccinium uliginosum)* entsprechen im allgemeinen dem selben Schema. Erdoberflächenpflanzen (Hemicryptophyten), z.B. die Hohe Schlüsselblume *(Primula elatior),* überdauern mit Wurzel und bodenanliegenden Blattrosetten. Erdpflanzen (Geophyten), z.B. der Bär-Lauch *(Allium ursinum),* haben die lebenswichtigen Stoffe in im tiefen Erdreich verborgene, frostgeschützte Zwiebeln zurückgezogen, die zusammen mit den Wurzeln überdauern. Einjährige Kräuter (Therophyten) – als Beispiel sei das Springkraut *(Impatiens noli-tangere)* genannt – überdauern lediglich als keimfähiger Samen im Boden.

Überwinterungsorgane bei Erdpflanzen

Pflanzen, deren Entwicklung sehr früh im Jahr beginnen soll, müssen Nährstoffe schon zur Verfügung haben, können sie nicht erst neu photosynthetisieren. An Speicherorganen finden wir bei Erdpflanzen drei unterschiedliche Ausformungen.

Busch-Windröschen *(Anemone nemorosa)* und Leberblümchen *(Hepatica nobilis)* besitzen dicke, kriechende unterirdische Sprosse, Rhizome genannt. Der Bär-Lauch *(Allium ursinum)* und der Wald-Gelbstern *(Gagea lutea)* beziehen ihre Nährstoffe aus unterirdischen Zwiebeln, die

Bodenbedeckung eines lichten Buchenwalds im späten Vorfrühling mit Scharbockskraut *(Ficaria verna,* gelb) und Busch-Windröschen *(Anemone nemorosa,* weiß).

Wald-Gelbstern *(Gagea lutea),* aufgenommen im zeitigen Frühjahr in einem Auwald bei Hohenbodman am Bodensee.

Verdickungen der basalen Sproßabschnitte darstellen. Der Hohle Lerchensporn *(Corydalis cava)* und das Scharbockskraut *(Ficaria verna)* schließlich gehen von unterirdischen Knollen als Speicherorganen aus. Diese können umgewandelte Wurzelteile sein wie beim Scharbockskraut (man ziehe nur einmal eines vorsichtig heraus und betrachtet die »Miniaturkartoffeln«); gelegentlich kommen auch Sproßverdickungen vor wie beim Alpenveilchen *(Cyclamen).* Wie fast regelmäßig bei ökologischen und physiologischen Vorgängen zu beobachten ist, führen meist unterschiedliche Wege zum Ziel. Es kommt nur darauf an, daß Nährstoffe unterirdisch gespeichert werden.

Säuger des Waldes

Elch, Wisent, Wolf, Bär, Luchs und Wildkatzen sind in unseren Breiten ausgerottet oder nahezu ausgerottet. Wiedereinbürgerungsversuche sind problematisch. Dagegen sind Rehe *(Capreolus capreolus)* und Rothirsch *(Cervus elaphus)* im allgemeinen stark übersetzt. Bereits in der Römerzeit wurde aus dem Mittelmeergebiet der Damhirsch *(Dama dama)* eingeführt; auch das von Kor-

Rotfuchs *(Vulpes vulpes).*

sika stammende europäische Mufflon *(Ovis musimon)* war ursprünglich in unseren Breiten nicht heimisch. Wälder mit dichtem Unterholz und sumpfigen Stellen bevorzugt das Wildschwein *(Sus scrofa)*.
Das »Raubwild« der Weidmannssprache umfaßt bei uns Rotfuchs *(Vulpes vulpes)*, Dachs *(Meles meles)*, Edelmarder *(Mustela martes)*, Iltis *(Mustela putorius)* sowie Hermelin und Mauswiesel *(Putorius ermineus* und *P. nivalis)*.

Unter den Nagern und Hasenartigen ist neben dem allgegenwärtigen Kaninchen *(Oryctolagus cuniculus)* auch der Hase *(Lepus europaeus)* Waldbewohner, und zwar in einer jagdlichen Standortvariation des sogenannten »Waldhasen«.
Baumbewohnende Nager sind Eichhörnchen *(Sciurus vulgaris)*, Sieben- und Gartenschläfer *(Glis glis* und *Eliomys quercinus)* sowie die kleine Haselmaus *(Muscardinus avellanarius);* an bodenbewohnenden Mäusen kommen vor allem Waldmaus *(Apodemus sylvaticus)*, Rötelmaus *(Clethrionomys glareolus)* und Gelbhalsmaus *(Apodemus flavicollis)* vor. Zu den Insektenfressern zählen der Igel *(Erinaceus europaeus)* und Wald- und Zwergspitzmaus *(Sorex araneus* und *S. minutus)*. An Fledermäusen findet man vor allem drei Arten, nämlich das Großohr *(Plecotus auritus)*, den Abendsegler *(Nyctalus noctula)* und die Zwergfledermaus *(Pipistrellus pipistrellus)*.

Schalenwild

Das Reh lebt im Sommer in Sprüngen bis zu zehn Stück, im Winter in Rudeln, jeweils von einer Ricke geführt. Die Ricken setzen Ende Mai meist zwei Kitzen. Kräftige Böcke leben solitär. Bei großem Rehbesatz kann beträchtlicher Schaden durch Jungbaumverbeißen geschehen.
Der Hirsch lebt in von einem Leittier geführten Rudeln; auch stärkere Hirsche tun sich außerhalb der Brunftzeit zu Trupps zusammen. Die Brunftzeit liegt um das Septemberende, die Setzzeit um Ende Mai. Überbesatz kann durch Verbeißen, Zerstampfen und Schälen zu starken Wald- und Feldschäden führen.
Das kleinere Damwild ist nur im Sommerkleid charakteristisch gefleckt. Es lebt in relativ großen Rudeln und wird neuerdings sogar zur Fleischversorgung in großen Parks gezüchtet.

Der Bock des Muffelwilds erreicht nach etwa einem Dutzend Jahren eine maximale Länge des prächtigen Horns von etwa 80 cm. Die Tiere leben ab Frühwinter in Rudeln von einigen Dutzend Exemplaren, die von einem alten Schaf geführt werden. Sie sind scheu, stehen überwiegend im Dickicht. Gesetzt wird im Frühjahr, meist nur ein Lamm.

Mufflon (Ovis musimon).

Raubwild

Der Rotfuchs bezieht gerne verlassene Dachs- und Kaninchenbauten, die er mit mehreren Eingängen und Fluchtröhren versieht. Die Fähe wirft im Frühjahr bis zu fünf Junge, die sie ohne Hilfe des Rüden aufzieht und ihnen das Mäusefangen lehrt. Bei Gefahrt trägt sie sie einzeln weg.

Der kräftige, schwerfällige Dachs gräbt sich, gerne auf besonntem, leicht hügeligen Waldgelände, einen umfangreichen Bau mit einer Einfahrtsröhre und mehreren Ausfahrtsröhren, Luftschächten, Aufenthaltskesseln und Abortkesseln. Als Allesfresser vertilgt er ebenso Wurzeln wie Früchte und Schnecken, Regenwürmer und Kleinsäuger. Er hält Winterruhe, wenn auch keinen Winterschlaf. Anfang März werden bis zu fünf Junge gesetzt, die von der Dächsin allein aufgezogen werden.

Der ohne Schwanz gut halbmeterlange Edelmarder bewohnt die Baumregionen dichter Wälder und lagert in Baumhöhlen und verlassenen Nestern von größeren Vögeln und Eichhörnchen. Als Nachttier plündert er Vogelnester; tagsüber kann er auch jagen, hetzt Eichhörnchen und würgt Kleinsäuger. Bis zu vier Junge werden Anfang April geworfen.

Der etwa gleichgroße Iltis bewohnt im Sommer hohle Bäume oder verlassene Erdbauten und hält sich im Winter gerne in alten Gebäuden auf. Er lebt von Insekten, Würmern und gerne auch von Vogelbrut und Eiern. Eine Albino-Unterart, das Frettchen, wird zur Kaninchenjagd abgerichtet.

Das Hermelin bewohnt Hecken, Feldgehölze und Waldränder, das kleine, mit Schwanz nur 20 cm lange Mauswiesel lebt auf Feldern und in Wäldern und geht im Gebirge hoch hinauf; sommers versteckt es sich in Erdröhren, winters gerne in Gebäuden. Die Wiesel fressen, was sie überwältigen können, vor allem Mäuse, aber auch Kaninchen und Vögel. Das Mauswiesel plündert gerne Baumnester.

Nager und Hasenartige

Waldhasen halten sich überwiegend im Unterholz auf und suchen nur zur Äsung die Wiesen- und Ackerregionen auf. Die Häsin setzt Mitte bis Ende März in einem ersten Wurf ein bis zwei Junge, bis zum August noch weitere dreimal, und hier auch mehrere Junge.

Das Kaninchen lebt im Gegensatz zum Hasen gesellig in Kolonien. In speziell gescharrten Satzröhren etwas entfernt vom Bau setzt das Weibchen bis zu siebenmal im Jahr bis zu 12 Jungen. Die Jungen in ihrer Röhre werden nur zum Säugen aufgesucht, und zwischenzeitlich wird die Satzröhre zugescharrt.

Boden

Das Gestein, aus dem sich Verwitterungsboden entwickelt hat, bestimmt den Säuregrad; klimatische Gegebenheiten bestimmen daneben auch den Feuchtigkeitsgrad und lassen in ihren Kombinationen ganz unterschiedliche Gemeinschaften von Waldbodenpflanzen existieren, die ihrerseits dem aufmerksamen Beobachter klare Hinweise (»Zeigerpflanzen«) auf die genannten Bodenkenngrößen geben können. Wurzeln verankern die oberirdischen Baumteile stabil und führen ihnen Wasser mit Nährstoffen zu.

Bodengründigkeit und Wurzeln

Flachgründige Böden, wie sie in höheren Lagen und auf Schräghängen häufig vorkommen, setzen Tellerwurzeln voraus. Das Charakterbeispiel ist die Fichte. Tellerwurzeln wachsen gern weit aus und versuchen dadurch die Standfestigkeit zu erhöhen (Verringerung des sog. Hebelmoments). Trotzdem sind Bäume mit Tellerwurzeln bekanntlich sehr windanfällig. Mittelgründige Böden zwischen 30 und 60 cm Tiefe erlauben die Bildung sogenannter Herzwurzeln, wie sie die Buche ausformt. Tiefgründige Böden zwischen 60 und 120 cm oder mehr erlauben

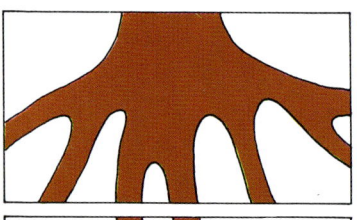

Wurzelstock

Starkwurzeln
>50 mm

Derbwurzeln
>20 mm

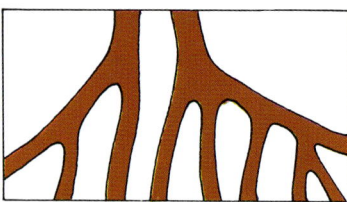

Grobwurzeln
>5 mm

Schwachwurzeln
>2 mm

Feinwurzeln
>1 mm, teils
unverholzt

a Langwurzeln
b Kurzwurzeln
   mit Mykorrhiza

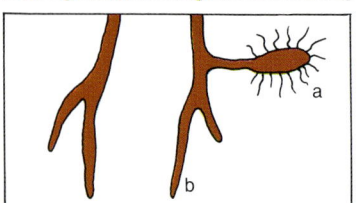

Feinstwurzeln
<1 mm, unverholzt

a Mykorrhiza
b Spitze unverpilzt

Wurzelsystem eines gesunden Nadelbaums.
Nach Schütt et al. (1986).

schließlich die statisch günstigste Art der Verankerung durch lange Pfahlwurzeln, wie sie für die Eichen typisch sind.

Das Wurzelsystem

Funktionell unterscheidet man Befestigungswurzeln und Saugwurzeln. Zu den ersteren gehören die dicken Wurzelstämme, die sich in Bodennähe deutlich abzeichnen.

Die Baumbasis zerteilt sich als Wurzelstock in sogenannte Stark- und Derbwurzeln mit Durchmessern über 20 mm. Diese zerteilen sich weiter in verholzte Grobwurzeln bis hinab zu 2–5 mm Durchmesser. Deren weitere Zerteilung führt zu verholzten oder unverholzten Feinwurzeln von 1–2 mm Durchmesser, die lang sein können oder kurze klöppelförmige Strukturen bilden, die von Pilzfäden (»Mykorrhiza«) umsponnen sind. Feinstwurzeln mit Durchmessern unter 1 mm sind stets unverholzt und können verpilzt oder unverpilzt sein. Funktionell bilden die Feinwurzeln eine Grenze. Feinwurzeln und alles was größer ist dienen der Befestigung, der Stoffleitung und Stoffspeicherung. Auf der anderen Seite dienen Feinwurzeln und dazu alles was kleiner ist dem Aufsaugen von Wasser mit Nährstoffen.

Wurzelschädigungen

Das Waldsterben ist zum Gutteil auch Wurzelsterben. Am empfindlichsten sind die Feinwurzeln, die schon im Normalfall bei schlechten Witterungsverhältnissen oder in trockenen Jahreszeiten absterben können. Anthropogen geschädigt werden sie vor allem durch in den Boden geschwemmte Schadstoffe und deren Sekundäreffekte. Sie reduzieren dadurch die Wasser- und Nährstoffaufnahme beträchtlich und induzieren damit eine Vitalitätsschwäche, die sich dem gesamten Baum bis zur Krone hin mitteilt. Bei

Verrottender Baumstumpf in einem Bergwald, etwa im sechsten Jahr.

der Fichte geht im Zuge der Feinwurzelschädigung der Mykorrhizabesatz besonders stark zurück.

Ein Baumstumpf verrottet

Innerhalb eines guten Jahrzehnts ist ein Fichtenstumpf auf feuchterem Boden nahezu vollständig abgebaut. Im Zuge der fortschreitenden gestaltlichen und chemischen Veränderungen bietet der Stumpf im Substrat (Mikrobiotop) für immer neue, von Jahr zu Jahr sich in ihrer Zusammensetzung ändernde Lebensgemeinschaften. Der Abbau verläuft in etwa wie folgt.

Bock- und Borkenkäfer legen im ersten Jahr ihre Eier von der Schnittstelle aus in das ehemals zarte Bildungsgewebe, das Kambium. Die ausschlüpfenden Larven bohren Fraßgänge, in die die Nässe eindringen kann. Aus eingewehten Sporen entwickeln sich Pilze, die auf dem Holz und dem Larvenkot wachsen. Im ersten bis dritten Jahr durchdringen Pilzmycelien den Stumpf, beispielsweise von Schwefelkopf (Hypholoma), Hallimasch (Armillariella) und von Baumschwamm-Arten (Polyporus). Die weiterbohrenden Larven werden von Larvenräubern verfolgt, z.B. von Ameisenkäfern, während sich in den Pilzen Pilzmückenlarven aufhalten. Nachdem das Kambium zerstört worden ist, kann die Rinde abschilfern.

Im dritten bis sechsten Jahr bilden sich Risse von oben und von der Seite her; Algen, Flechten, Moose, Milben, Spinnen, Käfer, Asseln und Würmer dringen ein. In feuchteren Lagen können Moose den ganzen Stumpf überziehen. Die Pilzmycelien wuchern weiter, und in ihrem Gefolge treten pilzfressende Käfer, Zweiflügler und Schmetterlinge auf.

Im Laufe der folgenden Jahre werden die Risse und Spalten immer größer, der Stock saugt sich bei Regenfällen schwammartig voll Wasser; Blaualgen, Grünalgen und Flechten siedeln sich an, die wiederum von Schnecken abgeweidet werden. Der Schneckenkot begünstigt das Mooswachstum. In den Moospolstern bildet sich eine umfangreiche Mikroflora und -fauna aus.

Des weiteren zerfällt der Baumstumpf zu Mulm. Regenwürmer siedeln sich an; in den Restteilen des Holzes von Laubbäumen leben große Käferlarven, beispielsweise solche von Hirschkäfer *(Lucanus cervus),* Baumschröter *(Sinodendron cylindricum)* und Mulmbock *(Ergates faber).*

Die Hirschkäferlarve, die vor allem in Eichen, aber auch in Buchenholz lebt, frißt 5–8 Jahre und kann an die 10 cm lang werden. Vor der Verpuppung baut sie sich eine Puppenwiege, die die Größe einer Männerfaust erreichen kann. Die Puppenwiegen der Männchen-Larven sind größer als die der Weibchen-Larven.

Die ober- und unterirdische Mulmbildung trifft schließlich zusammen, und dann geht es sehr rasch weiter mit dem Zerfall: Tausendfüßer und Asseln beseitigen die letzten Holzteilchen, und nach etwa 12 Jahren zeugt nur noch ein moosüberwachsener Hügel von dem ehemaligen Fichtenstumpf.

Gestein und Säuregrad

Das verwitternde Gestein bestimmt die Basenversorgung der sich bildenden Böden. Kalkgestein, also zum Beispiel Kalk, Dolomit und Gips, verwittert zu einem basenreichen Boden. Bei Silikatgestein, z.B. Schiefer, Granit, Gneis, Basalt, entstehen gut bis mittelgut basenversorgte Böden mit lehmigem oder tonigem Verwitterungsmaterial. Quarzgestein schließlich, also etwa Kiesel, verwittert zu einem recht basenarmen Grus von Sandstein, Quarzit oder Dünensand. Die Basenversorgung ist ein Teil der Mineralstoffversorgung und beeinflußt in komplexer Weise auch die Nährstoffversorgung. Der Säuregrad wird durch den pH-Wert gekennzeichnet; kleine derartige Werte entsprechen saurem, Werte um 7 neutralem, über 7 alkalischem oder basischem Milieu.

Feuchtigkeitsgrad

Während man zur Säuregradbestimmung einen pH-Meter (oder ein entsprechendes pH-sensibles Papier) braucht, genügt zur Bestimmung des Feuchtigkeitsgrads die Handprobe. Trockenböden fühlen sich trocken an, Frischböden feucht. Feuchtbö-

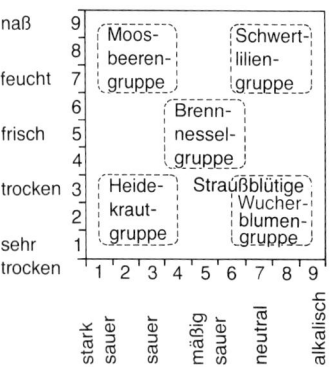

Feuchtigkeits-Säure-Diagramm mit Eintragung von fünf Waldbodenpflanzen-Gesellschaften. Nach Hofmeister (1977).

den tropfen beim Drücken, <u>Naßbö-den</u> schon bei der Entnahme.

Feuchtigkeits-Säure-Diagramm

Trägt man die Feuchtigkeit in einer Skala von 1 (trocken) bis 9 (naß) auf der y-Achse, denn Säuregrad von 1 (sauer) bis 9 (alkalisch) auf der x-Achse eines x-y-Koordinatensystems auf, so kann man jede Kombination dieser beiden wichtigsten bodenbestimmenden Faktoren durch einen »Fleck« in diesem zweidimensionalen Diagramm angeben. Die linksstehende Abbildung zeigt fünf gut abgrenzbare Kombinationen (von etwa zwei Dutzend Möglichkeiten), die jeweils bestimmten Waldboden-Pflanzengesellschaften entsprechen. Diese Pflanzengesellschaften werden durch eine ganz besonders typische Charakterart sprachlich gekennzeichnet. So wächst die »Heidekrautgruppe« auf trockenen und sauren Standorten; die diametral gegenüberliegende Schwertliliengruppe auf nassen und alkalischen. Auch die Gegenkombinationen kommen vor: naß-saure Standorte liebt die Moosbeerengruppe, trocken-alkalische die Straußblütige Wucherblu-mengruppe. Eine Mittelstellung mit durchschnittlichen Ansprüchen an Säuregrad und Feuchtigkeit nimmt die Brennesselgruppe ein. Als Beispiel sind die Moosbeerengruppe und die Straußblütige Wucherblu-mengruppe auf S. 78/79 besprochen.

Zeigerwerte von Waldbodenpflanzen

Pflanzensoziologen haben festgestellt, daß man die einzelnen Waldbodenpflanzen hinsichtlich ihres Anspruchs an Säuregrad, Feuchte und darüber hinaus auch Stickstoff und Licht in einer jeweils neunstufigen Skala einordnen kann. So ordnet man einer bestimmten Pflanze die folgenden Zahlen zu: <u>Reaktionszahl R</u> (1 Zeiger für starke Säure – 9 Zeiger für Basenreichtum), <u>Feuchtezahl F</u> (1 Zeiger für starke Trockenheit – 9 Nässezeiger, dazu noch drei Werte für Wasserpflanzen), <u>Stickstoffzahl N</u> (1 Zeiger für Stickstoffarmut – 9 Zeiger für extremen Stickstoffreichtum, d.h. Verschmutzung), <u>Lichtzahl L</u> (1 Tiefschattenpflanze – 9 Vollichtpflanze). Dazu haben sich die Symbole »?« für ökologisch ungeklärtes und »x« für ökologisch indifferentes Verhalten eingebürgert.

Fruchtende Moosbeere *(Oxycoccus palustris)* von einer Moorbülte.

Beispiel für sauer-nasse Standorte: Moosbeerengruppe Die fünf wichtigsten Pflanzenarten dieser Gruppe stehen in der folgenden Tabelle. Man erkennt, daß sie sich im wesentlichen durch hohe Feuchtezahlen und geringe Reaktionszahlen auszeichnen, weiter durch niedere Stickstoffzahlen und hohe Lichtzahlen. Sie kennzeichnen also einen sehr feuchten bis nassen, sauren, sehr nährstoffarmen Standort. Auf solchen Standorten halten sich kaum Bäume, so daß sie naturgemäß stark belichtet sind (hohe Lichtzahlen). Es muß sich also um eine anmoorige Region, vielleicht in der unmittelbaren Nachbarschaft zu einem Fichtenwald an der Grenze eines Hochmoors handeln.

Blüte der Moosbeere *(Oxycoccus palustris).*

Waldbodenpflanzen treten, wie ausgeführt, nie unabhängig, sondern stets in charakteristischen Gesellschaften auf, die dann nach ihrer Hauptart benannt werden. So wird eine Gesellschaft »links unten« im Koordinatensystem der Abbildung auf S.76 im wesentlichen Pflanzen enthalten, die allesamt trockenen und sauren Standort lieben. Die Abgrenzung ist zwar nicht ganz exakt und es kommen Überschneidungen vor. Findet man aber auf einem Standort beispielsweise Pflanzen, die durch eine hohe Feuchtezahl und eine niedere Reaktionszahl gekennzeichnet sind, so dürften sie im wesentlichen der Moosbeerengruppe zugehören und damit saure Feuchtböden anzeigen.

Kennzeichnung typischer Pflanzen der Moosbeerengruppe (vgl. Text S.77/78). Daten nach Hofmeister (1977).

Moosbeerengruppe

F: sehr feucht bis naß   N: stickstoffarm
R: sehr nährstoffarm, sauer   L: sehr hell

	F	R	N	L
Moosbeere *Oxycoccus palustris*	9	X	1	8
Scheidiges Wollgras *Eriophorum vaginatum*	8	2	1	7
Rasenbinse *Trichophorum caespitosum*	9	1	1	8
Rosmarinheide *Andromeda polifolia*	9	1	1	9
Rauschbeere *Vaccinium uliginosum*	X	1	3	6

Beispiel für basisch-trockene Standorte: Straußblütige Wucherblumengruppe Die Liste zeigt gleichförmig hohe Reaktionszahlen und durchschnittliche bis eher niedere Feuchtezahlen, zudem mittlere Stickstoff- und hohe Lichtzahlen. Es handelt sich also um einen mehr oder minder trockenen, stark basischen, eher nährstoffreichen Standort, der stärker belichtet ist. Man wird einen wärmeliebenden Eichen- oder Buchenmischwald erwarten, vielleicht auch einen eher trockenen und hellen Standort am Waldsaum.

Eine »mittelständige« ökologische Gruppe von Waldbodenpflanzen stellt die Brennesselgruppe dar (vgl. Diagramm auf S. 76). In Wäldern mit viel Kraut-Unterwuchs werden frische bis feuchte, nährstoffreiche, insbesondere stark stickstoffhaltige Böden besiedelt. Neben der Großen Brennessel *(Urtica dioica)* enthält die Gruppe beispielsweise Kletten-Labkraut *(Galium aparine)*, Knoblauchrauke *(Alliaria petiolata)* und Gefleckte Taubnessel *(Lamium maculatum)*. Die Betrachtung der Waldbodenpflanzen (und nicht nur dieser) unter solchen pflanzensoziologischen Gesichtspunkten kann außerordentlich interessant und lehrreich sein; sie erzieht zumindest zum genaueren Hinschauen. Hofmeister beschreibt in seinem Buch »Lebensraum Wald« (s. Literaturverzeichnis) die nötigen Einzelheiten, die auch der weniger erfahrene, doch interessierte Naturbeobachter recht gut nachvollziehen kann.

Straußblütige Wucherblume *(Chrysanthemum corymbosum)*.

Kennzeichnung typischer Pflanzen der Straußblütigen Wucherblumengruppe (vgl. Text S. 77 und 79). Daten nach Hofmeister (1977).

Straußblütige Wucherblumengruppe

F: trocken
R: ˉnährstoffreich, basenreich

N: mäßig stickstoffreich
L: mäßig hell

	F	R	N	L
Straußblütige Wucherblume *Chrysanthemum corymbosum*	3	8	4	7
Echte Schlüsselblume *Primula veris*	4	8	3	7
Blutroter Steinsamen *Buglossoides purpurocoerulea*	4	8	4	5
Pfirsichblättrige Glockenblume *Campanula persicifolia*	4	8	3	5
Blutroter Storchschnabel *Geranium sanguineum*	3	8	3	7

Parks und Gärten

Vom Menschen geschaffene Kulturflächen, die sich selbst überlassen werden und die sich im Laufe der Jahre in oft überraschend ursprünglich erscheinender Form wiederbesiedeln, kann man als »sekundäre Urlandschaften« bezeichnen. Aufgelassene, abgetorfte Hochmoore gehören ebenso dazu wie verwilderte Gärten und Parks. Im Gegensatz zu den französischen Gartenanlagen sind die englischen Gärten, wenngleich ebenfalls bewußt gestaltet, doch der recht ursprünglichen mittelenglischen Parklandschaft nachempfunden, mit einer Vielfalt von Arten, einem modellierten, in der Bodenfeuchtigkeit differierenden Geländerelief, abwechselnden Baumgruppen und Wiesenflächen, Gebüschen und Hecken.

Der Wunsch nach Abwechslungsreichtum bringt es mit sich, daß diese Arten von Parks und Gärten in mancherlei Hinsicht ökologisch feiner gegliedert sind als ihre natürlichen Vorbilder. Dementsprechend vielfältig ist die pflanzliche und tierische Lebewelt, zumal, wenn Fließgewässer und künstlich angelegte Teiche miteinbezogen werden. So hat man im Münchner Nymphenburger Park nicht weniger als 73 Brutvogelarten gezählt, weitaus mehr, als in jedem beliebigen natürlichen Biotop.

Da im Gegensatz zur Forstwirtschaft, in den groß angelegten Parks alte Bäume (oft mit großem Aufwand) erhalten werden, bietet sich Brutvögeln eine besonders große Zahl sehr abwechslungsreicher Nistgelegenheiten, die sich in der freien Natur in dieser Form kaum mehr finden. Allein die Vielfalt der Baumhöhlen ist bemerkenswert. In Kleinhöhlungen, die von vermodernden und abfallenden größeren Zweigen gebildet werden, nisteten Kohlmeisen *(Parus major)*. Verlassene Spechthöhlen besiedeln Kleinvögel, auch Kleiber *(Sitta europaea)*, die den Eingang etwas zumörteln. In Aststumpfhöhlen brüten Trauerschnäpper *(Ficedula hypoleuca)* oder Gartenrotschwänze *(Phoenicurus phoenicurus)*. Auch Höhlen, die sich hinter abblätternder Rinde bilden, werden besiedelt, gerne vom Gartenbaumläufer *(Certhia brachydactyla)*.

Die alten Baumriesen enthalten oft mächtige Stammhöhlen. In ihrem Moder leben Insekten, bei Eichen nicht selten die Larven des Hirschkäfers (S. 76), und Milben; Kleininsekten, Asseln und Schildkrötenmilben zersetzen den Kot der Fledermäuse, die in solchen Höhlungen gerne verweilen. In großen, nach oben ausbuchtenden Stammhöhlen mit nur einer seitlichen Öffnung leben gerne die bereits recht selten gewordenen Abendsegler *(Nyctalus noctula)*.

Kleiber *(Sitta europaea)* an Asthöhle.

Das Weibchen des Großen Grünen Heupferds *(Tettigonia viridissima)* kann an die 4 cm Körperlänge erreichen.

Gebüsch

Gebüsche gibt es in vielerlei Ausformungen, von lichten Ansammlungen niederwüchsiger Sträucher bis hin zu den mächtigen, von Brombeer- und Himbeergestrüpp durchsetzten Randgebüschen der Waldränder.

Eine Reihe von charakteristischen Gebüsch-Pflanzenarten wurden bei der Besprechung der wärmeliebenden Eichenmischwälder (s. S. 64) genannt. Im Blatt- und Zweigwerk und auf dem Untergrund beherbergen sie eine reiche Kleintierwelt. Hier leben auch gerne manche Heuschrecken.

Da die meisten Heuschrecken sehr genau auf bestimmte ökologische Umweltbedingungen eingestellt sind (»stenöke Arten«) findet man sie Jahr für Jahr in etwa an gleichen Stellen, solange diese nicht anthropogen verändert werden. Somit stellen sie hervorragende Indikatoren für Umweltbedingungen dar. Einige seien genannt.

Unter den Laubheuschrecken bevorzugt die Gemeine Sichelschrecke *(Phaneroptera falcata)* Gebüsche inmitten trockener Rasenregionen, gerne auch Schlehenhecken, in de-

ren Blätter die Weibchen die Eier einschieben. Nach einiger Zeit des Larvendaseins auf dem Boden steigen die Imagines der Laubholz-Säbelschrecke *(Barbistides serricauda)* in Gebüsche und Laubbäume hoch. Das dämmerungsaktive Tier frißt gerne Blätter von Himbeeren und Hasel.

Manche Heuschrecken sind an bestimmte Wirtsbäume gebunden, was sich gelegentlich in der Namensgebung ausdrückt. So lebt die Gemeine Eichenschrecke *(Meconema thalassinum)* auf Eichen, gerne auch in Parks. Tagsüber ruht sie auf der Blattunterseite. Eine der bekanntesten und größten Heuschrecken ist das Große Grüne Heupferd *(Tettigonia viridissima)*. Es lebt auf Kulturflächen zwar überwiegend in Bodennähe, steigt aber zum Singen gerne ins Gebüsch auf. Die Gebüsche der Waldlichtungen besiedelt die zur Unterfamilie der Beißschrecken gehörende Gewöhnliche Strauchschrecke *(Pholidoptera griseoaptera)*. Somit besiedeln eine ganze Reihe von Laubheuschrecken wenigstens als Imagines Gebüsche und Bäume. Grillen und Feldheuschrecken sind dagegen mehr Bodenbewohner.

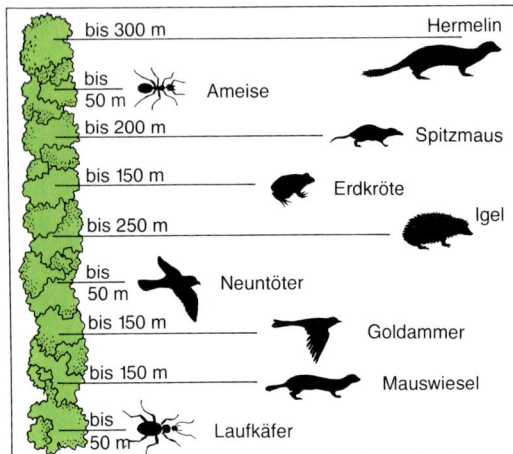

bis 300 m		Hermelin
bis 50 m	Ameise	
bis 200 m		Spitzmaus
bis 150 m		Erdkröte
bis 250 m		Igel
bis 50 m		Neuntöter
bis 150 m		Goldammer
bis 150 m		Mauswiesel
bis 50 m		Laufkäfer

Durchschnittliche Strecken, um die sich Heckenbewohner von der schützenden Hecke entfernen. Nach »Das Tier« (1984).

Hecken

Hecken setzen sich aus Sträuchern und kleineren Bäumen zusammen, wobei häufig dorntragende Arten undurchdringliche Formationen bilden. Schon deshalb ist die Hecke ein wichtiger Zufluchtsraum von Kleinvögeln und Kleinsäugern.

Zufluchtsräume

Hat ein Kleinvogel die schützende Hecke erreicht, kann ihn kein Sperber oder Habicht mehr greifen. Zudem bieten die Hecken einer ganzen Reihe von Vogelarten wichtige Brutmöglichkeiten, so der nach ihrer Brutstätte benannten Heckenbraunelle *(Prunella modularis)*, der Dorn-

Rote Heckenkirsche *(Lonicera xylosteum)*, mit paarigen Beeren.

Heckenlandschaft bei Fechingen/Saarland.

grasmücke *(Sylvia communis)*, die gerne auf den äußersten Zweigen sitzt und beim Aufflug ihre kurze, knarrend-zwitschernde Strophe vorträgt, dem bereits sehr selten gewordenen Rotrückenwürger *(Lanius collurio)*, der seine Beute gerne auf Dornen spießt, und einer ganzen Reihe anderer Arten. Auch Goldammern beleben die Hecken und lassen von den Zweigspitzen aus ihr »zi-zi-däh« erschallen.

An Säugetieren leben beispielsweise Igel *(Erinaceus europaeus)* in der Hecke, vergraben sich tagsüber im Laub und schnüren des nachts den Heckenstreifen entlang. Auch Mauswiesel und Hermelin sowie Iltis ziehen sich gerne in den Schutz der Hecken zurück.

Hecken sind weiter der bevorzugte Aufenthaltsort der großen Laubheuschrecken, über die auf S. 81 Näheres mitgeteilt ist.

Heckenbewohner sind häufig erstaunlich ortstreu, entfernen sich wenig oder fast gar nicht von ihrem Refugium, wie die Grafik zeigt.

Windschutz

Die Funktion der Hecken als Brutbiotop und Refugium für Kleintiere ist von großer Bedeutung. Ganz außerordentlich wichtig sind Hecken aber auch als Windschutz. Aus guten Gründen erhält man im windumströmten Flachland in regelmäßigen Abständen Heckenparzellen, obwohl sie (theoretisch) landwirtschaftliche Nutzfläche schlucken. Wo großräumige Flächenbereinigungen eingesetzt haben, beispielsweise in der Oberpfalz, sind bereits schwere Schäden durch Humusverwehungen eingetreten, weil der Wind großflächig ungebremst wehen kann. Allein deshalb werden heutzutage Hecken geschont und mehr und mehr neu angelegt (es dauert etwa 1 Jahrzehnt, bis sich eine kräftige Hecke aus angepflanzten Büschen entwickelt hat), mit dem Nebeneffekt, daß die Region wieder ökologisch strukturiert und vielfältiger wird. Nach der Neuanlage dauert es freilich Jahrhunderte, bis die Artenvielfalt einer gewachsenen Hecke erreicht ist.

Heckentypen

Wallhecken In den nördlichen Küstenebenen wurden Hecken auf Erdwällen gepflanzt. Hiermit wurden Siedlungen eingerahmt, Felder abgegrenzt, und die Kraft des Windes wurde wirksam gebrochen. Zunächst hat man im Abstand von etwa 2,50 m zwei Gräben aufgeworfen und das Material in der Mitte zusammengeschüttet, so daß sich die ursprüngliche Schichtung umkehrte. Der insgesamt etwa 2,50 m breite und ungefähr 1,50 m hohe Erdwall erhält damit zuunterst den Mutterboden der Umgebung, dann eine Sandschicht und zuoberst den tiefsten Aushub, lehmig-tonige Mischungen. Das Ganze wurde abgedeckt mit Grassoden; auf der etwa meterbreiten Krone wurde Gebüsch gepflanzt. In gelegentlichen Abständen wurden die gepflanzten Sträucher geknickt. Das führte zu verstärktem Ausschlag, dessen Reiser dann noch ineinander verflochten wurden. Auf diese Weise entstand eine sehr dichte Hecke, die man auch als »Knick« bezeichnet.

Feldhecken Bei den Waldrodungen blieben schlecht erreichbare Stellen, insbesondere an Steilhängen der Berge, ungerodet. Aus ihnen entwickelten sich niederwüchsige Gebüschstreifen, Reste der ehemaligen Bedeckung. Die meisten Hecken sind aber absichtlich oder unbeabsichtigt neu entstanden. Sie wurden entweder zur Abgrenzung und als Windschutz direkt angepflanzt, oder bildeten sich aus wind- oder tierverfrachteten Samen, die sich in Steinwällen oder Ablagerungen verfangen hatten, welche man beim Bestellen der Felder auf die angrenzenden Raine abgelagert hatte.

Sträucher der Hecke

Künstlich angelegte Hecken entstanden üblicherweise aus Samen und Stecklingen strauchartiger Pflanzen von Waldrändern. Dabei wurden dornige und sparrige Arten bevorzugt, die sich dann längs der angepflanzten Streifen vermehrten. Durch Ablagerungen von Flugsamen und aus Früchten und Samen, die von Tieren eingebracht wurden, ergänzten und verdichteten sich die Hecken.

Unbewehrte Sträucher Neben den allgegenwärtigen Sträuchern und Kleinbäumen wie Hasel (*Corylus avellana)*, Roter Hartriegel *(Cornus sanguinea)*, Feld-Ahorn *(Acer camprestre)* und Gemeiner Schneeball *(Viburnum opulus)* gehören hierher Schwarzer und Roter Holunder *(Sambucus nigra* und *S. racemosa)*, Faulbaum *(Frangula alnus)*, Vogelbeere *(Sorbus aucuparia)*, Stechpalme *(Ilex aquifolium)* und eine Reihe anderer Straucharten.

Sträucher mit Stacheln und Dornen Zu den dornentragenden Arten gehören Weißdorn *(Crataegus monogyna, C. oxyacantha)*, Schwarzdorn oder Schlehe *(Prunus spinosa)* und Sauerdorn *(Berberis vulgaris)*. Stacheln tragen die Hunds-Rose *(Rosa canina)* sowie Himbeere und Brombeere *(Rubus idaeus* und *R. fruticosus)*.

Kletternde Sträucher Eine Reihe kletternder Sträucher verdichten und verfilzen das Ganze, so Geißblatt *(Lonicera caprifolium)*, Efeu *(Hedera helix)*, Hopfen *(Humulus lupulus)* und, in unseren Breiten vorherrschend, die oft alles überziehende Waldrebe *(Clematis vitalba)*. Zum Klettern und Ranken bedient sich der Efeu seiner Kletterwurzeln, die Brombeere klimmt durch Einhaken mit ihren Stacheln und Überschwingen mit den bogenförmigen Schößlingen. Ähnlich klettert die Hunds-Rose. Waldreben und Zaunrübe *(Bryonia dioica)* ranken durch kegelförmige Bewegungen mit dünnen Ranken, die sich um Stützteile ringeln. Die Windepflanzen winden sich teils rechts, teils links herum.

Waldübergang

Zwischen dem Wiesenrasen und dem eigentlichen Wald läßt sich ein Waldsaum mit krautigen Pflanzen und ein Waldmantel in Gestalt eines heckenartigen Randgebüsches abgrenzen. Diese Gliederung ist nicht überall deutlich, vor allem dort, wo die lichtliebenden Sträucher des Waldmantels bei der früheren Waldbewirtschaftung weit in die stark ausgelichteten Wälder eingedrungen sind.

Die Waldmäntel sind besonders ausgeprägt bei den wärmeliebenden Eichenmischwäldern, während Buchen und Fichten durch ihr auch am Waldrand tief hinabgreifendes Astwerk das Aufkommen eines lichtliebenden Saumgebüsches eher verhindern.

Die Abbildung zeigt, aus einer größeren Bestandsaufnahme herausgegriffen, die Verteilung von je zwei typischen Pflanzen der Wiese, der Saumregion, des Gebüschmantels und des eigentlichen Waldes. Die Häufigkeitsdiagramme zeigen deutlich die von den Pflanzen bevorzugten Kleinbiotope, in denen sie zusagende Lebensbedingungen finden.

Charakteristischer Übergang von Wiese zu Wald über Saumregion und Gebüschmantel. Nach Dirschke (1974).

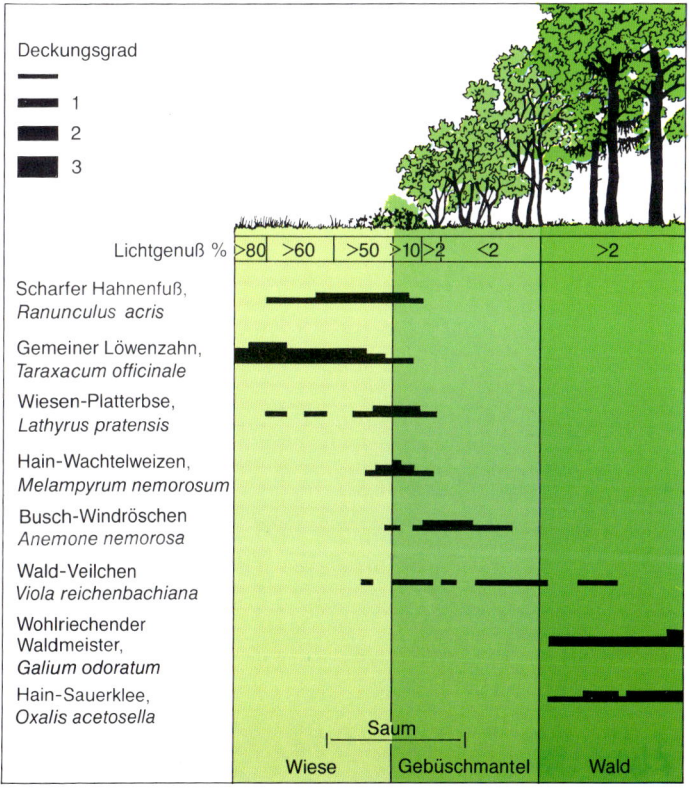

Wiesen und Weiden

Naturwiesen stellen sich beispielsweise in Meeresnähe als Salzwiesen, in Flußniederungen als Auwiesen ein. Saure Wiesen können sich dort bilden, wo Bodennässe hochgedrückt wird (Feuchtwiesen), beispielsweise am Rand von Sumpf- und Moorgebieten. Typisch sind die unterschiedlichsten Sauer- oder Riedgräser. Im Bereich geringer Niederschläge finden sich die Trockenwiesen, die man wegen des häufigen Vorkommens starrer Gräser beispielsweise auch als Hartwiesen bezeichnet. Wo Wiesen meist höherer Lagen mit großblättrigen, hochwachsenden Stauden durchsetzt sind, spricht man von Hochstaudenwiesen oder -fluren. Bergwiesen und Alpenmatten oberhalb der Baumgrenze schließlich sind die höchstgelegenen Naturwiesen; sie wurden im Abschnitt »Berg und Fels« besprochen.

Kulturwiesen werden vom Menschen geschaffen und unterhalten. Das Spektrum reicht von der bescheidenen Nutzung saurer Wiesen als Streuwiesen (heute kaum mehr üblich; solche Wiesen verbuschen rasch) über die wenig produzierenden Magerwiesen bis zu den stark produzierenden, schweren Fettwiesen. Bei guten Böden ist eine bäuerliche Nutzung durch Viehzucht möglich (Weiden) oder durch Wechsel zwischen Wiese und Acker (Wechselwiesen).

Wiesentypen

Zum Begriff »Wiese«

Was wir gemeinhin als »Wiese« bezeichnen, ist eine künstlich geschaffene Lebensgemeinschaft von Pflanzen und Tieren, zusammen mit dem Untergrund ein vom Menschen aufrecht erhaltenes Ökosystem. Gäbe es die Mahd nicht, so würden sich unsere mitteleuropäischen Wiesen rasch mit Buschwerk und schließlich mit einem lockeren Mischwald bedecken. »Kulturwiesen« kann man diese anthropogenen, vom Menschen geschaffenen Formen nennen. Es gibt zwar auch »Naturwiesen« in unseren Breiten, feuchte und trockene, doch treten sie flächenmäßig stark zurück. Ihnen allen ist gemeinsam, daß sie keinen oder nur buschartig-weitverstreuten Baumbewuchs aufweisen und daß krautige, meist niederstehende Pflanzen den Ton angeben, die am Jahresende absterben. Unter ihnen stellen die Gräser die an Masse und Individuenzahl umfangreichste Gruppe dar und gleichzeitig auch diejenigen Formen, die am höchsten wachsen.

Mit dem Boden, dem »Unterholz« der Moos- und Streuschicht sowie dem stockwerkartig aufgebauten Graswald weist die typische Wiese eine ganz unverwechselbare vertikale Gliederung auf.

Beispiele

Auf der gegenüberliegenden Seite sind vier typische Wiesenformen im Bild dargestellt.

Hartwiese Der Anschnitt zeigt die Humusauflage über verwitterndem Kalkboden mit eingestreuten größeren Kalkbrocken. Die eigentliche Humusauflage ist höchstens 15 cm dick und ist bestanden mit einer Wiesenform aus harten Gräsern, vermischt mit Wiesen-Salbei *(Salvia pratensis)* und Vogel-Wicke *(Vicia cracca)*. Früher wurden dererlei Wiesen gemäht,

heute dienen sie höchstens noch zur Schafzucht.

Trockenwiese Im Altmühltal, ebenfalls über Kalkuntergrund, aber bei noch geringerer Humusauflage, hat sich diese bunte Wiesenform angesiedelt, mit Falscher Kamille *(Matricaria maritima)* und Klatsch-Mohn *(Papaver rhoeas)*. Sie wird landwirtschaftlich nicht genutzt.

Hangwiese Auf leicht trockenem Boden siedelt sich eine bäuerlich genutzte Wiesenform mit Klappertopf *(Rhinanthus alectorolophus)* und Margeriten *(Chrysanthemum vulgare)* an.

Fettwiese Der hochgewachsene Graswald über gut wasserhaltigem Frischboden steht kurz vor der Mahd. Man erkennt Scharfen Hahnenfuß *(Ranunculus acris)*, Sauer-Ampfer *(Rumex acetosa)* und Wiesen-Pippau *(Crepis biennis)*.

Entwicklung der Wiesen

Noch in der Jungsteinzeit war Mitteleuropa überwiegend von Mischwald bedeckt, von geringen natürlichen Grünflächen in Sumpf- und Trockengebieten abgesehen. Durch Rodung und Abbrennen wurden zunächst einzelne Grüninseln angelegt, die sich insbesondere mit der Dreifelderwirtschaft des Mittelalters fleckerlteppichartig ausbreiteten. Der gewaltige Holzbedarf des beginnenden technischen Zeitalters (Dampfmaschinen!) begünstigte die Entstehung von Freiflächen, die in günstiger Lage in der Intensivierung der Landwirtschaft zur Mitte des 19. Jahrhunderts mehr und mehr als Weiden und Grünfutterwiesen genutzt wurden.

Die Abbildungen rechts zeigen: links oben eine Hartwiese über Kalkgrund im Schwäbischen Jura, rechts oben eine Trockenwiese bei Eichstätt/Altmühltal, links unten eine Hangwiese bei Saarbrücken, rechts unten eine Fettwiese in Oberschwaben (vgl. Text).

Einflüsse auf die Ausbildung

Das Klima, die Mahd und Nutzungs- sowie Pflegemaßnahmen sind die wichtigsten Einflußgrößen.

Bedeutung des Klimas

Der klimatische Einfluß ist groß, sowohl auf die Herausbildung einer Wiese wie auf ihre Nutzung, doch ist er nicht leicht zu erfassen. Es erscheint ganz selbstverständlich, daß die Wiesen in Norddeutschland mit seinem ausgeglichenerem Meeresklima fetter sind und hauptsächlich als Weiden genutzt werden, während die Wiesen Süddeutschlands wegen des kontinentaleren Klimas im allgemeinen magerer sind und mehr als Mähwiesen genutzt werden.

Doch gibt es vielerlei klimatische Einflüsse: Lage und Höhe, Geländeform, Lichteinstrahlung, Temperatur, Niederschläge und Wind, um nur die bedeutendsten zu nennen. Dazu kommt der wichtige Faktor der Bodenbeschaffenheit, der wieder in Wechselwirkung mit den eigentlichen Klimaelementen tritt. So hängt die Ausbildung einer Wiese beispielsweise stark von der Höhe der Niederschläge ab; wenn aber der Boden stark wasserdurchlässig ist, können auch hohe Niederschläge kaum zu einer saftigen Fettwiese führen. Auf Kalkböden werden sich dann Trockenwiesen und Hartwiesen einstellen. Ein anderes Beispiel: Gräser brauchen zum Wachstum zwar Wasser, wie jede Pflanze; wenn aber die Temperatur unter oder über dem günstigsten Bereich von etwa 17–20 °C liegt, dann werden sie auch bei reichlich vorhandener Feuchtigkeit nicht optimal rasch wachsen.

Wirkung der Mahd

Die Mahd wirkt, kurz gesagt, bestandserhaltend. Durch das zwei- bis dreimalige Mähen im Jahr werden die Gräser und andere einjährige Pflanzen geschnitten und – soweit sie in der Lage sind, mit diesen harten Eingriffen fertig zu werden – zum Nachwachsen angeregt (vgl. die Beispiele der nebenstehenden Abbildung). Die Pflanzenmasse baut sich so in zwei bis drei Schüben auf.

Mit der Mahd werden die Schößlinge von Bäumen und Büschen entfernt. Man sieht heute vielerorts, was geschieht, wenn die Bauern mangels Rentabilität nicht mehr mähen. Die Wiesen verbuschen. In der Ukraine etwa sind Grassteppen eine natürliche Vegetationsform. Bei uns dagegen entstünden Strauchgesellschaften, und in weniger als hundert Jahren wären die Wiesen und Grünlandflächen in Mitteleuropa wieder mit einem lockeren Mischwald bedeckt, fielen Mahd und Beweidung ganz aus.

Mahdrhythmus bei einer »dreischürigen« Wiese und seine Wirkung auf typische Wiesenpflanzen. Nach Schmidt (1979).

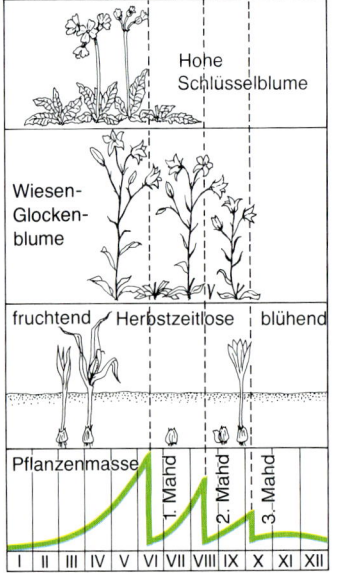

Beweidete Moorwiese bei Heide/Schleswig-Holstein mit vegetationsbedecktem Entwässerungsgraben.

Beweidung und Düngung

Vielerorts wird der dritte Schnitt durch Beweidung ersetzt. Doch ist deren ökologischer Einfluß deutlich anders. Während die Mahd einen plötzlichen, harten Eingriff bedeutet, der die Photosynthese momentan praktisch unterbindet und das Mikroklima drastisch verändert, bedeutet die Beweidung einen kontinuierlichen Einfluß, der den Aufbau von Reservestoffen nicht scharf einschränkt und ein witterungsausgleichendes Mikroklima in Bodennähe erhält: Es bleiben immer noch genügend Pflanzen stehen und wachsen zwischendurch nach.

Auch der Einfluß auf den Boden ist unterschiedlich. Mahdwiesen neigen zur Bodenauflockerung und zum Mineralienverlust; der Weidegang führt dagegen eher zur Verdichtung, und der Mineralienverlust wird durch den Tierkot in etwa wieder ausgeglichen. Demgemäß weisen Mahdwiesen oft eine lockere Grasnarbe und einen artenreichen, unterschiedlichen Bewuchs auf, Weidewiesen dagegen eine dichtere Grasnarbe und artenärmeren, viel einheitlicheren Bewuchs.

Düngung bringt im allgemeinen Ertragssteigerung, mit NPK-Düngung (Stickstoff, Phosphor, Kalium) in Einzelfällen bis zu 400%. Ertragsreiche, »anspruchsvollere« Pflanzen werden gefördert, durch die Stickstoffanreicherung zwischenzeitlich besonders der Klee.

Doch geht dies drastisch auf Kosten des Artenreichtums. So verschwinden die düngeempfindlichen Orchideen sehr rasch. Außerdem beeinflußt die Düngung den Mineralienhaushalt und die Lebewelt des Bodens und schafft Folgebelastungen. Der von gedüngten Wiesen und Feldern in Massen ausgeschwemmte Stickstoff und Phosphor führt mindestens in gleichem Maße wie die Abwassereinleitung zur sattsam bekannten gefährlichen Euthrophierung von Seen und zur Belastung unserer Grundwasservorräte. Auf lange Sicht betrachtet könnte der volkswirtschaftliche Schaden durch forcierte Düngung leicht größer sein als der Nutzen.

Wiesenpflanzen

Typische Pflanzen

Die Frage, was eigentlich eine Wiesenpflanze ist, ist global kaum zu beantworten, obwohl jedermann sofort Namen sagen kann: Gänseblümchen *(Bellis perennis)* und Wiesen-Knöterich *(Polygonum bistorta),* Wiesen-Klappertopf *(Alectorolophus pratensis)* und Margerite *(Chrysanthemum leucanthemum),* Knäuelgras *(Dactylis glomerata)* und diverse Kleearten *(Trifolium).* Doch gibt es alle diese Pflanzen auch anderswo, wenn auch nicht in solcher Massierung.

Vielleicht kann man Wiesenpflanzen allgemein so charakterisieren: Sie vertragen den drastischen Eingriff der Mahd oder die sukzessive Beeinflussung durch Beweidung und können sich dann in der gegenseiti-

Vier charakteristische Wiesenpflanzen: Sauer-Ampfer *(Rumex acetosa),* Gemeiner Löwenzahn *(Taraxacum officinale),* Scharfer Hahnenfuß *(Ranunculus acris),* Wiesen-Schaumkraut *(Cardamine pratensis).*

gen Konkurrenz der diese harten »Randbedingungen« überlebenden Formen behaupten.

Anpassungserscheinungen

Infolge ihrer Regenerationsfähigkeit (Wiesen-Flockenblume, *Centaurea jacea)* oder durch Niederwuchs mit Rosettenblättern (Mittlerer Wegerich, *Plantago media)* werden Wiesenpflanzen mit der Mahd fertig, dem alles beherrschenden »ökologischen Fallbeil«. Sie können auch zwischenzeitlich rasch wachsen und schnell blühen und fruchten, noch bevor der Durchschnittsbewuchs zu hoch geworden ist, also vor dem ersten Hochstand (Schlüsselblume, *Primula elatior).* Andere entwickeln sich so, daß sie gerade kurz vor der ersten Mahd, also im ersten Hochstand, fruchten (Glatthafer, *Arrhenatherum elatius)* oder aber im zweiten Hochstand (Kohl-Kratzdistel, *Cirsium oleraceum).* Manche überstehen die Mahden dadurch, daß sie Ersatzsprosse bilden, etwa die Wiesen-Glockenblume *(Campanula patula)* und viele Gräser.

Wiesen- und Weidenpflanzen waren entweder von Haus aus diesen vom Menschen aufgeworfenen Bedingungen zufällig angepaßt und haben sich deshalb gehalten, etwa Frühlings-Krokus *(Crocus albiflorus)* und Herbstzeitlose *(Colchicum autumnale).* Viele eingewanderte Unkräuter erfüllen aber die genannten Bedingungen besonders gut und haben damit ihren festen Platz in den Kulturwiesen sekundär erobert, beispielsweise der aus dem westlichen Asien stammende Klatsch-Mohn *(Papaver rhoeas).* Weidepflanzen andererseits sind typischerweise trittresistent und düngeunempfindlich und so ihrem Standort angepaßt.

Konkurrenz

Wäre es nicht in unzulässiger Weise vermenschlicht ausgedrückt, so könnte man sagen, daß in der uns so harmonisch-friedvoll erscheinenden Lebensgemeinschaft »Wiese« ein mörderischer Kampf aller gegen aller herrscht. Das beginnt, dem Betrachter noch am ehesten verständlich, bereits mit dem Kampf um den Lichtgenuß. Schnellwachsende Arten können andere überholen und sind dadurch diesen, aber auch langsamer wachsenden oder jüngeren Individuen der gleichen Art gegenüber im Lichtvorteil. Bei günstiger Witterung schießt der Bewuchs richtiggehend hoch.

Dazu kommt der unterirdische Kampf des Wurzelwerks um Nährstoffe und Wasser, insbesondere bei solchen Arten, die in gleicher Höhe wurzeln, etwa den meisten flachwurzelnden Gräsern. Wie Zuchtexperimente gezeigt haben, verdrängt beispielsweise der robuste Glatthafer *(Arrhenatherum elatius)* andere Grasarten von Optimalböden mittlerer Feuchtigkeit, den Wiesen-Fuchsschwanz *(Alopecurus pratensis)* etwa auf feuchtere, die Aufrechte Trespe *(Bromus erectus)* auf trocknere Böden. Weiter können Pflanzen, beispielsweise der Scharfe Hahnenfuß *(Ranunculus acris)*, über die Wurzeln chemische Hemmstoffe abgeben, die die Entwicklung anderer Pflanzen in enger Nachbarschaft negativ beeinflussen.

Schließlich gibt es gerade auch bei Wiesenpflanzen eine Reihe von Parasiten und Schmarotzern. Orchideen, in geringerem Maße aber auch viele Gräser, nähren sich zum Teil von Pilzen, die in die Wurzelzellen einwachsen (»Mykorrhiza«). Die Arten von Klappertopf *(Alectorolophus)* und Augentrost *(Euphrasia)* sind Halbschmarotzer. Sie zapfen ihren Wirtszellen das aufsteigende, mineralhaltige Wasser ab, assimilieren aber ebenfalls noch mit ihren grünen Blättern. Die Sommerwurzarten *(Orobanche)* dagegen sind oft hoch-

spezialisierte Ganzschmarotzer. Sie können mit ihrem bleichen, chlorophyllosen Gewebe nicht mehr assimilieren.

Wiesengräser

Die Wiesengräser spielen eine ganz ausschlaggebende Rolle. Der Erscheinungsform nach werden die Wiesen ja sogar in diverse Gräsergruppen gegliedert. Zu den Fettwiesen der tieferen Lagen gehören beispielsweise die der Glatthafergrup-

Ganzschmarotzer der Wiese: Sommerwurz *(Orobanche teucrii)*

pe, Knäuelgrasgruppe und Wiesenschwingelgruppe. Aber auch in bezug auf die Landwirtschaft sind Gräser sehr bedeutsam, da die Nutzung einer Wiese zum Gutteil über Futtergräser erfolgt. Dazu gehören beispielsweise der geschätzte Glatthafer *(Arrhenatherum elatius)* und das Knäuelgras *(Dactylis glomerata)*, während die Fiederzwenke *(Brachypodium pinnatum)* und die Gemeine Quecke *(Agropyron repens)* eher als minderwertige Gräser gelten.

Bestäubungsformen

Windblütler Süßgräser und Sauergräser gehören hierher: An dünnem, wippendem Faden hängen die Staubbeutel aus der unscheinbaren Blüte und entlassen eine Unmenge von Pollenkörnern (vgl. Abb). Etwa vier Millionen Pollen bilden sich auf einer einzigen Roggenähre; bei 70 Eizellen pro Ähre kommen rund 60 000 Pollen auf eine Eizelle, von denen im Durchschnitt aber nur ein einziges Pollenkorn die Eizelle befruchtet und damit den Anstoß zur Bildung einer neuen Roggenpflanze gibt. Die Blütenstaubkörner werden von den langen, behaarten, narbentragenden Griffelverlängerungen aufgefangen, die oft erst nach Entleerung der Staubbeutel aus den Blüten geschoben werden.

Insektenblütler Insektenblütige Pflanzen zeichnen sich oft durch buntgefärbte Blüten aus, die zudem für das Insektenauge auffallende, für uns aber unsichtbare ultraviolettes Licht reflektierende Teile tragen. Am Insekt hängende Pollenkörner einer Blüte können beim Besuch der nächsten Blüte an deren Narbe abgestreift werden.

Blütenstaubkörner können am ganzen Körper hängenbleiben, wie bei vielen blütenbesuchenden Käfern, oder an behaarten Partien, nämlich Beinen, Bauch- und Rückenregion, wie bei den Pelzbienen und Hummeln, schließlich auch am Rüssel, der tief in die Blüten eingefahren wird, wie bei den Schmetterlingen.

Pflanzeneinrichtungen zur Sicherung der Fremdbestäubung erscheinen dem Menschen bisweilen wahrhaft raffiniert. So gibt es beim Himmelsschlüssel *(Primula elatior)* Verschiedengriffeligkeit, nämlich Blüten mit hochstehenden Staubgefäßen und tiefstehenden Narben und umgekehrt (vgl. Abb. rechts). Durch die unterschiedlichen Lagen am Rüssel des bestäubenden Insekts werden die Pollenmassen von hochstehenden Staubgefäßen auf Blüten mit hochstehenden Narben übertragen und umgekehrt.

Der Gemeine Ehrenpreis *(Veronica chamaedrys)* trägt auf breiter Blüte (»Schwebfliegenlandeplatz«) seine Staubbeutel an stark geschwollenen, ungemein bewegungsempfindlichen Staubfäden. Einer landenden Schwebfliege werden die Staubbeutel richtiggehend gegen die Bauchregion geklatscht.

Die Blüte des Wiesen-Salbei *(Salvia pratensis)* hat eine Hebelmechanik ausgebildet. Wenn eine Hummel ihren Rüssel vorschiebt – man kann das mit einem Bleistift versuchsweise nachmachen – dreht sich an langem Ausleger ein Staubbeutel heraus, bis er auf die behaarte Rückenregion auftupft. Bei älteren Blüten wächst der Griffel mit der Narbe bis etwa zur gleichen Stelle vor, so daß die Pollenübertragung gesichert ist.

Blütenstand der Gemeinen Quecke *(Agropyron repens).*

Der Graswald

Ganz ähnlich wie beim mitteleuropäischen Mischwald kann man auch beim »Graswald« von einem Stockwerksaufbau sprechen, aufgrund dessen sich mit variierender Bodenhöhe ein ganz unterschiedliches Kleinklima ausbildet. So formen sich höhengestaffelte ökologische Nischen für Kleintiere.

Stockwerksaufbau

Wie der Wald hat auch der Graswald über dem Boden sein »Unterholz«, bestehend aus einer mehr oder minder ausgeprägten Moos- und Streuschicht. Darüber folgen dann die drei Stockwerke der höherragenden Pflanzen. Das unterste Stockwerk nehmen die Rosettenblätter und niederliegenden Teile ein, speziell von Löwenzahn *(Taraxacum officinale),* Wegerich- *(Plantago)* und Kleearten *(Trifolium).* Ins mittlere Stockwerk der relativ niederwüchsigen Gräser, etwa des Wiesen-Rispengrases *(Poa pratensis)* und des Rot-Schwingels *(Festuca rubra),* schicken die Pflanzen des Unterstockwerks ihre Blüten, so der Scharfe Hahnenfuß *(Ranunculus acris)* und der Wiesen-Pippau *(Crepis biennis).*

Schließlich ist das lockere und stark durchsonnte obere Stockwerk der hochstehenden Gräser gut abgrenzbar, gebildet etwa von Wiesen-Lieschgras *(Phleum pratense),* Glatthafer *(Arrhenatherum elatius),* Knäuelgras *(Dactylis glomerata)* und von den verschiedenen Arten der Quecken *(Agropyron)* und Zwenken *(Brachypodium).* Hier hinein schicken auch die höherwüchsigen Pflanzen ihre Blüten, wie etwa der Wiesen-Salbei *(Salvia pratensis),* die Kohl-Kratzdistel *(Cirsium oleraceum),* aber auch die Wilde Möhre *(Daucus carota)* mit zahlreichen anderen Doldenblütlern, darunter dem Wiesen-Kerbel *(Anthriscus sylvestris).*

Zweigestaltige Verschiedengriffeligkeit (»dimorphe Heterostylie«, vgl. Text) beim Himmelsschlüssel *(Primula elatior).*

Kleinklima

Wie beträchtlich die Unterschiede im Kleinklima sein können, zeigen beispielsweise Temperaturmessungen direkt in Löwenzahnblüten sowie gleich darunter, in der freien Luft. Um die Mittagszeit brachten sie an einem heißen Apriltag 32 °C und 23 °C. In den (teils aktiv durch Stoffwechselvorgänge) wärmeren Blüten sind die Kleininsekten lebhafter, und der Nektar fließt reichlicher.

Aber auch rein passiv stellen sich in den Stockwerken des Graswaldes beachtlich große Unterschiede ein in Bezug auf relative Feuchte, Lichtintensität, Temperatur und Windgeschwindigkeit. Von unten nach oben wird der Graswald zunehmend trockener, heller, wärmer (bis auf die obersten, lockeren Regionen) und stärker durchlüftet (vgl. Abb. S. 96). Die bodennahen Regionen sind meist feucht, schattig, mäßig warm und windstill. Sie bleiben damit relativ einheitlich. Dagegen verschieben sich die Verhältnisse in den bodenferneren Regionen mit größerem Bodenabstand immer rascher in die oben genannten Richtungen.

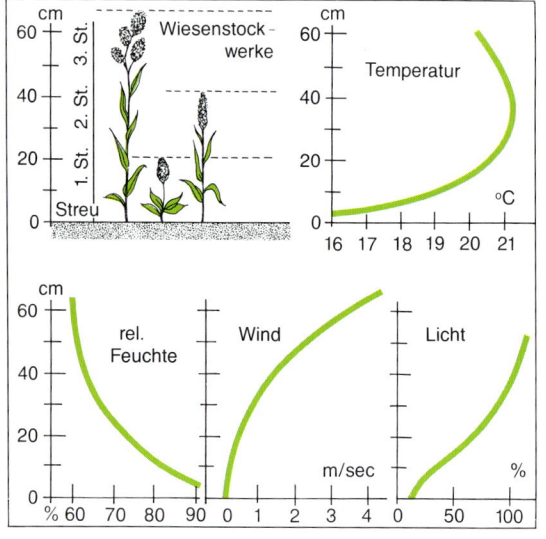

»Stockwerksaufbau« und kleinklimatische Schichtung in einer Wiese (Knäuelgraswiese, Junitag, 15 Uhr). Nach Waterhouse, zit. Geiger (1961).

Direkt nach der Mahd ist diese kleinklimatische Schichtung praktisch aufgehoben. Im Restbestand des Grases finden sich dann nahezu die gleichen Verhältnisse wie direkt am Boden. Ansonsten aber kann man sagen: Je höher der Graswald wächst, desto ausgeprägter ist seine abschirmende Wirkung auf die tieferen Regionen.

Tierbesiedelung

Die Bodenregion und das unterste Stockwerk sind besiedelt von Grabern, Läufern und Kletterern (s. u.). Unter den Läufern finden sich die Laufkäfer, Kurzflügelkäfer, Asseln, Tausend- und Hundertfüßer sowie Milben, von denen die große Rote Erntemilbe (Trombicula) besonders auffallend ist. Zu den Kletterern gehören Wolfsspinnen und Jagdspinnen sowie die Ameisen. Teilsweise sind die Bewohner dieser Schicht besonders feuchtigkeitsliebend, etwa Nacktschnecken wie die große, schwarzglänzende Wegschnecke (Arion ater) und Springschwänze, teils auch dunkelaktiv, wie manche Schnecken und Käferlarven sowie die Regenwürmer, die des nachts gern ihre Röhren verlassen. Wiesenschnaken fallen oft tief in den Graswald ein, ebenso Schnellkäfer.

Im mittleren Stockwerk halten sich vor allem die obligaten Pflanzenbewohner auf, wie Zikaden, Heuschrekken, Blattläuse, sowie die Blattlausliebhaber, wie Ameisen und Marienkäferlarven. Feldwespen (Polistes) bauen meist dort ihre Hängewaben.

In der blütenreichen Oberschicht finden sich die typischen Wiesen- und Blütengäste, meist gut fliegende Insekten, wie Hummeln und Bienen, Schmetterlinge und Schwebfliegen, aber auch Raubwanzen und Krabbenspinnen, ferner Skorpionsfliegen und Kamelhalsfliegen. Schließlich findet man an Wegrändern auch Schnirkelschnecken, wie beispielsweise die Heideschnirkelschnecke (Helicella ericetorum), die sich bei Trockenheit mittels eines verdunstungshemmenden Häutchens gegen die Umwelt abkapseln.

Der Wiesenboden

Der Begriff »Boden« ist nicht leicht zu charakterisieren. Böden sind überaus komplexe Systeme, bestehend aus grobmineralischen Partikeln (z. B. Sandkörner), verrottender Pflanzensubstanz, Mineralsalzen, Wasser und mit Luft gefüllten Spalten. Für ein gutes Gedeihen des Ökosystems »Wiese« müssen alle diese Faktoren in einem optimalen Verhältnis zueinander stehen. Ganz grob kann man den Boden in einen rund 10 cm dicken, humusreichen, durchlüfteten und mit Kleintieren besetzten Oberboden und einen relativ kompakten, nur noch (bis etwa 1,5 m Tiefe) von Regenwurmgängen durchzogenen Unterboden gliedern.

Kleinlebewelt

Guter Wiesenboden enthält in geradezu unvorstellbarer Menge Mikroorganismen. So finden sich in einem einzigen Gramm Erde nicht weniger als rund 1000 Millionen Bakterien, 4 Millionen Pilzsporen, 1 Million Strahlenpilze, 1 Million Algen und 0,1 Millionen Urtiere und ihre Zysten. Unter einem Quadratmeter leben im Oberboden an die 20 Millionen kleiner Fadenwürmer, 700 000 Milben, 300 000 Bodenrädertiere und Bärtierchen, 30 000 Kleinstinsekten wie Springschwänze sowie tausende von Ameisen und hunderte von Käfern und ihren Larven. Dazu kommen ebenfalls hunderte von Fliegen- und Mückenlarven, allen voran die Larven der großen Schnaken (Tipula) mit ihrem wie eine »Teufelsfratze« aussehendem Hinterleibsende. Sie alle stehen in einer ausgewogenen wechselseitigen Beziehung und beteiligen sich letztlich an der Zersetzung von Pflanzensubstanz, der Humusbildung, der Durchmischung und Durchlüftung des Bodens sowie allgemein an der Verbesserung seiner physikalischen Bedingungen. Zu starke Düngung und chemische Schädlingsbekämpfung kann das empfindliche System der Bodenfauna sehr beeinträchtigen.

Bedeutung der Regenwürmer

Regenwürmer gibt es bei uns ein gutes Dutzend Arten, und diese in gewaltiger Menge. Gezählt wurden bis zu 400 Regenwürmer unter einem Quadratmeter Wiesenboden; auf den Hektar kommt maximal eine Masse von 5 Tonnen (dieser entsprechen etwa 3–4 Kühe!).

Die gewaltige Bedeutung der Regenwürmer und damit ihre Sonderstellung unter den Vertretern der Bodenfauna liegt insbesondere in drei Punkten begründet. Zum einen sind sie Erdfresser. Sie nehmen Erde samt Mikroorganismen und faulenden Pflanzenteilen auf und scheiden

Rote Erntemilbe *(Trombicula);* die Larven sind Blutsauger, die Imagines fressen Kleinlebewesen.

sie, durchmischt und mit Exkretstoffen angereichert, in »verbesserter Form« als Kothäufchen wieder aus. Deren Masse beläuft sich auf bis zu 5 Tonnen Krümel pro Hektar und Jahr, entsprechend einer Schicht von 3 mm Dicke! Zum zweiten beherbergen die Regenwürmer eine viel-

fältige Fauna von Innen- und Außen-
parasiten und dienen einer Unzahl
von Tieren als Nahrung, beispielsweise vielen Fliegenlarven, Käfern,
Kröten, Kleinsäugern und Vögeln.
Zum dritten verbessern sie mit ihrem
Gangsystem sehr deutlich die Bo-
dendurchlüftung und bieten damit
auch vielen Pflanzen »Leitlinien«, die
ihnen erst eine Durchwurzelung und
damit Aufbereitung des Unterbo-
dens erlauben.

Waldmaus *(Apodemus sylvaticus)* mit
Jungen, im Gegensatz zur deutschen Namensgebung eher ein Bewohner der Felder und Gebüschränder.

Unterirdische Wühler

Neben den Regenwürmern beteiligen sich auch unterirdisch wühlende
Wirbeltiere an der Bodenverände-
rung. Die Bodenwühler zeichnen
sich durch langgestreckten Körperbau aus, kurze, wasserabweisende

Behaarung und insbesondere durch
kräftige Grabschaufeln an den Vorderbeinen. Dies gilt für den Maulwurf
(Talpa europaea), einen Kleinsäuger,
ebenso wie für die Maulwurfsgrille
(Gryllotalpa gryllotalpa), ein Insekt.
Der Biologe spricht bei derart über-
einstimmendem Körperbau bei Organismen verschiedener Abstam-
mung von »Konvergenzen«.
In dieser Hinsicht weniger angepaßt
sind Feldgrillen *(Liogryllus campestris)* sowie Feld- und Wühlmäuse
(z. B. *Microtus agrestis).* Die letzteren
besiedeln oft sekundär Maulwurfs-
gänge, bevor sie selbst weitergra-
ben. Darin verkriechen sich wieder
gerne Zauneidechsen *(Lacerta agilis)* und Blindschleichen *(Anguis fragilis).* Die Gänge des Maulwurfs und
der Mäuse verursachen eine Schädi-
gung des Wurzelwerks von nieder-
stehenden Gräsern, wodurch Verun-
krautung auftreten kann. Durch Feld-
mäuse erfolgt eine gezielte Beeinflussung des Grünbestands, da sie
manche Pflanzen bevorzugt abfres-
sen, andere eher meiden.
Aus Feldmausbauten wachsen oft
Samenvorräte von Hahnenfuß und
Kratzdistel oder anderen Pflanzen in
auffallenden Beständen und dichten
Horsten aus. Eine hohe Feldmaus-
population zieht tag- wie nachtaktive
Räuber an, sowohl Vögel (Mäusebussard, Turmfalke, Sumpfohreule)
wie Säuger (Wiesel, Fuchs). In Mäu-
selöchern und -gängen, mit denen
auch Mäuse den Boden lockern und
durchlüften, finden sich beispielsweise gewisse Laufkäfer, Trauermük-
ken und Dungfliegen; auch Hummeln und Wespen errichten dort
gerne ihre Bauten. So wird die Wiese
durch die Wirkung der Wühler insgesamt vielgestaltiger. Der Maulwurf
nimmt in vierundzwanzig Stunden
mehr als das Eigengewicht (ca.
100 g) an Nahrung auf, die meist aus
Regenwürmern und nur wenig aus
Engerlingen besteht.

Wiesentiere

Trotz der relativen Gleichförmigkeit wird die Wiese von einer Vielzahl von Kleintieren, insbesondere Insekten, bewohnt und von einer Reihe von Vögeln als Brutplatz und Nahrungsgebiet aufgesucht. Besonders interessant sind stellenweise abweichende Kleinbiotope wie zum Beispiel Heuhaufen. Schließlich können sich in rasch sich verändernden Kleinsystemen, wie beispielsweise abgebauten Kuhfladen, ganz charakteristische und hochinteressante Folgebesiedelungen (Sukzessionen) von Kleintieren einstellen.

Lebensbedingungen

Im Gegensatz zu Hecken, Buschwerk und Wegrändern mit ihren vielfältigen kleinräumigen Unregelmäßigkeiten stellt die Wiese, in der horizontalen Fläche betrachtet, einen relativ gleichförmigen Biotop dar. Gegliedert ist dieser im wesentlichen vertikal, vom Boden bis zu den höchsten Stockwerken des Graswaldes. Entsprechend einheitlich, wenn auch jahreszeitlich wechselnd, ist die Kleintierbesiedelung. Die alles beherrschende Mahd diktiert auch die Randbedingungen für das Tierleben, fördert hier, hemmt und begrenzt da.

Die rasche Regeneration des Grünbestands nach einer Mahd kommt insbesondere den pflanzenfressenden und auf Pflanzen lebenden Insekten zugute, speziell Heuschrecken, und den Stengelminierern, nämlich Fliegen und Halmwespen, sowie den Säftesaugern, nämlich den Zikaden. Insekten, die in Blütenböden leben, und solche, die auf eine dicke Streuschicht angewiesen sind oder in Pflanzenteilen überwintern müssen, können sich nicht auf Dauer halten. Bodenbewohner, beispielsweise Laufkäfer und Kurzflügler, finden dagegen das ganze Jahr

über einen ihnen zusagenden Lebensraum. Für Spinnen, die zwischen hochragenden Pflanzen Netze bauen, ist die periodisch gemähte Wiese nicht günstig, während wiederum bodenbewohnende Spinnen, etwa die großen Jagdspinnen, die ihren Kokon mit den Mundwerkzeugen tragen *(Pisaura)*, oder die kleineren Wolfsspinnen mit ihrem am hinteren Körperende angeklebten Eikokon *(Lycosida)* einen zusagenden Biotop finden.

Wiesenraubwanze *(Nabis ferus)* saugt eine Goldglanzfliege *(Lucilia caesar)* aus.

Nach der Mahd sind die Blütenbesucher plötzlich verschwunden, etwa die Schmetterlinge, Schwebfliegen, Hautflügler und in der Folge insektenjagende Wanzen, während die in niederen Stockwerken eher im Verborgenen lebenden Heuschrecken und Zikaden nun stärker auffallen und damit zahlreicher erscheinen.

Größere Säuger, etwa Junghasen und Rehkitze halten sich periodisch auf Wiesen auf.

Einfügung in den Mahdrhythmus

Die Grafik auf S. 90 zeigt einige Beispiele für mögliche »Einpassungen« von Pflanzen in einen dreischürigen Mahdrhythmus. Die Hohe Schlüsselblume *(Primula elatior)* blüht und fruchtet noch vor der ersten Mahd. Der Löwenzahn *(Taraxacum officinale)* tut daselbe, treibt aber nach der zweiten Mahd nochmals aus. Der Frühlings-Krokus *(Crocus albiflorus)* blüht vor dem ersten Hochstand und fruchtet im zweiten. Die Herbstzeitlose *(Colchicum autumnale)* blüht nach der zweiten Mahd und fruchtet vor der ersten des folgenden Jahres.

Wiesenschnaken *(Tipula* spec.*)* sind stellenweise sehr häufig.

Es wäre sprachlich falsch zu sagen, daß sich solche Pflanzen dem »Biotop Wiese« mit seinem mehrschürigen Mahdrhythmus angepaßt haben. Aufgrund ihres Lebenszyklus bringen sie vielmehr Voraussetzungen mit, die ihnen, nachdem der Mensch begonnen hat, künstliche Wiesen anzulegen, auf solchen Kulturflächen ein Überleben garantieren.

Vergleicht man die Biomassenentwicklung von Wieseninsekten der Krautschicht mit der Biomassenentwicklung der Wiesenpflanzen (vgl. Mahdschema, S. 103), so ergeben sich ebenfalls alle nur denkbaren Einnischungen in den Mahdrhythmus. Schnellkäfer (Elateridae) entwickeln sich maximal im ersten Hochstand, die Erdeule *(Agrotis pronuba)* während des zweiten, die Sumpfschnake *(Tipula paludosa)* während des dritten. Die Populationen klingen jeweils bereits ab, bevor die Mahd einsetzt, können also von dieser Zäsur nicht drastisch geschädigt werden. Es gibt auch Insekten, die sich während zweier Hochstände mit einem zweigipfligen Maximum

entwickeln, so die der Sumpfschnake naheverwandte Kohlschnake *(Tipula oleracea)* während des ersten und dritten, bestimmte Graseulen *(Leucania)* während des zweiten und dritten, die Fritfliege *(Oscinella frit)* schließlich sogar während des ersten, zweiten und dritten Hochstands.

Zahlreiche Wiesentiere führen temporäre Wanderungen durch. So wird das Ei der Wiesenschnake in die Erde abgelegt; die Larve entwickelt sich an Wurzeln, die Imago lebt in der Blütenregion.

Wiesenvögel

Man wird eher solche Vögel zu Gesicht bekommen, die auf der Wiese nur nach Nahrung suchen: Amsel *(Turdus merula),* Star *(Sturnus vulgaris),* Weihen *(Circus),* bei überschwemmten Wiesen auch Kiebitz *(Vanellus vanellus)* und langbeinige Limikolen.

Typische Wiesenbrüter sind dagegen die folgenden Arten: Der Wiesenpieper *(Anthus pratensis)* formt ein gut verstecktes, halbkugeliges, haargepolstertes Nest, bisweilen auch bei schütterem Graswuchs. Die Schafstelze *(Motacilla flava)* baut ihr Nest auf dem Boden, oft in hohem Grasbestand, ebenso das scheue Braunkehlchen *(Saxicola rubetra),* das sein Nest unter einem Grasbüschel oder Busch gut verbirgt und nicht zufliegt, wenn es sich beobachtet fühlt. Nur lose zusammengefügt sind die oft hinter Erdschollen gut versteckten Nester der Feldlerche *(Alauda arvensis)* und der Wachtel *(Coturnix coturnix),* die bis zu 14 Eier bebrütet. Von den Ammern können Grauammer *(Emberiza calandra)* sowie Goldammer *(Emberiza citrinella)* in Wiesen brüten; sie bevorzugen aber grasüberdeckte Grabenränder und Erdübergänge in Heckennähe. Auf feuchten Riedwiesen brüteten früher häufig Bekassine *(Gallinago gallinago)* und Großer Brachvogel *(Numenius arquata).*

Der Wiesenpieper *(Anthus pratensis)* bewohnt freie Kulturflächen.

Kleinbiotope

Flachliegende Steine Steine unterbrechen gelegentlich den sonst so einförmigen Wiesenbiotop. Man sollte sie umdrehen und den Untergrund nach Gängen von Ameisen mit Puppen (»Ameiseneier«) untersuchen oder nach versteckten Laufkäfern, etwa dem Goldlaufkäfer *(Carabus auronitens),* nach großen, räuberischen Kurzflüglern, z. B. *Parabemus fossor,* Rollasseln *(Armadillidium),* Rolltausendfüßern *(Glomeris),* Hundertfüßern und weiter nach Gespinströhren von Bodenspinnen. Einem ungeschriebenen Gesetz der Naturbeobachter nach wird man die Steine anschließend wieder in die alte Lage zurückdrehen. Geschützte Laufkäfer nicht fangen!

Heuhaufen Sie trocknen auf der Oberseite aus und erwärmen sich dort sehr stark. Im Inneren bleibt es dagegen lange feucht und dunkel sowie relativ kühl. Dementsprechend sitzen auf solchen Haufen gerne wärmeliebende Insekten wie Feldheuschrecken, Schwebfliegen und Schmetterlinge. Im Inneren können sich feuchtigkeitsliebende Insektenlarven entwickeln, nämlich die von Laufkäfern, Kurzflüglern, Schnellkäfern.

Aas Man wird an Aas, nämlich Vogel- und Mäuseleichen, mit Sicherheit Fliegenmaden finden, aber auch Käfer, schwarze Aaskäfer *(Necrotus litoralis)* oder rotgebänderte Totengräber *(Necrophorus vespilloides),* die letzteren mit flachem Halsschild als »Grabschaufel« und kräftig betonten Beinschienen, die die kleinen Leichen innerhalb weniger Stunden im lockeren Boden verschwinden lassen. Dies geschieht durch Unterwühlen und zusätzlich durch Überschichten mit der hervorgewühlten, lockeren Erde. An der Leiche fressen nicht nur die Käfer selbst; sie dient auch der Ernährung ihrer Larven.

Mistfliege *(Scopeuma stercoraria)* auf Kuhfladen.

Ein Kuhfladen wird abgebaut

Es klingt possierlich, doch kann man an einem Kuhfladen wie auf einer ökologischen Kleinbühne in geradezu beispielhafter Weise vorgeführt bekommen, was ein Ökosystem auch sein kann. Oft sind Ökosysteme großräumig und relativ stabil (See, Wald). Der Kuhfladen ist nun das genaue Gegenteil, nämlich ein kleines, sehr unstabiles und sich stets in etwa gleichartiger Weise veränderndes Ökosystem. In wenigen Wochen wandelt er sich unter dem Einfluß des Klimas und seiner typischen Folge von Besiedlern (»Sukzession«) von einem halbflüssigen, nährstoffreichen Gebilde in ein austrocknendes Gekrümel, bis er schließlich als Fremdkörper vollständig abgebaut und verschwunden ist. Dabei macht er fünf Phasen durch.

Erste Phase: Unmittelbar nach dem Ablegen erscheinen zuerst Stechfliegen, dann die Vertreter anderer Fliegenfamilien sowie Wasser- und Dungkäfer zur Eiablage. Alle dungfressenden Larven entwickeln sich sehr rasch.

Zweite Phase: Der von Gangöffnungen durchbohrte, von Kotgängen durchzogene, noch feuchte Kuhfladen wird stärker durchlüftet, wodurch Vertreter wieder anderer Fliegenfamilien ablegen. Ihre Larven fressen weiter Kot oder aber andere Fliegenlarven.

Eine wesentliche Rolle spielt die Mistfliege *(Scopeuma stercoraria),* die zur Familie der Kotfliegen gehört. Die bis 12 mm langen, goldgelb behaarten Fliegen findet man in Scharen auf frischen Exkrementen und Kuhfladen, in dem sich ihre Larven entwickeln. Die Imagines leben teils räuberisch von anderen Fliegen, die sie auf den Kuhfladen fangen und aussaugen, teils von Pflanzensäften.

Dritte Phase: Der außen harte, innen noch feuchte, stark mit Gängen durchzogene Fladen entwickelt im Inneren Pilz-, Hefe- und Bakterienrasen, die ihn weiter abbauen.

Vierte Phase: Der Fladen verkrümelt, Gras wächst durch, Milben, Hundertfüßer, Regenwürmer besiedeln den Unterboden.

Fünfte Phase: Was nicht vollständig abgebaut oder von Staren und Krähen zerhackt ist, wird von Mistkäfern vergraben.

Der Beobachtung nicht so ohne weiteres zugänglich spielen sich bei allen diesen Phasen eine Vielzahl von Querbeziehungen zwischen dem momentanen Nahrungsangebot und den Besiedlern als auch innerhalb der Besiedler selbst und ihrer Parasiten und »Reittiere« (Milben) ab.

Aspekt und Sukzessionen

Unter Aspekt versteht man die Art, wie sich die Wiese dem Betrachter im Jahreslauf farbig präsentiert; dieser Begriff hat keine sonderliche ökologische Bedeutung. Als Sukzession bezeichnet man die im Laufe eines Jahres oder im Laufe mehrerer Jahre aufeinanderfolgende und sich oft gesetzmäßig ändernde Artenfolge.

Der Wiesenaspekt im Jahreslauf

Jedermann weiß, daß Wiesen im Jahresablauf Perioden durchmachen, wo sie weiß, gelb, rot und schließlich violett überhaucht erscheinen. Unterbrochen werden diese Perioden durch die »unbunten« Erholungsphasen nach den Mahden. Besonders auffallend ist der stark wechselnde Frühjahrsaspekt. Nach der ersten weißen Welle der Gänseblümchen und der ersten gelben Welle des Löwenzahns schieben sich violette, gelbe, rote und wieder weiße Wellen ein, bis die erste Mahd der Pracht ein Ende macht (vgl. Abb. unten).

Der stark von Doldenblüten mitbestimmte Sommeraspekt ist überwiegend weiß. Mit der violetten Welle der Herbstzeitlosen endet der Herbstaspekt der typischen feuchten Niederungswiese.

Weniger auffallend, doch nicht minder typisch ist die Veränderung in der Insektenfauna. Während sich im Vorfrühling die überwinternden Larven entwickeln, kommen in der ersten weißen Welle vor allem Fliegen, Mücken und Käfer auf; während der ersten gelben Welle besiedeln Kotfliegen und Fransenflügler (Thripse) die Löwenzahnblüten, und die ersten Hummeln fliegen. In der zweiten gelben und der roten Welle kommen verstärkt Bienen dazu, weiter Blattläuse, Blatt- und Rüsselkäfer, Fliegen und Mücken.

Wiesenaspekt im Jahresablauf. Nach Schmidt (1979), kombiniert.

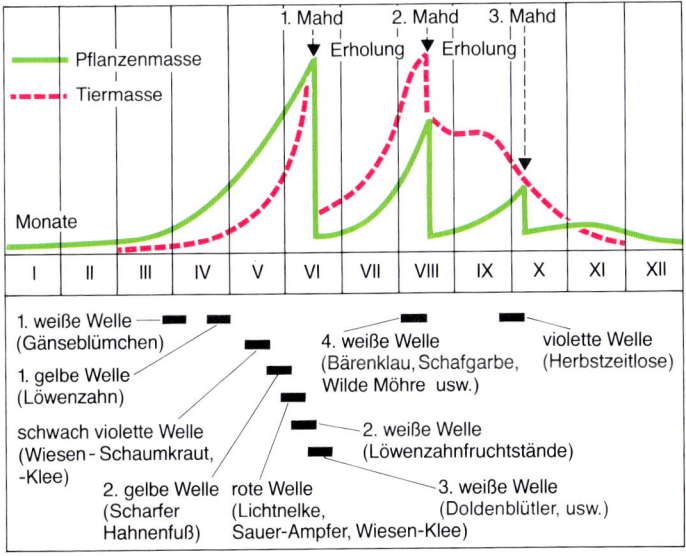

103

Die dritte weiße Welle sieht die Doldengewächse in voller Sommerblüte, und auf ihren Schirmen stellen sich in großer Menge Schwebfliegen, Blütenwanzen und -käfer und alle möglichen Bienen und Wespen ein. Sommerfalter fliegen. Nach den Mahden entwickeln sich besonders die Zikaden, Heuschrecken, Bohrfliegen und Wiesenfliegen, die auch die zweite Mahd wenig beeinflußt überdauern. Im Herbst findet man besonders viele boden- und grasbewohnende Spinnen.

Entwicklung über die Jahre

Sukzessionen, die über Jahre laufen, finden nahezu immer statt. Bestimmte Gräser und Kräuter überholen andere, und es erfolgt eine Verdrängung bis fast zum Verschwinden. In den Folgejahren können die letzteren selbst wieder zurückgedrängt werden, entweder von anderen Pflanzen oder dadurch, daß die erstverdrängten eine Phase der Erholung durchmachen. Die Grafiken zeigen zwei Beispiele. Oben ist die Erstbesiedelung einer neuangeschütteten Fläche gekennzeichnet, die nicht künstlich eingesät worden ist und die in den ersten drei Jahren jeweils dreimal gemäht wurde, später dann nicht mehr. Durch die Mahd wurde der zunächst vorherrschende Glatthafer *(Arrhenatherum elatius)* von Knäuelgras *(Dactylis glomerata)* vollständig zurückgedrängt. Nach Aufhören der Mahd beginnt der Glatthafer sich wieder zu erholen. Das rechte Diagramm zeigt die Wirkung einer chemischen Bekämpfung des Knöterichs, die nach Ablauf eines vorgegebenen Kontrolljahres einsetzt. Knöterich und minderwertige Kräuter gehen zwar zurück, doch vermehren sich dafür zunächst minderwertige Gräser stark. Erst im dritten Bekämpfungsjahr tritt der erhoffte Zuwachs an hochwertigen Gräsern und Kräutern ein.

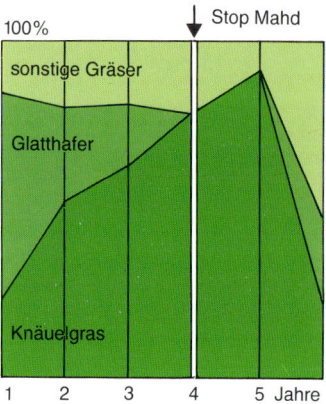

Beispiel für eine Erstbesiedelung einer neuangelegten Wiesenfläche (vgl. Text). Nach Schmidt (1979).

Verbreitungsmechanismen von Wiesenpflanzen

Die Verbreitung von Grünlandpflanzen erfolgt zu rund 60% durch den Wind. Die Samen bzw. Früchte können Flieger sein (Gräser), Schweber (Löwenzahn) oder auch Bodenläufer, die vom Wind bewegt werden (Wegwarte). 20% sind Schwimmer, z.B. Wundklee, Sauergräser (Riedwiesen sind in die Zahlen eingeschlossen), 10% ohne besondere Verbreitungsmittel und jeweils 5% Selbstverbreiter und Tierwanderer. Von der letzteren Gruppe heften sich manche mit Hakenorganen an Tiere, die sogenannten Klettwanderer (Wilde Möhre), andere müssen das Darmsystem passieren (Kriechender Klee), wieder andere werden von Ameisen verfrachtet (Veilchenarten).

Herkunft der Wiesenpflanzen

Das Eintragen auf die Wiese kann über Tiere geschehen (z.B. Schafherden), im Zuge von Überschwemmungen sowie durch Windverfrachtung. Ackerunkräuter wurden beim Getreideanbau häufig aus den südöstlichen Steppen eingeschleppt, Gräser gelegentlich aus Zuchten.

Produktion

Wie in jedem natürlichen oder anthropogenen Ökosystem fließt auch auf der Wiese in Form der Nahrungsketten Energie von Produzenten zu Konsumenten; es wird Biomasse aufgebaut und abgebaut. Die zeitliche Änderung der Biomasse bezeichnet man als Produktion.

Nahrungsketten

Eine typische Nahrungskette könnte etwa folgendermaßen aussehen: Pflanze → halbminierende Fliege → Raubfliege → Libelle → Vogel. Die Pflanzen sind dabei die Produzenten, pflanzenfressende Insekten die Konsumenten erster Ordnung, die anschließenden Tierfresser die Konsumenten höherer Ordnungen. Es nährt sich jedes Glied der Kette vom vorhergehenden. Man kann auch sagen, Energie fließt von jedem Glied zum nächstfolgenden.

Bei jeder Energieübertragung ist ein Energieverlust in Kauf zu nehmen. Es erfolgt größenordnungsmäßig nur eine Nutzung von 10%; nur soviel wird letztlich in Körpersubstanz ge-

Beispiel für die Wirkung einer chemischen Bekämpfung (Knöterichbekämpfung nach Ablauf eines Kontrolljahres; vgl. Text). Nach Klapp (1971).

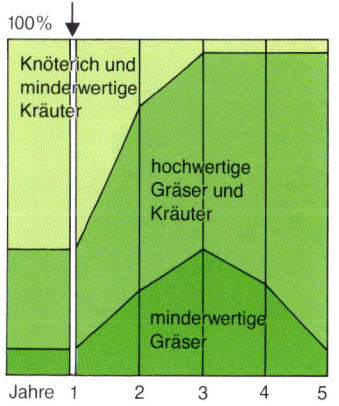

100%

Knöterich und minderwertige Kräuter

hochwertige Gräser und Kräuter

minderwertige Gräser

Jahre 1   2   3   4   5

speichert. So bedarf es vieler Libellen und damit sehr vieler Minierfliegen um – theoretisch gesprochen – einen einzigen Vogel zu ernähren. Ökologen gebrauchen gerne das Bild einer nach oben zu steil sich verschmälernden Nahrungspyramide, das aber die Verhältnisse im Grunde ebensowenig gut wiedergibt wie der Begriff der Nahrungskette, den man wegen der vielen Querbeziehungen und Vermaschungen eher durch Nahrungsnetz ersetzen sollte. Am Beispiel der Produktion in einer Schilfregion (S. 147) ist dieser Gedanke weiter verfolgt.

Leistungsumsätze

Das Sollingprojekt der Deutschen Forschungsgemeinschaft hat die folgenden Zahlen gebracht. Der vom Menschen nutzbare Anteil an der oberirdischen Netto-Primärproduktion beträgt beim Acker im Durchschnitt 87%, beim Buchenwald 66%, beim Fichtenwald 61% und bei der Wiese 48%.

Beeindruckend sind die Leistungsumsätze auf der Wiese im Vergleich allemal, die letztlich ja ihre landwirtschaftliche und volkswirtschaftliche Bedeutung ausmachen. Obwohl der Mensch nach der genannten ausführlichen Beispielsmessung »nur« 48% der pflanzlichen Nettoprimärproduktion einer Wiese etwa in Form von getrocknetem Heu nutzt, addieren sich die Zahlen, global betrachtet, zu gewaltigen Werten. Wiesen, Weiden, Grassteppen ernähren im Jahr an die hundert Millionen Tonnen Großvieh. Ein vegetarisch lebender Mensch bräuchte zu seiner Ernährung größenordnungsmäßig einen Zehntel Hektar; der fleischessende Mensch der Industriegesellschaft beansprucht dagegen mit rund einem Hektar etwa das Zehnfache: Ein deutlicher Hinweis auf die sozialökologische Bedeutung der Grünflächen unserer Erde.

Moor und Heide

Moore und Heiden bilden ganz unterschiedliche Lebensräume, gehören aber insofern zusammen, als Moore verheiden können und Heiden durch Pflegemaßnahmen und Bewässerungen einen Moorcharakter (wieder) gewinnen können.

Ausschlaggebend für die Bildung eines bestimmten Moortypus ist die Herkunft des Wassers. Vom Flachmoor oder Niedermoor spricht man, wenn es vollständig vom Grundwasser durchtränkt ist, das auch die mineralversorgung gewährt (minerotrophes Moor). Eine typische Zeigerpflanze ist die Moor-Birke (*Betula pubescens*, s. Abb. links).

Wächst das Moor höher, so werden nur die Tiefenwurzler vom Grundwasser versorgt, die Flachwurzler dagegen sind auf das Regenwasser angewiesen. Insgesamt ist die Mineralienversorgung geringer. Ab etwa 1 mg CaO pro Liter Wasser spricht man von Zwischenmoor. Eine typische Zeigerpflanze ist die Rauschbeere *(Vaccinium uliginosum)*.

Bei weiterem Höhenwachstum des Moores wird die Oberfläche schließlich nur noch von Regenwasser durchtränkt: Hochmoor. Die Mineralienversorgung ist entsprechend gering (Ombrotrophes Moor; weniger als 0,4 mg CaO pro Liter Wasser). Eine typische Zeigerpflanze ist die Moosbeere (*Oxycoccus palustris*, Abb. S. 77).

Auch im Torftypus und in der Oberflächengestaltung gibt es Unterschiede. Typischer Niedermoortorf besteht aus Resten von Schilf, Seggen und Erlen. Hochmoortorf enthält überwiegend Reste von Torfmoosen und Wollgräsern und – darin eingebettet – nicht verrottende Reiser.

Moor- und Heidetypen

Moore sind ausnahmslos geologisch junge Gebilde, aus Gletscherseen entstanden, die nach der letzten Eiszeit in der reich modellierten Moränenlandschaft stehengeblieben sind. In Oberschwaben rechnet man ab 11 000 v. Chr. mit Niedermoor-, ab 8000 v. Chr. mit Hochmoorbildung. Legt man ein senkrechtes Profil durch die zwischen 2 und maximal an die 13 m mächtige Torfschicht, so läßt sich die Genese ablesen. Ganz unten, am ehemaligen Seeboden, findet sich Seemudde, darüber Torf der ersten Verlandungsphase mit Seggen und Schilfresten, später (darüber) mit Resten steinzeitlicher Bruchwälder und Wollgräsern. Nachdem dann die Hochmoorbildung einsetzt, formen sich zunächst dicke Schichten von stark zersetztem, mit Resten von Torfmoosen *(Sphagnum)* durchsetzten Schwarztorf. Auf eine Übergangsschicht folgt die oberste Schichtung von wenig zersetztem, ebenfalls *Sphagnum*-Reste enthaltenden Weißtorf, der schließlich die rezente Mooroberfläche trägt. Torfprofile kann man besonders schön im Federsee-Museum bei Buchau (Oberschwaben) studieren.

Niedermoor

Niedermoore können durch Verlandung oder um Quellaustritte (Hochgebirgsmoore, Abb. S. 164) entstehen. Bei guter Wasserversorgung ist der Nährstoffgehalt reich, das Pflanzenleben üppig, die Artenvielfalt groß. Charakteristische und auffallende Niedermoor-Pflanzen sind das Karlszepter *(Pedicularis sceptrum-carolinum),* die Sumpf-Siegwurz *(Gladiolus palustris)* und das Glanzkraut *(Liparis loeselii)*. An Brutvögeln finden sich z. B. der Große Brachvogel *(Numenius arquata)* und die Bekassine *(Gallinago gallinago)*.

Die Abbildungen zeigen links ein Niedermoor (Federseeried) mit Riesen-Ampfer *(Rumex hydrolapathum)* in der Nähe eines Grabens, rechts ein Hochmoor in Norddeutschland mit Wollgräsern.

Hochmoor

Hochmoore können sich dann bilden, wenn die jährliche Niederschlagsmenge eine bestimmte Höhe überschreitet. Die Bildung ist aber auch über die direkte Verlandung oligotropher Seen möglich. Die geringe Nährstoffversorgung durch das Regenwasser bedingt ein dürftiges Pflanzenleben und eine relativ geringe Artenvielfalt. Charakteristische Pflanzen sind beispielsweise Sumpf-Weichwurz *(Hammarbya paludosa)*, Moorglöckchen *(Wahlenbergia hederacea)* und, in den Schlenken und zentralen Kolken, der Blaßgelbe Wasserschlauch *(Utricularia ochroleuca)*.

Verheidendes Moor

Schon wenige Jahre nach dem Einziehen von Entwässerungsgräben siedeln sich ausgedehnte Heidekrautflächen an, durchsetzt mit Anflügen von Moor-Birke *(Betula pubescens)* und Faulbaum *(Frangula alnus)*: Das Moor beginnt zu verheiden und zu verbuschen.

Wacholderheide

Wacholder- oder Zwergstrauchheiden sind überwiegend anthropogen bedingt, haben sich nach Abholzen der Wälder auf nährstoffarmen Sandböden angesiedelt oder sind aus entwässerten Hochmooren hervorgegangen. Heidekraut *(Calluna vulgaris)* bildet die Basis für die Pflanzendecke, die durch Abplaggen oder durch Schafverbiß gegen stärkere Verbuschung geschützt wird. Nur der verbißunempfindliche Wacholder kann sich zu nennenswerten Größen entwickeln.

In nicht zu trockenen Lagen kann sich auf der Heidekrautdecke die Rentierflechte *(Cladonia rangiferina)* ansiedeln. Niedere Horstgräser, wie der Schaf-Schwingel *(Festuca ovina)* bilden lokale Bestände.

In der linken Abbildung ist ein verheidendes Hochmoor dargestellt (Federseeregion), in der rechten eine Heidelandschaft mit Gemeinem Wacholder *(Juniperus communis)*, Lüneburger Heide.

Moore in Deutschland

Ausdehnung

Man kann davon ausgehen, daß ursprünglich etwa 4,5% der Fläche, entsprechend 1,2 Millionen Hektar, von Moor bedeckt waren. Heute sind noch 150 000 Hektar übrig, entsprechend zweimal der Fläche von Hamburg. Norddeutschland war fleckerlteppichartig von Mooren durchsetzt. Größere Moore waren sonst selten,

Torfmoose *(Sphagnum)* können Wasser wie ein Schwamm aufsaugen und binden. In der unteren Bildhälfte sind sie stärker durchnäßt.

in Westdeutschland zum Beispiel im Hohen Venn. In Süddeutschland gab und gibt es meist kleinräumigere, aber vielfältige Moorbildungen im Bereich der ehemaligen Gletschermoränen. Im heutigen Niedersachsen, Bremen und Schleswig-Holstein befanden sich ursprünglich 400 000 Hektar allein an Hochmoo-

ren, in Bayern 60 000, in Baden-Württemberg 20 000.

Moore können sehr großflächig oder auch außerordentlich kleinräumig sein. Eines der größten war das norddeutsche Bourtanger Moor mit 300 000 Hektar. Das größte Moor Süddeutschlands ist das Wurzacher Ried mit vergleichsweise bescheidenen 500 Hektar. Das größte Schwarzwaldmoor, das Hinterzartener Moor, umfaßt 50 Hektar; kleinräumige Vorkommen belaufen sich häufig nur auf einige wenige Hektar.

Torfmächtigkeiten

Die Moortiefen schwanken zwischen knapp 2 und etwa 13 m. Die zu Unrecht so genannte »Grundlose« im Rheinischen Schiefergebirge besitzt nur eine Torfmächtigkeit von 1,5 m, das Torfmoor Solling 3,7 m, das Bourtanger Moor 8 m, das Bayerische Murnauer Moor 10 m und die Geeste bei Bremerhaven 13 m. Wie sich ein Torfprofil aufbaut, wurde im einleitenden Abschnitt (S. 108) geschildert (vgl. auch S. 114).

Entstehungsbedingungen

Der grundlegende Faktor ist die jährliche Niederschlagsmenge, doch spielt auch die Höhenlage eine Rolle. Im Norddeutschen Tiefland mit Höhen kleiner als 50 m müssen jährlich mindestens 600–800 mm Niederschläge zur Verfügung stehen. Im Mittelgebirge mit Höhen über 500 (Solling, Röhn) oder 800 m (Schwarzwald) liegt die untere Niederschlagsgrenze für eine Moorbildung bei 1000 mm, bei über 1900 m hoch gelegenen Alpenmooren ist ein Niederschlagsminimum von 1700 mm pro Jahr nötig. Anders in Irland. Trotz geringer Höhen von einigen hundert Metern beträgt das Niederschlagsminimum rund 2400 mm pro Jahr. Die Entstehungsbedingungen sind also durchaus unterschiedlich und stark höhenabhängig.

Torfmoose als biotopbestimmende Faktoren

Torfmoose in dichter Decke bilden einen sehr einförmigen Biotop, der sich durch eine Reihe kennzeichnender biologischer und physikalischer Eigentümlichkeiten auszeichnet. Konnten sich Torfmoose einmal zusammenhängend etablieren, bestimmen sie ganz eindeutig die Lebens- und Besiedelungsbedingungen des Moorbiotops. Sie sind nicht nur in der Lage, enorme Mengen Wasser zu speichern, sondern säuern durch ihre eigentümliche Fähigkeit, Ionen auszutauschen, auch die Umwelt stark an.

Wasserspeicherungsvermögen

Die Art *Sphagnum magellanicum,* für wachsende Hochmoore typisch, kann nicht weniger als das fünfundzwanzigfache, die an Schlenkenrändern wachsende Art *Sphagnum recurvum* immerhin das achtzehnfache ihrer Trockenmasse an Wasser speichern! Vier Gründe sind dafür maßgebend.

Erstens besitzen die Torfmoosblättchen große, abgestorbene, durch Spiralen und Ringe versteifte und mit feinen Löchern mit der Umwelt in Verbindung stehende »Wasserspeicherzellen«, die sich ähnlich wie ein Schwamm mit Wasser vollsaugen. Zweitens sind die Blättchen an den Rändern eingerollt und formen so feine Röhrensysteme, die sich ebenfalls vollsaugen. Drittens gibt es mit der sogenannten Hyalodermis wasserspeichernde Zellen um die »Stämmchen« herum, und viertens tragen die letzteren noch sehr eigentümliche sackförmig-flaschenartige Gebilde an der Oberfläche, sogenannte »Wasserflaschen«.

Sowohl lebendes wie auch totes Torfmoos wirkt wie ein Schwamm, der sich durch Kapillareffekte mit Wasser vollsaugt. Die nämlichen Effekte sind verantwortlich für das Wasserleitungsvermögen von Torfmoosen. Schlenkentorfmoose leben im Wasser und haben geringe Wasserleitungsprobleme. Sie fördern vier Millimeter in zehn Minuten und nur auf geringe Höhen. Bültentorfmoose dagegen können eher unter Wassermangel leiden. Sie fördern rascher, 20 cm in zehn Minuten, und auf größere Höhen.

Moore als Wasserreservoire

Aufgrund des Wasserspeichervermögens der Torfmoose, aber auch der abgestorbenen oberen Torfschichten, wird die enorme Rolle der Moore als Wasserspeicher verständlich. Bei einer spezifischen Masse von durchschnittliche 900 kg pro Kubikmeter Torfkörper und einer Wassersättigung von ungefähr 80% beträgt das Wasserbindungsvermögen nicht weniger als 0,7 Kubikmeter Wasser pro Kubikmeter Torfkörper: Vollgesogene Moore bestehen erstaunlicherweise zu 70% aus Wasser! Die dabei gespeicherten Mengen sind enorm. Die Ammergaumoore zwischen Lech und Ammer mit einer Gesamtfläche von 25 Quadratkilometern verfügen über einen Torfkörper von $5,6 \times 10^7$ Kubikmetern und binden damit 4×10^7 Kubikmeter (40 Milliarden Liter) Wasser.

Während beispielsweise von kultivierten Wiesenflächen das Wasser nur wenig gebunden wird und überwiegend abläuft, ist das Rückhaltevermögen von Hochmooren sehr viel höher. Für Oberbayern wurde bei kräftigem Regen einmal ein Wiesenabfluß von rund tausend Litern pro Sekunde und Quadratkilometer berechnet; für eine in der Nähe liegende Hochmoorfläche betrug er nur 180 Liter pro Sekunde und Quadratkilometer und war trotz sehr stark wechselnder Niederschlagsintensität fast stets gleich hoch: ausgleichende Wirkung der Moore.

Ionenaustauschvermögen

Das Torfmoos ist in der Lage, an Membranstrukturen zweifach positiv geladene Calciumionen zu binden und dafür je zwei einfach positiv geladene Wasserstoffionen abzugeben. Die Folge ist eine Ansäuerung der Umgebung (auf pH = 4 oder geringer) und außerdem, durch die Kationenbindung (z. B. das angesprochene Calcium), eine Demineralisierung des Wassers. Mehr oder minder neutrales, mineralreiches Wasser verläßt den *Sphagnum*-Bestand sauer und mineralarm. Beides ver-

Rundblättriger Sonnentau *(Drosera rotundifolia)* mit Blütenstand.

schlechtert den Standort für Konkurrenzpflanzen so maßgeblich, daß das *Sphagnum* weitgehend biotopbeherrschend wird.

Bereits vor der Zeit, als durch großräumige Schadstoffniederschläge die Gewässer Schwedens anthropogen versauert wurden, also vor 1950, waren schwedische Hochmoore durch sehr niedere pH-Werte gekennzeichnet, hohen Säuregrad ausweisend. Folgende pH-Werte sind typisch:

extrem reiche Niedermoore pH = 8,0
reiche Niedermoore pH = 6,5
arme Niedermoore pH = 5,5
Zwischenmoore pH = 4,5
Hochmoore pH = 4,0

Heutzutage kommen, anthropogen bedingt, noch Verschiebungen um mindestens eine Einheit in Richtung zu kleineren pH-Werten vor.

Moorwachstum und »Stockwerksbildung«

Der jährliche Zuwachs bei Mooren kann ganz beträchtlich sein. Beim Federseeried nahe Buchau, Oberschwaben, geht man von 7 mm pro Jahr aus, das Rötmoos bei Wolfegg im Allgäu wächst 14, das Gründlenried bei Kißleg 15, das Hasenmoos bei Isny 19 mm pro Jahr. Freilich werden diese Zuwachsschichten, sobald sie stark überlagert sind, auf Millimeterbruchteile zusammengepreßt. Man rechnet etwa mit der Bildung von 1 cm Torf pro 10 bis 20 Jahren.

Pflanzen, die auf der Torfmoosfläche leben können, müssen mit dem raschen Oberflächenwachstum der Torfmoose Schritt halten, wenn sie existieren wollen. So bilden etwa die Sonnentauarten *(Drosera)* oder die Moosbeere *(Oxycoccus palustris,* Abb. S. 77 und 78) jährliche »Stockwerke«. Sticht man mit dem Spaten ein Bodenprofil heraus, so lassen sich diese Stockwerke an den Wurzelschichtungen ablesen. Sie reichen mehrere Jahre zurück, bevor sie vermodern. Auch bei Moorbäumen, etwa Moor-Birken, findet sich diese Stockwerksbildung im Wurzelholz, wenn auch nicht so stark ausgeprägt.

Moorgenese

Aus den verlandenden Seen, die die sich zurückziehenden Gletscher nach der letzten Eiszeit in der Moränenlandschaft Oberschwabens hinterlassen haben, haben sich an vielen Stellen über Verlandungsvorgängen Moore gebildet. Die Moorgenese verläuft in der Regel von der Seeverschlammung über das Nieder- und Zwischenmoor zum Hochmoor.

Seebildungen Auf dem Moränenboden setzt sich zunächst in feinen Schichten Gletscherton ab, darauf sogenannte Seekreide oder Kalkmudde, die durch Atmungsvorgänge von Wasserpflanzen entstanden ist, und schließlich die dunkler gefärbte Lebermudde, ein Faulschlamm, reich an biologischer Substanz. Die Tiefe der an sich meist recht flachen »Seen« wird somit immer geringer, so daß sich der Uferbewuchs von der Landseite zur Mitte vorschiebt.

Niedermoor Vom Grundwasser und von landseitig einströmendem Wasser gespeist siedeln sich in Richtung zur ehemaligen Seemitte Erlenbrüche, Seggenbestände und Schilfflächen an, die, nicht vollständig, zu Torf verwittern und damit den Boden weiter erhöhen. Die Mineralversorgung ist noch gut.

Zwischenmoor Im Zuge weiterer Moorerhöhung mit deutlich über 50 cm Torfmächtigkeit erreichen nur noch länger wurzelnde Pflanzen das Grundwasser; die Oberflächenbewohner sind auf mineralarmes Regenwasser angewiesen; die Mineralversorgung sinkt.

Hochmoor Mit dem weiter anhaltendem Hochwachsen der Mooroberfläche hängt die Wasserversorgung schließlich vollständig vom Regen ab; der Standort wird extrem mineralarm. Da das Hochmoor in der Mitte stärker wächst (geringerer Abfluß), wölbt es sich dort uhrglasför-

mig auf, im Extremfall etwa zehn Meter über die Randregion, die über Randgräben (»Lagg«) entwässert. Über ältern Torf mit Baumresten (Waldtorf) lagert sich jüngerer Torf, der im wesentlichen nur noch Kleinstrauchreste enthält.

Die Torfoberfläche ist gegliedert in Bülten und Schlenken, höhergelegene trockene Regionen und tiefergelegene, meist wassergefüllte Regionen, die ganz unterschiedliche Kleinbiotope formen. Manchmal bilden sich recht tiefe Rillen als natürliche Abflußgräben. Wegen des Wachstums zur Mitte hin bleiben in der Moormitte gerne Hochmoorteiche oder Kolke übrig (»Mooraugen«), in die sich vom Land her die Vegetation weiter einschiebt (Schwingrasen).

Schema der Genese eines Hochmoors. Nach Strasburger.

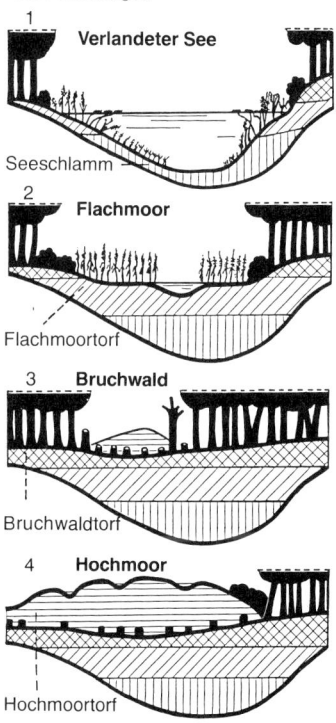

1 **Verlandeter See**

Seeschlamm

2 **Flachmoor**

Flachmoortorf

3 **Bruchwald**

Bruchwaldtorf

4 **Hochmoor**

Hochmoortorf

Moorstandorte

Wandert man vom Rand eines Hochmoors zum Zentrum, so durchläuft man im Ökosystem Hochmoor drei Teilsysteme: den Randsumpf, den Moorwald und die Moorweite.

Randsumpf

Das Teilsystem Randsumpf mit den Biotopen anmooriger Regionen und des Niedermoors ist durch eine charakteristische und noch relativ vielseitige Lebensgemeinschaft oder Biozönose gekennzeichnet. An Bäumen und Sträuchern herrschen Schwarz-Erlen *(Alnus glutinosa)* und Moor-Birken *(Betula pubescens)* vor; dazu kommen Ohr-Weide *(Salix aurita)* und als bestandsbildendes Riedgras Schnabel-Segge *(Carex rostrata)*, Graue Segge *(Carex canescens)*, Breitblättriges Wollgras *(Eriophorum latifolium)* und Fieberklee *(Menyanthes trifoliata)*. An Tieren findet man etwa den Moorfrosch *(Rana arvalis)* und die Vierfleckibelle *(Libellula quadrimaculata)*.

Übergang vom Moorwald zur Moorweite mit zunehmend verkrüppelten Fichten und Kiefern; vorne ein »Moorauge« (Zentraler Hochmoortümpel). Hinterzartener Moor.

An Moorprofilen kann man die Entstehung ablesen. Über Geschiebe aus der letzten Eiszeit lagert sich zunächst Seekreide (Gyttja) dann, wie erwähnt, ab 11 000 v. Chr. Niedermoor-, frühestens ab 8000 Hochmoortorf. Im Torf sind Reste der Menschheitsgeschichte, etwa ab dem Jungpalaeolithicum konserviert, wie Ausgrabungen aus dem Mesolithicum (in Europa 8000–4000 v. Chr.), dem Neolithicum (4000–1700), der Bronzezeit (1700–800) und der Eisenzeit (ab 800) zeigen.

Die Methode der Pollendiagramme erlaubt es, aus den verschiedenen Moorschichten die Pflanzendecke der letzten 10 000 Jahre zu rekonstruieren. So zeigten sich 10 000 Jahre zurück Birken- und Kieferwälder, 7000 Jahre zurück Ulmen, Eichen und Haselwälder, 4000 Jahre zurück überwiegende Eichen, Erlen- und Haselbestände; erst im Mittelalter kamen die Hain- und Rot-Buche stärker auf.

Moorwald

Das Teilsystem Moorwald entspricht biotopmäßig in etwa dem Übergangsmoor, obwohl die Abgrenzung nicht genau zu treffen ist. Moorwälder sind heutzutage nur noch in seltenen Fällen in reiner Form ausgebildet, meistens in Moorschutzgebieten wie beispielsweise im Bannwald Staudacher am Federseeried bei Buchau, Oberschwaben. Hier finden sich relativ dichte, teils undurchdringliche Bestände von Moor-Kiefer *(Pinus mugo* ssp. *rotundata)*, durchsetzt mit bodendeckenden Rauschbeeren *(Vaccinium uliginosum)*, mit Sumpf-Wachtelweizen *(Melampyrum paludosum)* und häufig bereits großflächig mit Torfmoosen *(Sphagnum)* bestanden. In solchen Biotopen lebte früher regelmäßig das Birkhuhn *(Lyrurus tetrix)*.

Von den Schmetterlingen sind Arten charakteristisch, deren Larven sich auf den vorhandenen Pflanzen entwickeln, so der Rauschbeerenfleckenspanner *(Arichana melanaria)* und der Moosbeerengrauspanner *(Carsia sororiata).*

Moorweite

Mit höhersteigendem Torf und weiterem Abschneiden vom Grundwasser sowie mit der Verringerung des pH-Wertes (größerer Säuregrad) »verhungern« die Bäume des Moorwalds rasch. Im Wurzacher Ried nahmen sie nach Messungen aus dem Jahre 1947 mooreinwärts auf einer Strecke von 700 m von hochwüchsigen Formen um 8 m Höhe auf gelegentliche, kleinwüchsige Kümmerformen um 2 m ab. Auf der gleichen Strecke stieg die Mooroberfläche um 5 m und der pH-Wert sank von 3,5 auf 2,9.

Hochmoor-Torfmoose (zum Beispiel *Sphagnum magellanicum)* beherrschen nun das Feld, durchsetzt von Moosbeeren *(Oxycoccus palustris),* Blumenbinse *(Scheuchzeria palustris,* auch für das Zwischenmoor typisch), Weißem Schnabelried *(Rhynchospora alba),* Langblättrigem Sonnentau *(Drosera anglica),* Scheidigem Wollgras *(Eriophorum vaginatum)* und anderen charakteristischen Hochmoorpflanzen. Von den nicht allzu vielfältigen Insekten finden sich beispielsweise Moosbeerenscheckenfalter *(Boloria aquilonaris),* Moosbeerenbläuling *(Vacciniina optilete)* und die charakteristische Hochmoor-Mosaikjungfer *(Aeshna subarctica)* unter den Libellen.

Die Umweltansprüche von Moorschmetterlingen sind oft extrem. So braucht der genannte Moosbeerenscheckenfalter die Moosbeere als Raupennahrung, offene Moorweiten als Flugareal und schließlich ein »subarktisches« Kleinklima als Entwicklungsvoraussetzung.

Extreme Standortsfaktoren

Eine Reihe extremer Standortsfaktoren, den Bodensauerstoff, die Erwärmungsverhältnisse, die Tag-Nacht-Temperaturdifferenz, den Mineralstoffgehalt und andere Aspekte betreffend, spielen zusammen und machen den Standort »Hochmoor« für die allermeisten Pflanzen und Tiere der umliegenden Regionen unbesiedelbar. Nur speziell angepaßte Arten können überleben, die dann allerdings wegen des mangelnden Konkurrenzdrucks der anderen Dauerrefugien finden und in großer Individuenzahl vorkommen können.

Sauerstoffmangel

Durch den Wasserhochstand enthält der stark durchfeuchtete Boden im allgemeinen nur wenig Sauerstoff, und den nur in den obersten Zentimetern. Bereits ab 5 cm Tiefe, sicher aber ab 10 cm ist der Boden praktisch sauerstofffrei, so daß Bakterien dort nur noch anaerob leben können. Aerobe Pilze und Bakterien finden sich nur in den obersten Zentimetern. Dort ist dementsprechend die Mineralisierung stark bis sehr stark, in 5 cm Tiefe schwach, schon ab 10 cm Tiefe fehlend.

Verzögerte Erwärmung

Moore sind bekannt kühl; sie und ihre nähere Umgebung erwärmen sich im Jahresablauf relativ langsam. Das macht sich selbst noch in künstlich entwässerten Moorgebieten bemerkbar. Die langjährigen Monatsmittel der täglichen Temperaturminima betragen beispielsweise im April an der Nordseeküste 3,7–4,6 °C, in norddeutschen Hochmoorgebieten nur 2,0–2,7 °C, im sich anschließenden Binnenland jedoch wieder 3,3–3,6 °C. Selbst im Hochsommer (Juli) sind diese Differenzen noch merkbar (13,0–14,3 °C; 11,3–11,5 °C;

12,5–13,0 °C). Die kühlen Moorstandorte wurden somit zum Refugium einer ganzen Reihe kälteliebender (und säuretoleranter) Eiszeitrelikte, die sich heute als boreale Hochmoorpflanzen finden, so Arten von Sonnentau *(Drosera),* Heidelbeere *(Vaccinium),* Rosmarinheide *(Andromeda),* Simse *(Scirpus),* Schnabelbinse *(Rhynchospora)* und Blumenbinse *(Scheuchzeria).*

Extreme Temperaturdifferenzen

In einem Schleswig-Holsteiner Moor wurden in Köpfchen des Hochmoor-Torfmooses *(Sphagnum magellanicum)* einmal Mitte Juli um Mitternacht nur 3 °C, um die Mittagszeit des nächsten Tages dagegen 45 °C gemessen! Solche extremen Tagestemperaturgänge halten nur wenige Pflanzen aus. Torfmoose machen sich im übrigen durch Einlagerung bestimmter Farbstoffe frostresistent.

Mineralstoffarmut und saures Milieu

Vom Niedermoor über das Zwischenmoor zum Hochmoor nehmen die wichtigsten Mineral- und Nährstoffe, nämlich Calcium, Stickstoff, Phosphor und Kalium, in beeindruckender Weise ab. So wurden in der Oberflächenschicht bis 20 cm Tiefe die folgenden Werte für Calcium und Stickstoff gemessen (Angaben in Kilogramm pro Hektar). Niedermoor: 20000 und 12000, Übergangsmoor: 4000 und 7000, Hochmoor: 2000 und 4500. Zusammen mit der extremen Ansäuerung ist diese zunehmende Mineralstoffarmut verantwortlich für die Abnahme der Pflanzenarten.

Gibt es auf Niedermooren, inklusive deren Gewässern, noch 250 Gefäßpflanzenarten, 125 Moosarten und 35 Flechtenarten, so überleben davon auf natürlichen Hochmooren nur 18 Gefäßpflanzenarten (!), 30 Moosarten (davon 10 Arten der Torfmoos-

gattung *Sphagnum)* und 20 Flechtenarten. Daß gerade »fleischfressende« Landpflanzen (Sonnentau, *Drosera)* und Wasserpflanzen (Wasserschlauch, *Utricularia)* auf stickstoffarmen Hochmooren vorkommen können, mag seinen Grund haben: Sie decken den Großteil ihres Stickstoffbedarfs über das Körpereiweiß gefangener (z. B. mit Klebetentakeln) und aufgelöster Tiere.

Lokale Trockenheit

Hochmoorbülten sind von unten nach oben zunehmend trockener. Sie werden dementsprechend auch nach oben von trockenheitsresistenteren Pflanzen besiedelt. So findet man aufsteigend beispielsweise das Torfmoos *(Sphagnum medium),* die Poleiblättrige Rosmarinheide *(Andromeda polifolia),* die Moosbeere *(Oxycoccus palustris),* dann andere *Sphagnum-*Arten, die Preiselbeere *(Vaccinium vitis-idaea)* oder die Heidelbeere *(Vaccinium myrtillus),* das Heidekraut *(Calluna vulgaris)* und schließlich, ganz oben, Laubmoose wie das Steife Haarmützenmoos *(Polytrichum strictum)* oder das charakteristische Rotstengelmoos *(Pleurozium schreberi).*

Auf dem Heidekraut als Futterpflanze leben eine Reihe von weniger auffallenden Schmetterlingen, so der Heidekrautspanner *(Dyscia fagaria),* der Erikabürstenbinder *(Orygia ericae)* und das Feuervögelchen *(Lycaena phlaeas).*

In den nebenstehenden sehr feuchten Schlenken kann einheitlich das Scheidige Wollgras *(Eriophorum vaginatum)* stehen. Im Laufe der Jahre zerfallen Bülten, werden zersetzt und zu Schlenken, während die benachbarten Schlenken aufgrund abgelagerten Pflanzenmaterials hochwachsen und zu Bülten werden. Neuerdings wird dieses einfache Schema der »Reliefumkehr« allerdings angezweifelt.

Heideentwicklung

Hochmoore können verheiden, so daß die Heide ein (technologisch reversibles) Folgestadium eines Hochmoors darstellen kann. Auf Sandböden können sich aber auch natürliche Heiden ohne das Vorgängerstadium eines Moores entwickeln. Mit der Heideentwicklung verändert sich der Boden so, daß eine Bebuschung oder Bewaldung verzögert wird.

Moorverheidung

Die meisten großflächigen norddeutschen Hochmoore sind entwässert worden. Mit sinkendem Grundwasser degeneriert die Hochmooroberfläche zur Heide. Ein nicht entwässertes Hochmoor wächst weiter und zeigt die charakteristische Bülten-Schlenken-Gliederung der Oberfläche. Bereits schwache Entwässerung (Grundwassersenkung um nur etwa 20 cm unter die Oberfläche) führt zur Einstellung des Wachstums und zur Ausbildung einer Moorheide. Stärkere Entwässerung führt zu einem weiteren Schrumpfen des Torfkörpers und damit zum Absinken der Oberfläche; das Grundwasser sinkt vielleicht auf einen Stand von 50 cm unterhalb der Oberfläche ab, auf der sich eine Pfeifengrasheide ansiedelt. Zu starke Entwässerung führt zu extremer Sackung des Bodens und zum Absinken des Grundwassers bis zu einer Tiefe von 1 m oder mehr unter der Oberfläche. Es bildet sich eine reine Heide aus, die verbuschen kann.

Nur mäßig starke Entwässerung führt im übrigen zu weide- und ackerfähigen Böden. Bei zu starker Entwässerung wird die Oberfläche selbst für die Weide zu trocken. Die Entwässerung führt dann zu unbrauchbaren Böden, zerstört den Moorbiotop und bringt letztendlich keinen landwirtschaftlichen Nutzen. Leider wurde bis in die jüngste Zeit hinein hem-

mungslos entwässert, ohne daß die Folgen und besonders das Nutzungsverhältnis sorgfältig kalkuliert worden wären. So findet man heute vielfach Kulturbrache, wo früher intakte Moorbiotope waren.

Es gibt drei mitteleuropäische Standorts- bzw. Bodenvoraussetzungen, die eine Besiedlung mit Heiden ermöglichen. Wichtig ist, daß die Tendenz zum Baumanflug und zur Bewaldung in irgendeiner Weise behindert wird. Bei Flugsanddünen

Austrocknender Hochmoortorf am Rande eines alten Torfstichs mit Baumanflug. Althochmoor beim Federsee.

wird der Baumanflug windbehindert. In den Hochmoorrandgehängen und -bülten ist der Baumanflug säurebehindert. Bei anmoorigen Böden und Torfböden schließlich wird der Baumanflug durch den Hochstand des sauerstoffarmen Grundwassers behindert. Wo sich Bäume trotzdem ansiedeln können, geht die Sukzes-

Ausschnitt aus der Lüneburger Heide mit höhen- (und damit wasser-) abhängigen Zonierungseffekten von Bewaldung, lockerem Wachholderbestand, Laubholzanflug und Heidekrautflächen.

sion über eine Heidelandschaft mit lockerem Bestand von Birken und anderen säuretoleranten Bäumen zum Laub- und Mischwald.

Vegetationsfolge auf Sandböden

Die meisten Heiden sind in unseren Breiten anthropogen. Auf grundwasserfreien Sandböden Nordwestdeutschlands führt das Abholzen des Birken-Eichenwalds zu Zwergstrauchheiden, die ihrerseits zum Wachholderheidenstadium verbuschen können, wie die Lüneburger Heide zeigt. Erfolgt eine Beweidung durch Schafe, kann sich dieses Stadium lange halten. Unterbleibt Beweidung, werden sich die Zwergstrauchheiden mit Kiefern bedecken und nach längerer Zeit wieder in den ursprünglichen Eichen-Birkenwald zurückschwingen. Je nach dem Entwässerungsgrad kann man auch zu

Grasbrache und Ackerland kommen, das, langzeitlich, in gleicher Weise wieder zum ursprünglichen Mischwald zurückschwingen kann, wenn die anthropogene Beeinflussung aufhört.

Heideböden

Unter trockener *Calluna*-Heide bildet sich regelmäßig ein charakteristisches (Podsol-)Bodenprofil aus. Durch den Heidekrautbestand wird die dünne Schicht des oberflächlichen Rohhumus angesäuert. Regengüsse waschen die Säure aus und verfrachten sie tiefer, so daß nach einem dunkelgrauen Humus-Bleichsand ein aschgrauer, humusarmer Bleichsand resultiert. Bereits in 20–30 cm Tiefe verbinden sich die ausgewaschenen Mineralien zu einer charakteristisch dunkel-kaffeebraunen Schicht von Orterde. Ist diese verfestigt, wird sie auch als »Ortstein« bezeichnet. Um einwachsende Baumwurzeln zieht sich diese Bildung trichterförmig nach unten. Infolge chemischer Reaktionen ist ihr Unterrand durch einen oft charakteristisch abgesetzten, leuchtend-rostroten Streifen von Eisenoxidroterde gekennzeichnet. Weiter unten, von etwa 50 cm Bodentiefe bis zu 1 m, finden sich dann dichter und dünner werdende Bänder, die schwarz (Humus, Heideeffekte) oder hellockerbraun (Waldeffekte) sein können. Der Ortstein kann so dicht und mächtig werden, daß er sich schließlich von Baumwurzeln nicht mehr durchdringen läßt.

Wie rasch sich Ortstein zu bilden vermag, zeigen die aufgebrochenen Grabhügel (Alter 3000–4000 Jahre) auf Heideböden, über deren alter, durchbrochener unterer Ortsteinschicht sich eine neue obere Ortsteinschicht ausgebildet hat. Hat sich erst einmal Ortstein gebildet, so sind die Chancen für Waldanflug gering, die Heide bleibt relativ stabil.

Glocken-Heide *(Erica tetralix).*

Pflanzen und Tiere der Heide

Heidepflanzen

Wenn die blühende Lüneburger Heide Scharen von Besuchern anlockt, bewerkstelligt dies das Heidekraut *(Calluna vulgaris),* der charakteristische Bodendecker, ergänzt von Rentierflechte *(Cladonia rangiferina),* gelegentlich auch von Isländischem Moos *(Cetraria islandica).* An Bäumen finden sich vor allem die verbißunempfindlichen Wacholder *(Juniperus communis),* im übrigen auch auf den vergleichsweise kleinen, doch imponierenden Wacholderheiden in der Schwäbischen Alb.

Neben dem Heidekraut findet man, gerade in Süddeutschland, gelegentlich die Frühlings-Heide *(Erica carnea),* in Norddeutschland eher die Glocken-Heide *(Erica tetralix).* Kleinsträucher bilden weiter die Krähenbeere *(Empetrum nigrum)* und der Porst *(Ledum palustre),* dazu die *Vaccinium*-Arten. Weiter findet sich an größeren Sträuchern der goldgelbe Besenginster *(Sarothamnus scoparius),* Arten des Echten Ginsters *(Genista)* und gelegentlich der Gagelstrauch *(Myrica gale).* Auch Pflanzen trockenerer Wiesenränder finden in der Heide zusagende Standorte, wie beispielsweise der stets von Insekten umsummte Thymian *(Thymus chamaedrys)* und das Durchlöcherte Johanniskraut *(Hypericum perforatum).*

In Meeresnähe können sich in Norddeutschland an feuchten Standpunkten auch natürliche Heidegesellschaften einstellen. In dem mehr ozeanischen Klima gedeihen bodenbedeckende Pflanzen wie die Glocken-Heide und auch der Englische Ginster *(Genista anglica)* gut. Freilich sind heutzutage die meisten dieser Heiden verschwunden und haben Aufforstungen Platz gemacht.

Heidetiere

Die Heide ist ein Refugium des Wild-kaninchens *(Oryctolagus cuniculus)*, das im Mittelalter aus dem Süden eingewandert ist. An Vögeln brüten Heidelerchen *(Lullula arborea)* sowie Baum- und Brachpieper *(Anthus trivialis* und *A. campestris),* in den Randregionen der Moorwälder Wacholderdrosseln *(Turdus pilaris).*
Reich ist das Insektenleben der trockenen Heideböden. Insbesondere

Heidschnucke aus der Lüneburger Heide.

im Sandboden grabende Insekten fallen auf, so die Gemeine Sand-wespe *(Ammophila sabulosa).* In Südeuropa häufiger sind die mächtigen Kreiselwespen *(Bembix rostrata);* bei uns stark dezimiert bis ausgestorben sind der Heuschreckenjäger *(Sphex maxillosus)* und der Bienenwolf *(Philanthus triangulum).* Sie alle graben unterirdische Gänge und tragen als Larvennahrung bewegungslos gemachte, jedoch nicht vollständig abgetötete Insekten ein. Die blauschwarzen, oft am Hinterleib rot gefärbten Wegwespen *(Pompilidae)* tragen Spinnen ein.

Heidepflege

Die meisten Heiden in Deutschland sind, anthropogen bedingt, auf abgerodeten Wäldern oder trockengelegten Mooren entstanden. Überläßt man sie sich selbst, so verbuschen und bewalden sie. Heiden müssen also durch Pflege erhalten werden, wozu vor allem der Schafdurchtrieb mit Heidschnucken zählt. Sind sie einmal verbuscht, so kann man sie auch – allerdings kostenaufwendig – regenerieren. Entstehen sie durch mäßig starke Entwässerung aus Hochmooren, so können sie durch überstarke Entwässerung auch vollkommen degenerieren und fallen dann selbst als Schafweide aus.

Einfluß durch Wasserentnahme

Am Südrand des Wümmetals hat man Wasserstandsmessungen über zwei Jahre gemacht. Erstaunlicherweise sinkt das (im Winter zur Oberfläche ansteigende) Grundwasser einer *Erica*-Heide (Wollgrasvariante) im Sommer kaum unter 50 cm ab. Heiden müssen also gar nicht so trocken sein. Bei *Calluna*-Heiden (Heidekrautvariante) wurde eine Wasserstandsschwankung um eine Mittellage von etwa 1 m beobachtet, in benachbarten Sandtrockenrasen (*Festuca*-Gesellschaft) sogar noch tiefer, um 1,70 m. Starke Wasserabsenkung kann also feuchtere Heidevarianten zerstören und über trockenere Varianten sogar zu Trockenrasengesellschaften führen.
Das geplante Wasserwerk Nordheide, das über Hochbehälter aus der Lüneburger Heide Hamburg versorgen soll, wird um das Wasserwerk selbst nach Modellrechnungen das Grundwasser auf 3 m absinken lassen, in 1 km Entfernung auf 2 m und längs der westöstlich verlaufenden Fassungsreihe großflächig um 1 m, was die Heide verändern bis zerstören wird.

Regeneration

Früher wurde die oberste Heideschicht, bestehend aus kleinen Sträuchern und ihrem wenig verrotteten Rohhumus, etwa 10–15 cm tief abgeplaggt. Auf den freigelegten Stellen siedelten sich in den Folgejahren zunächst Schnabelried-Arten *(Rhynchospora)* an. Nach einer Übergangsphase hatte sich nach etwa 10 Jahren wieder vollständig die alte Heidekrautgesellschaft entwickelt, die dann wieder abgeplaggt werden konnte. Da die Plaggen als Brennmaterial und Einstreu früher wichtig waren, erhielt der Heidebauer als Landschaftsgestalter seine Umwelt selbst.

Entwässert man ein Hochmoor, so geht dieses unter Schrumpfung des austrocknenden Torfkörpers und Absinken des Grundwasserbestands über pfeifengrasbedeckte Moorheiden und jungbirkendurchsetzte Pfeifengraswiesen oder aber über Moorheiden mit Besenheide und Krähenbeeren und solchen mit Jungbirken und Kiefern in einen Moorbirkenoder Kieferwald über. Aus diesen läßt sich das Hochmoor, wenngleich mit großem Aufwand, wieder regenerieren. Durch Entbirken und Anstau erzwingt man das Moorheide-Birkenstadium, durch ein sogenanntes Entkusseln und weiteren Anstau das Moorheide-Krähenbeeren-Stadium, das sich schließlich durch kräftigen Anstau ins Hochmoorrelief mit seinen Bülten und Schlenken zurückentwickelt. Diese letzte Phase kann man auch gleich durch sehr kräftigen Anstau im Außenbereich erreichen, wodurch Bäume und Zwergsträucher absterben.

Erhaltung

Im großtechnischen Maßstab läßt sich die Heide in etwa 30jährigem Rhythmus erhalten und verjüngen. Nach Entfernen der Bäume (Pionierphase bis zum 6. Jahr) und weitere Mahd, Brandrodung, Bewaldung und Abplaggung (Aufbauphase bis zum 12. Jahr) kann man das Ökosystem durch geregelte Mahd und Beweidung, also Erhaltungsmaßnahmen, langsam in eine Reifephase (12. bis 28. Jahr) bringen. Dann aber erfolgt relativ rasch eine Degenerationsphase (etwa 16.–30. Jahr), die man durch drastische Verjüngungsmaßnahmen (Rodung, Beweidung, Abplaggen) in die Pionierphase zurückführen kann. Wartet man zu lange, so bewaldet sich die Heide. Man muß sie dann durch Entfernung der Bäume in die Pionierphase zurückbringen (»Reaktivierung«).

Früher hatte der Heidebauer, wie erwähnt, seine Umwelt selbst erhalten. Will man heute Heiden und andere pflegebedürftige anthropogene Ökosysteme erhalten, sind dafür kostenaktive »Fremdarbeiten« nötig. Der Landwirt als – vom Gemeinwesen bezahlter – Umweltgestalter wäre eine Alternative.

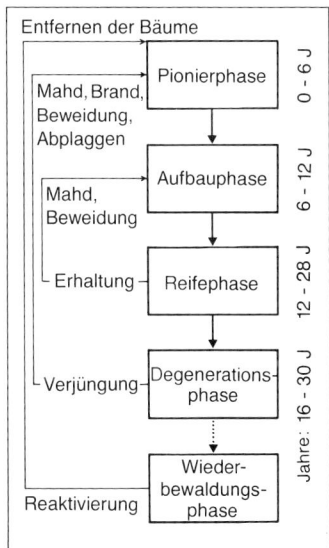

Schemadarstellung zur Heideentwicklung und Heidepflege. Daten nach Krewerth.

Trockenfluren und Ödland

Wo Wasser selten ist oder rasch abläuft und versickert, können sich charakteristische Trockenrasen ausbilden, auch als Magerrasen bezeichnet. Auf sauren und nährstoffarmen Silikat- und Sandböden findet man die Silikat- und Sandmagerrasen. Ein charakteristisches Beispiel bilden die Strandhaferdünen an der Nordsee. Entsprechendes findet man auf basischen nährstoffreichen Kalkmagerrasen in unterschiedlicher Ausbildung (z.B. die Trespen-Trockenrasen des Kaiserstuhls).

Nach der Besiedelung der Oberfläche und den Pflanzeneinrichtungen zur Herabsetzung des Wasserverlustes kann man Halb- und Volltrockenrasen unterscheiden. Bei den Halbtrockenrasen wird die Oberfläche dicht und wiesenartig besiedelt (s. Abb. links, Fränkischer Jura). Die Pflanzen besitzen wenige auffallende Mechanismen zur Verdunstungshemmung. Im Gegensatz dazu stehen die – botanisch oft besonders interessanten – Volltrockenrasen, deren Oberfläche lückig bewachsen ist und viele freien Stellen aufweist. Die oft schmalblättrigen, »xeromorphen« Pflanzen haben vielfältige Mechanismen gegen Wasserverlust entwickelt.

Dünen als Trockenstandorte wurden schon genannt; dazu kommen Löshänge, wie sie etwa im Kaiserstuhl zutage treten, und Molassefelsen mit ihrer besonders charakteristischen Insektenwelt.

Als Beispiel für anthropogenes Ödland seien Schuttplätze genannt und – besonders interessant – Bahndämme, aber auch alte Gemäuer aller Art. Siedlungen mit Straßenpflastern bieten weitere Beispiele.

Links Trockenrasen bei Burkheim/Kaiserstuhl mit Kugelkopf-Lauch *(Allium sphaeroce-phalum)*, Feld-Mannstreu *(Eryngium campestre)* und – im Hintergrund – Eselsdistel *(Onopordum acanthium)*. Rechts alter Löshohlweg am Kaiserstuhl.

Typische Beispiele

Trockenrasen

Als Beispiel sei ein Trockenrasen bei Burkheim am Kaiserstuhl genannt. Während die Unterkante des Burg-bergs noch mäßig trocken und mit Schlehengebüsch bestanden ist, ist der mittlere Hang ein Halbtrockenra-sen und der ausstreichende Ober-hang ein typischer Volltrockenrasen. Früher fanden sich dort Gottesan-beterinnen *(Mantis religiosa)* und Schmetterlingshafte *(Ascalaphus li-belluloides)*. An auffallenden Pflan-zen blühen im späten Frühjahr der Diptam *(Dictamnus albus)*, der Ku-gelkopf-Lauch *(Allium sphaeroce-phalum)*, der Feld-Mannstreu *(Eryn-gium campestre)* und eine tiefwur-zelnde, sehr auffallende hochwüch-sige Distelart, die Eselsdistel *(Ono-pordum acanthium)*. Wo das Gestein zutage tritt, ist es von gelbblühenden Mauerpfefferarten *(Sedum)* überzo-gen, Flecken des Wilden Thymian *(Thymus serpyllum)* sind bienenum-summt.

Löshänge

Vor der Störung durch die giganti-schen Terrassierungen gab es am Kaiserstuhl noch häufig hohe, frei-stehende Löswände, Trockenregio-nen par excellence, bestehend aus eiszeitlich abgelagerten feinsten Flugsanden, die durch Kalkinkrustie-rung zu einer tragfähigen Masse ver-backt sind. Hier bauten früher Lehm-wespen in ungeheurer Zahl ihre Bodenröhren; Feldsperlinge nisten in den Sandröhren herausgewitterter Wurzeln. Früher gab es Bienenfres-ser, die in den Lös ihre Brutröhren bauen, wie heute noch in Rumänien, wo man auch Blauracken beobach-ten kann, die in erweiterten Sand-höhlen nisten. Sogar der Waldkauz findet sich dort überraschenderwei-se als Brutvogel in geeigneten Höh-lungen. An den trockenheißen Ab-bruchkanten halten sich nur wenige Pflanzen, die mit einem sehr tief rei-chenden Wurzelwerk ans Wasser gelangen können. Freie Löswände und -hohlwege sind heute am Kai-serstuhl selten geworden.

Links altes Burggemäuer. Rechts Straßenpflaster über Sand mit Rotem Spärkling *(Spergularia rubra)* und Sandkegeln der Sandknotenwespe *(Cerceris arenaria)*, die in den sandigen Zwischenräumen ihre Brutröhren baut.

Alte Gemäuer

Gemäuer, das nach jedem Regen sehr rasch austrocknet und dessen Humustaschen in den feinen Ritzen oft nur winzig sind, das zudem in Südlagen extrem heiß wird (70 °C möglich!), gehört zu den lebensfeindlichsten Regionen überhaupt. Der Aufschluß eines frischen Gemäuers durch Algen, Pilzen und Flechten, auch unter der Wirkung gefrierenden Wassers, erfolgt prinzipiell ähnlich wie an natürlichen Felsen. Eine der auffallendsten Flechten ist die orangerote Wandschüsselflechte *(Xanthoria parietina),* dazu kommen Hornflechten *(Cornicularia)* und Warzenflechten *(Verrucaria).* Trockenheitsunempfindliche Moose kommen dazu, beispielsweise der Gattung *Orthotrichum,* und später, wenn genügend humushaltige Ritzen gebildet worden sind, Farne und Blütenpflanzen. Manchmal ist es erstaunlich, an alten Gemäuern zu beobachten, in wie winzig kleinen Humustaschen Blütenpflanzen noch wurzeln können.

Straßenpflaster

Einen ganz eigentümlichen anthropogenen Biotop stellt das Straßenpflaster dar. Sofern dazwischen lokkerer Sandboden ansteht, siedeln sich Moose und niederliegende, trittunempfindliche Pflanzen an. Sandpyramiden kennzeichnen die Brutröhren der Sandknotenwespe *(Cerceris);* Wegwespen (Abb. S. 134) huschen darüber weg und ziehen gelähmte Spinnen nach, und die Rasenameise *(Tetramorium caespitum)* baut Sandhügel und formt regelrechte Straßen, die sich über zwanzig Meter erstrecken können.

Lockeres Straßenpflaster auf Sandboden kann durchaus einen Ersatzbiotop beispielsweise für trockenheits- und wärmeliebende Grabwespen darstellen, deren ursprüngliche Areale mehr und mehr vernichtet werden. Dies gilt im übrigen für vielerlei anthropogene Biotope. Man vergleiche Kiesgruben (S. 171) als »Ersatzbiotope« für die fast vollständig verschwundenen Schotterflächen der Alpenflüsse.

125

Trockenrasen

Die Pflanzensoziologen unterscheiden eine ganze Reihe von Trockenrasen-Formen, von denen hier nur zwei typische Beispiele genannt seien. In unseren Breiten wird man Formen der Steppenheide in schöner Ausprägung beispielsweise im Fränkischen Jura finden (Abb. S. 122).

Trespen-Trockenrasen

Je nach Bodenform, Bodenfeuchtigkeit und Neigung (Sonneneinstrahlung), können auf sandigen und kalkigen Hängen flächendeckende Halbtrockenrasen oder fleckerlteppichartige Volltrockenrasen entstehen. Man spricht auch von Steppenheiden. Charakteristisches Gras ist die Aufrechte Trespe *(Bromus erectus)*.

In den auf S. 124 kurz angesprochenen Trespen-Trockenrasen des Kaiserstuhls findet man, in der Reihenfolge ihrer Häufigkeit aufgeführt, die folgenden recht charakteristischen Pflanzenarten: Aufrechte Trespe

»Hängender Mensch« *(Aceras anthropophorum)*.

(Bromus erectus), Zypressen-Wolfsmilch *(Euphorbia cyparissias)*, Behaartes Habichtskraut *(Hieracium pilosella)*, Wiesen-Salbei *(Salvia pratensis)*, Sonnenröschen *(Helianthemum nummularium)*, Heideröschen *(Fumana procumbens)*, Wiesen-Kugelblume *(Globularia pratensis)*, Echter Gamander *(Teucryum chamaedrys)*, Gold-Aster *(Aster linosyris)*, Erd-Segge *(Carex humilis)*.

Es fällt auf, daß die häufigsten Arten (»Häufigkeitsstufe 5«) auch anderswo vorkommen; erst in der genannten Zusammensetzung kennzeichnen sie den süddeutschen Trespen-Trockenrasen.

Andere, wenngleich »typische« vorkommende Arten sind seltener; so gehört der Kugelkopf-Lauch *(Allium sphaerocephalum)* zu der mittleren »Häufigkeitsstufe 3«.

Gerade in den Trockenrasenregionen findet sich eine Vielzahl der schönsten Orchideen, so Knabenkräuter der Gattung *Orchis*, Ragwurze der Gattung *Ophrys* und so auffallende Gestalten wie die Pyramiden-Spitzorchis *(Anacamptis pyramidalis)*, die Riemenzunge *(Himantoglossum hircinum)* und die Fratzenorchis auch »Hängender Mensch« genannt *(Aceras anthropophorum)*. In Massen kommt gelegentlich die Mücken-Händelwurz *(Gymnadenia conopea)* vor.

Durch Überdüngung, Umbruch und Bebauung sind Trockenrasen bei uns sehr gefährdet; mit 164 gefährdeten Gefäßpflanzenarten stehen sie sogar an der Spitze der stark bedrohten Pflanzenformationen. In geringem Maße werden aber auch neue Trockenrasengebiete geschaffen, wie sie sich beispielsweise an Autobahnböschungen und die Flüsse begleitenden Dämmen ansiedeln können. Extreme Trockenstandorte bieten die sandigen Rheindämme der Oberrheinregion, sehr auffallend, da zwischen extrem feuchten Strei-

Übergang von Trockenrasen an den aufgeschütteten Rheindämmen bei Kappel zu Auwald an Sickerwassergraben: Volltrockenrasen, Weg, Halbtrockenrasen, Ufervegetation, Fließwasser mit flutenden Wasserpflanzen, Röhrichtsaum, Auwald.

fen (Flußufer und Auwald) gelegen. Hier findet man beispielsweise eine recht auffallende Kompaßpflanze, den Stachel-Lattich (*Lactuca serriola*, Abb. S. 43).

Manche Arten, die man von Bergwiesen her kennt, finden sich auch auf tiefer gelegenen Trockenrasen, so Küchenschellen *(Pulsatilla vulgaris)*, Adonisröschen *(Adonis vernalis)*, Deutscher und Fransiger Enzian *(Gentiana germanica* und G. *ciliata)*, Silberdistel *(Carlina acaulis)*.

Silbergras-Rasen

Die nach der Charakterart des Silbergrases *(Corynephorus canescens)* benannten Grasfluren finden sich vor allem in Nordwestdeutschland auf Terassen- und Dünensanden. Wo im Süden ähnliche Sande angeweht sind, beispielsweise an Rhein (»Mainzer Sande«), Main und Donau, finden sich ebenfalls kleinere Gebiete dieser Sandgrasformation.

Tiere der Trockenrasen

Neben den grabenden Kaninchen *(Oryctolagus cuniculus)*, den fast ausgestorbenen Smaragdeidechsen *(Lacerta viridis)* und Mauereidechsen *(Lacerta muralis)*, findet man gelegentlich noch Aesculapnatter *(Elaphe longissima)*, Zippammer *(Emberiza cia)* und Ziegenmelker *(Caprimulgus europaeus)*, vor allem aber Insekten. Neben den bereits genannten Gottesanbeterinnen und Schmetterlingshaften kommen gelegentlich Bergzikaden *(Cicadetta montana)* vor und zudem eine Reihe auffallender Schmetterlinge, deren Raupen an die Futterpflanzen gebunden sind, so Segelfalter *(Iphiclides podalirius)*, Assmanns Scheckenfalter *(Melitaea britomaris)*, der bläulich behauchte Trockenrasen-Enzianbläuling *(Maculinea rebel)*, der Kalkregionen bevorzugende Silbergrüne Bläuling *(Lysandra coridon)* und der auffallende Gelbe Hufeisen-

Schmetterlingshaft *(Ascalaphus libelluloides).*

klee-Heufalter *(Colias australis)*, der ebenfalls Kalkfluren liebt. Dies sind nur Beispiele; die Schmetterlingszahl ist sowohl nach Arten als auch nach Individuen in Trockenrasenregionen vergleichsweise hoch. Am unteren Inn wurde einmal ein Vergleich zwischen Trockenrasen an Inndämmen, benachbartem Auwald und weiter benachbarter Feld-Wiesenregion angestellt. In der genannten Reihenfolge fanden sich 21, 14 und 8 Arten, sowie 1000, 270 und 50 Individuen pro Beobachtungsfläche.

Leider gehen die nach ihrer Pflanzen- und Tierwelt so schönen und auffallenden Steppenheide-Bestände stark zurück, teils durch anthropogene Bodennutzung und Verbauung, teils aber auch gerade durch das Gegenteil: mangelnde Mahd. Diese entfällt heute vielfach (»Kulturbrache«), so daß sich diese Regionen langsam mit kleinen Laubbäumen oder Wacholderbüschen bedecken.

Pflanzenanpassungen an Hitze und Trockenheit

Vergleicht man die Monatsmitteltemperaturverläufe beispielsweise auf einem Trockenrasen und in einem angrenzenden Wald, so findet man, daß sich die Minimalwerte (um 0 °C) der beiden Formationen kaum unterscheiden, wohl aber die Maxima. Beim Trockenrasen liegen sie höher und zeigen sehr viel stärker ausgeprägte »Sommerspitzen«, (etwa 50 °C gegenüber 20 °C beim Wald). Die Extremtemperaturen des Bodens bzw. anstehenden Gesteins können auf Trockenrasen-Standorten verblüffend hoch sein. Im Donautal wurden 65 °C gemessen, am Kaiserstuhl 68,5 °C, im Allgäu gar 76 °C(!). Auch im Winter kann die Temperatur von Trockenhängen relativ hoch sein, da die Kaltluft ins Tal abfließt (»Temperaturumkehr«). Bei Spaichingen wurden um Weihnachten einmal im Ort (660 m) −8 °C gemessen, während am 982 m hohen Dreifaltigkeitsberg +13,5 °C herrschten.

Wegen der extremen Temperaturen verlagern sich Trockenrasenpflanzen im Vergleich zu Wiesenpflanzen stärker ins tiefere, kühlere Erdreich. Das Verhältnis der unterirdischen zur oberirdischen Biomasse beträgt bei Wiesenpflanzen vor der Mahd etwa 5:1, bei Trockenrasenpflanzen dagegen rund 14:1! Es ist auch sonst, während des gesamten Jahresrhythmus, deutlich höher. Die oberirdischen Teile sind auf extremen Trockenrasen oft sehr stark »xeromorph« ausgebildet: Niederwuchs paart sich mit kleinen Blättern, die bei den Gräsern zudem noch schmal und häufig eingerollt sind. Verdunstungshemmend wirken auch starke Behaarung und dicke Überzüge mit wachsartigen Produkten. An geeigneten Standorten kann man auch in unseren Breiten fast alle Anpassungserscheinungen finden.

Ein weiterer Unterschied zu den Wiesen liegt in der Blühzeit. Einige wenige Formen (Geophyten; vgl. S.71) erscheinen zwar, eher als auf Wiesen, im sehr zeitigen Frühjahr; die Hauptmasse der ausdauernden Arten blüht dagegen viel später, nämlich Mitte Juli bis Mitte September. Es zeigt sich im übrigen, daß typische Trockenheitsanzeiger nicht ausschließlich auf trockenen Böden vorkommen. So ist der Ertrag der charakteristischen xerophilen Aufrechten Trespe *(Bromus erectus)* in Mischkultur mit einem mittlere Feuchtigkeit liebenden Gras, dem Glatthafer *(Arrhenatherum elatius)*, und einer stärkere Feuchtigkeit liebenden Art wie dem Wiesen-Fuchsschwanz *(Alopecurus pratensis)* oder dem Sumpf-Rispengras *(Poa palustris)* bei einer Grundwassertiefe von 35 cm (feucht) etwa 10%, bei einer Grundwassertiefe von 70 cm (trocken) dagegen nahezu 100% des Gesamtertrags. Kultiviert man aber *Bromus erectus* in einer Reinkultur bei 35 cm Grundwassertiefe, dann hat dieses »Trockenheitsgras« dort ebenfalls sein Ertragsmaximum von 100%, während es bei 70 cm Tiefe auf etwa 40% abfällt. Erst in Konkurrenz mit anderen Gräsern kommt also die Tatsache, daß *Bromus erectus* Trockenheit besser verträgt, zum Tragen. Dies äußert sich auch im Aufbau der Wurzelrindenschicht. Bei Kultivierungsversuchen im Wasser, in sehr feuchtem, feuchtem und trockenem Milieu finden sich bei *Bromus erectus* in der genannten Richtung dickere Wurzeln mit immer weniger sogenannten Lakunen und immer auffallenderen Wandverdickungen. Pflanzliche Trockenheitsanpassungen finden sich also über und unter der Erde, wobei der letztere Teil sehr wichtig ist und nicht weniger vielfältige Anpassungsformen hervorbringen kann, als man das von oberirdischen Pflanzenteilen kennt.

Dünen

Primärdünen Die Dünenbildung beginnt dadurch, daß der Wind hinter Pionierpflanzen des Sandstrands, beispielsweise der Strand-Quecke *(Agropyron junceum)*, noch stark salzhaltiges Meeressand niederschlägt. Aus vielen solchen, miteinander verschmelzenden Miniaturanhäufungen entstehen Primärdünen. Niederschläge können nun das Salz herauswaschen und Voraussetzungen schaffen für eine Weiterbesiedelung, beispielsweise mit Strandhafer *(Ammophila arenaria)* und Strandroggen *(Elymus arenarius)*. So entstehen langsam die Sekundärdünen, die immer höher wachsen können, vom Wurzelwerk der Gräser verfestigt, aber noch stark dem Wind ausgesetzt und von ihm veränder- und verfrachtbar. Dadurch, daß sie immer höher wachsen und außerdem weiter landeinwärts geweht werden, entziehen sie sich mehr und mehr dem salzigen Grundwasser und überlagern sich austretendem Süßwasser.

Dünenanpflanzung mit sandfangendem Strandhafer an der Nordseeküste.

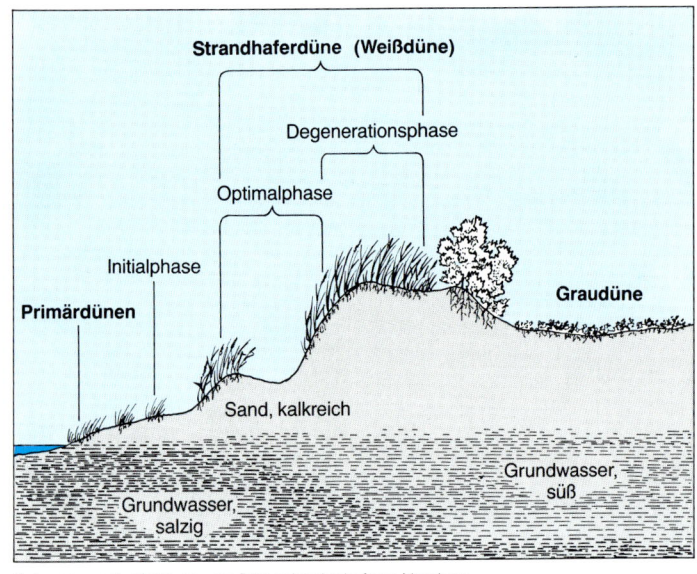

Schema zur Ausbildung von Dünenlandschaften; Nordsee.

Sekundärdünen Die hochragenden, weißen »Sekundärdünen« bilden durch ihre Windverlagerung, die Wasserarmut und das brackige Grundwasser einen so extremen Lebensraum, daß nur wenige weitere Pflanzenarten existieren können, so die typische Strand-Segge *(Carex arenaria)*.

Nach einer Initialphase und Optimalphase altert eine solche »Weißdüne« langsam (Degenerationsphase). Sie wird von immer mehr Pflanzen bewachsen, zum Beispiel Sanddorn *(Hippophae rhamnoides)* und befestigt sich immer stärker. In flacheren Teilen kann sich eine Kleinrasen-Vegetation entwickeln, im Windschatten aufgeschütteter Grate blüht das Silbergras *(Corynephorus canescens)*. In Dünentälern können sich Kriech-Weiden *(Salix repens)* ansiedeln, an den Hängen die Krähenbeere *(Empetrum nigrum)*. Langsam kommt die Düne so in ihr drittes Stadium, die Tertiärdüne, auch Graudüne genannt.

Tertiärdünen Diese ist nun so stark vom Wurzelwerk der Pflanzen durchzogen, auch solchen, die man an anderen Trockenstandorten findet, z.B. Katzenpfötchen *(Antennaria dioica)*, Thymian *(Thymus serpyllum)*, Scharfer Mauerpfeffer *(Sedum acre)*, trägt Zwergsträucher und Disteln, wie die Stranddistel *(Eryngium maritimum)*, und Heidekraut *(Calluna vulgaris)*, zeigt ersten Anflug von Bäumen, so Sanddorn *(Hippophae rhamnoides)* und Wacholder *(Juniperus communis)*, und wird schließlich auch künstlich mit Berg-Kiefern *(Pinus mugo)*, Wald-Kiefern *(Pinus sylvestris)*, auch mit Schwarz-Erlen und Birken aufgeforstet, daß sie sich letztlich vollständig beruhigt und vom Wind nicht mehr versetzt werden kann.

Der von den Primärdünen herübergewehte Sand wirkt aber als Windschliff, so daß die Dünenvegetation Mittel gegen die mechanische Beanspruchung entwickelt hat: Rollblätter, Lage der Spaltöffnungen in Furchen,

Wachsschichten, filzartige Haarüberzüge, kräftige, und teils lederartige Außenschichten. Alle diese mechanischen Schutzeinrichtungen verhindern auch übermäßige Wasserverdunstung.

Tiere der Dünen

Nicht wenige Vertreter ganz unterschiedlicher Insektenordnungen besiedeln die Sanddünen. Sie alle sind an das leicht durchgrabbare, rutschende, heiße und helle Medium angepaßt. Viele haben entsprechend eine helle Schutzfärbung und heben sich damit nur wenig vom Untergrund ab, etwa der Käfer *Amara tibialis*, die Fliege *Thereva annulata* und die Sandbiene *Andrena argentata* sowie die Heuschrecke *Fingonotus caerulans*. Dazu kommen winzige Springspinnen *(Attulus cinereus)* und Krabbenspinnen.

Im Sand verstecken sich oder graben Sandohrwurm *(Labidura riparia)* sowie zahlreiche Bienen, Grab- und Wegwespen, auch einige Käfer. Vom Wurzelwerk der Strandgräser leben die Engerlinge des Walkers *(Polyphylla fullo)*, während sich die Imagines eher von den Nadeln der Kiefernwälder ernähren, wie sie an der Ostseeküste typisch sind. In feuchten Dünen lebt die an ihren schnarrenden Rufen erkennbare Kreuzkröte *(Bufo calamita)*; an Vögeln nisten Möwen, Seeschwalben, Pieper, Lerchen und gelegentlich sogar der Star.

Im Windschatten der Grashalme halten sich speziell angepaßte Käfer, Fliegen und Heuschrecken auf, dazu Spinnen wie die genannte kleine Springspinne, und bauen die Sandbienen ihre Erdbauten. Insekten aus ganz unterschiedlichen Ordnungen haben die Flügel reduziert, wohl eine Anpassung gegen die Gefahr, durch den Wind aufs Meer hinaus verfrachtet zu werden. Man kennt diese Anpassung auch von Inselfaunen.

Löshänge

Löß, durch Kalkinkrustationen verbackener, windangewehter Feinstsand der Eiszeiten, ist von ganz eigentümlicher Konsistenz. Er ist standfest, so daß sich viele Meter hohe Steilabfälle bilden können, oder – z.B. im Kaiserstuhl – anthropogen tief eingefahrene Hohlwege. Seine Druckfestigkeit hängt vom Wassergehalt ab.

Lehmwespe *(Odynerus spinipes)* an ihrem Lösröhrchen (Kaiserstuhl).

Heute selten geworden, fanden sich an Löshängen früher grabende Lehmwespen der Gattung *Odynerus* so dicht, daß sich »Scheinkolonien« bildeten. Schwer beladen mit Wasser fliegt das Weibchen an, würgt das Wasser aus und gräbt in dem somit durchfeuchteten Boden eine halbzentimeterdicke Röhre, während sie das Aushubmaterial, Kügelchen für Kügelchen, um den Eingang herum aufschichtet. Mit fortschreitendem Aushub bildet sich somit ein wasserhahnartig nach unten gebogenes Röhrchen. Es wird vermutet, daß dieses Röhrchen vor nesträuberischen Knotenameisen schützen kann.

Nach etwa 15 cm Grabtiefe baut das Weibchen eine seitliche Brutkammer, an deren Decke es ein gestieltes Ei hängt. Darauf stopft es die Brutkammer mit eingetragenen Rüsselkäferlarven voll, die es durch Nervenanstiche gelähmt, aber nicht abgetötet hat. In der Stunde werden drei bis vier Beutetiere eingetragen, etwa ein bis zwei Dutzend pro Brutkammer. Insgesamt werden pro Röhre drei bis fünf Brutkammern gebaut. Dann verschließt das Weibchen mit dem Material der wieder abgebauten Eingangsröhre den Grabgang und beginnt an anderer Stelle einen neuen Gang. Die Larve nährt sich von dem Lebendmaterial, verpuppt sich nach zwei Wochen (im August) und schlüpft im Mai des nächsten Jahres aus.

Aus dem Sand an der Basis Überlinger Molassefelsen ausgesiebte Larven und (leere) Puppengehäuse des Ameisenlöwen *(Myrmeleon formicarius)*.

Für den geduldigen Naturfreund bilden die – allerdings selten gewordenen – Lehmwespen eine dankbare Beobachtungsmöglichkeit.

Molassefelsen

Der weiche Sandstein anstehender Molassefelsen, wie sie sich beispielsweise am Überlinger See weithin sichtbar zeigen, ist an günstigen (weichen) Stellen stark, geradezu schwammartig durchsetzt von Gängen der Pelzbiene *(Anthophora)*. An solchen Wänden kann man an heißen Frühsommertagen ein vielfältiges Insektenleben beobachten. Parasitierende Gold- und Schlupfwespen huschen herum. Diese Parasiten können sich zu stark chitinisierten, unangreifbaren Kügelchen einrollen und werden, von der rechtmäßigen Besitzerin bei der Eiablage überrascht, unversehrt aus dem Bau geworfen. Schmeiß- und Fleischfliegen fliegen auf, Springspinnen (z.B. *Sitticus pubescens*) machen Fliegenjagd.

Der gelockerte und herabfallende Sand schichtet sich am Fuß der Wände auf. An der Unterkante laufen schwarzblaue Wegwespen *(Pompilus,* Abb. S.134; *Anoplius)* mit erbeuteten Spinnen entlang oder Grabwespen *(Ammophila)* mit Schmetterlingsraupen, auf der Suche nach dem Eingang ihrer Brutröhren. Wo der lockere Sand etwa horizontal steht, auch in ganz kleinen Taschen, bauen die Larven der Ameisenlöwen *(Myrmeleon formicarius)* ihre bis zu 5 cm messenden Trichter. Sie lauern in der Mitte auf Ameisen, die sie beim Herauskrabbeln mit gezieltem Sandschleudern in den Bereich ihrer kräftigen Saugkiefer in der Trichtermitte zurückholen. Dort verpuppen sie sich auch; aus dem haselnußgroßen, mit Sand besetzten Gespinst-Gehäuse kriecht im nächsten Frühjahr die zarte Ameisenjungfer.

An dunkleren, überhängenden Stellen sitzen Weberknechte und bauen Trichterspinnen, z.B. die Labyrinthspinne *(Agelena labyrinthica),* ihre Netze.

Anthropogenes Ödland

Zahlreiche Groß- und Kleinbiotope sind durch die Wirkung des Menschen entstanden und werden von einer überraschend vielfältigen Pflanzen- und Tierwelt besiedelt. Im Nachkriegsdeutschland bildeten die zerstörten Städte eine Fülle solcher ökologischen Nischen; selbst heute findet man großräumige Ödflächen noch mitten in Großstädten, so beispielsweise das »Gleisdreieck« in Berlin.

Schuttplätze

Stickstoffreiche Böden in Stadtnähe, aber auch an Wegrändern, auf Abfallhalden usw. werden von charakteristischen Ruderalgesellschaften besiedelt, die einen hohen Mineralgehalt aushalten. Bisweilen kommen regelrecht salzliebende Arten vor. Charakteristisch sind Brennesseln *(Urtica)*, Gänsefuß *(Chenopodium)* und andere. Bei extrem hohem Nitratgehalt der Böden können solche Pflanzen unverarbeiteten Stickstoff in den Blättern speichern.

In ganz andersartiger Umgebung können sich Ruderalpflanzen an geeigneten Stellen jahrhundertelang halten. So fand man in Grönland solche Pflanzen, die in hohen Breiten sonst nur um norwegische Bauernhöfe herum gedeihen, darunter Brennessel *(Urtica dioica)* und Gänse-Fingerkraut *(Potentilla anserina)*, noch neun Jahrhunderte nach der ehemaligen Besiedelung durch norwegische Bauern.

Bilsenkraut *(Hyoscyamus niger)* und gelegentlich auch Stechapfel *(Datura stramonium)* sind weitere Beispiele für nitratliebende Müllplatzbewohner. Der gefährlichen Austrockung des oft lockeren und spaltendurchsetzten Bodens arbeiten diese Pflanzen durch erstaunlich lange Pfahlwurzeln und verdunstungshemmende Einrichtungen wie dichte Behaarung

Eselsdistel *(Onopordum acanthium)* bei Burkheim (Kaiserstuhl).

entgegen. Auch der mehlartige Belag, den man vom Weißen Gänsefuß *(Chenopodium album)* abreiben kann, verringert die Verdunstung. Häufig findet man borsten- und stachelartiges Äußeres, wie beispielsweise beim »Dörrkraut«, dem Kanadischen Berufkraut *(Erigeron canadensis)* und Disteln der Gattung *Cirsium* und *Carduus*. Die Gemeine Eselsdistel *(Onopordum acanthium)* trägt am Stengel herablaufende Blätter, die wie Leitbleche für das Regenwasser wirken, das sie der langen Senkwurzel zuführen.

Schuttpflanzen zeichnen sich durch geradezu astronomischen Samenreichtum aus, der ihre Verbreitung begünstigt und die erstaunlich rasche Begrünung der zerstörten Stadtflächen nach dem letzten Krieg erklärt. Das Bilsenkraut erzeugt im Jahr zehntausend Samen, das Franzosenkraut *(Galinsoga parviflora)*, übrigens auch eine charakteristische Art der Weinbergfluren, dreißigtausend, das Hirtentäschel *(Capsella bursa-pastoris)* sechzigtausend, das Kanadische Berufkraut *(Erigeron canadensis)* gar hundertzwanzigtausend.

Eine rotbraune Bürstenwegwespe *(Pompilus fuscus)* hat eine Spinne zu ihrer Sandröhre geschleppt. Vor der Mündung dreht sie sich um und zieht die Spinne rückwärtsgehend ein.

Bahndämme

Bahndämme bilden vielfach geradezu Leitlinien für die Besiedelung durch außereuropäische Arten. Was auf Bahndämmen lebt, muß sehr lange Wurzeln haben, die das heiße, trockene Schotterbett durchdringen, oder es muß in entgegengesetzte Richtung weit hochwachsen können, ähnlich den Pflanzen auf Gebirgsschotter (vgl. S. 44). Manchmal sind die Schotterflächen übersät mit Gemeinem Hohlzahn *(Galeopsis tetrahit).* An anderen Stellen finden sich Nachtkerzen *(Oenothera biennis)* oder große Bestände des auffallend goldgelb blühenden Gewöhnlichen Leinkrauts *(Linaria vulgaris).* Häufig ist auch der Blutrote Storchschnabel *(Geranium sanguineum)* und die Zypressen-Wolfsmilch *(Euphorbia cyparissias)* sowie der Natternkopf *(Echium vulgare).*

Straßenränder

Häufig finden sich Gestrüppe, in denen entweder der Beifuß *(Artemisia vulgaris)* oder eine Reihe von Disteln, so die Kleine Klette *(Arctium minus)* oder die Große und die Behaarte Distel *(Arctium lappa* und *A. tomentosum)* vorherrschen. An Straßenböschungen oder Mauerkanten findet man in Südexposition häufig das Eisenkraut *(Verbena officinalis),* den Guten Heinrich *(Chenopodium bonus-henricus),* den ebengenannten Beifuß und die Schwarznessel *(Ballota nigra).*

An sandigen Stellen dieser Regionen lassen sich mit einigem Glück noch Grabwespen beobachten oder blauschwarz gefärbte, sehr unruhig-lebhafte Wegwespen. Zur Versorgung ihrer Brut tragen sie Spinnen, die sie oft von weither anschleppen, in Grabgänge ein.

Mauern

Wegen ihres Wasserarmuts und der starken Aufheizung und Wärmerückstrahlung, damit auch geringen Luftfeuchtigkeit in der unmittelbaren Umgebung, sind Mauern bevorzugte Standorte von extrem trockenheitsresistenten Pflanzen. Wo in Spalten etwas Humus angeweht oder abgelagert ist, halten sich aber auch Kleinfarne wie die Mauerraute *(Asplenium ruta-muraria)* und der Streifenfarn *(Asplenium trichomanes),* der etwas mehr Feuchtigkeit braucht. Aus herausgewitterten Mörtelritzen dringt das charakteristische Zimbelkraut *(Linaria cymbalaria)* oder das Ruprechtskraut *(Geranium ropertianum),* auf den Mauerkronen halten sich sogar Gräser wie die Taube Trespe *(Bromus sterilis).*

Die Blütenpflanzen der Gemäuer werden besonders häufig durch Ameisen verbreitet, bei uns 60 von insgesamt 90 Arten dieses Standorts.

Unter abschilfernden Steinplatten bildet sich ein relativ feuchtes, in tieferen Ritzen auch erstaunlich kühles Gangsystem. Hierhin verkriechen sich gerne Kellerasseln *(Porcellio scaber),* die von Hundertfüßern, z. B. dem Steinläufer *(Lithobius forficatus)* gejagt werden. Ohrwürmer *(Forficula auricularia)* kommen dazu, kleine Nacktschnecken, Spinnen, die dorthin ihr Gelege ablegen, dazu die kleinsten Kurzflügelkäfer. Gelegentlich findet man noch Mörtelbienen *(Chalicodoma muraria),* die ihre Lehmnester von außen an das Gestein anbauen, im warmen Elsaß vielleicht auch einmal die in der Mittelmeerregion häufige Töpfergrabwespe *(Sceliphron destillatorium),* die aus angetragenen feuchten Lehmkügelchen daumengroße Mörtel-Urnen baut.

Zauneidechsen *(Lacerta agilis),* im Süden auch Mauereidechsen *(Lacerta muralis)* huschen darüber weg.

Zimbelkraut *(Linaria cymbalaria)* an einer alten Mauer.

Haus und Stadt

Es ist wenig bekannt, daß die scheinbar lebensfeindliche Umwelt unserer dicht besiedelten Städte hunderte von Pflanzen und Tierarten beherbergen. So wurden im Nachkriegs-Braunschweig nicht weniger als 245 Tierarten festgestellt, davon allein rund 80 Käferarten! In Bombentrichtern der Nachkriegszeit siedeln sich häufig Gras- und Wasserfrösche *(Rana temporaria, R. esculenta)* sowie Erdkröten *(Bufo bufo)* an, im Umfeld der Gebäude neben der Hausmaus *(Mus musculus)* und Wanderratte *(Rattus norvegicus)* auch Brandmaus *(Apodemus agrarius)* und Spitzmäuse.

Aber auch heute noch finden zahlreiche Tiere zusagende Lebensbedingungen. In feuchten Kellern halten sich gerne Kellerschnecken auf *(Oxychilus cellarius),* daneben natür lich Kellerasseln *(Porcellio scaber)*, in den Zimmern die oft mächtig großen Hausspinnen *(Tegenaria domestica)*. Im Frühjahr sitzen überwinterte Florfliegen *(Chrysopa perla)* an den Fenstern. Silberfischchen *(Lepisma saccharina)*, die sich gerne in Badewannen fangen, besiedeln Speisekammern und Tapetenritzen, Heimchen *(Acheta domestica)* leben hinter den Heizungen, selbst Termiten haben sich beispielsweise in Hamburg entlang der Fernheizleitungen ausgebreitet.

In den Dachbalken bohren die Larven des Klopfkäfers *(Anobium pertinax)* und Bockkäferlarven; Pilzhyphen des Hausschwamms *(Serpula lacrymans)* zersetzten das Holz.

Alte Dächer sind oft malerisch von Echtem Hauswurz *(Sempervivum tectorum)* bewachsen, häufiger noch mit Arten der Fetthenne *(Sedum)*; daumen- bis faustgroße Moospolster, in derem Inneren es lange feucht bleibt, sammeln angewehten Flugstaub. Hierin findet sich eine reiche Mikrowelt. So findet man hier nicht nur beschalte Amöben (z.B. *Difflugia, Nebela*), sondern auch die possierlichen Bärtierchen, häufig der Gattung *Macrobiotus* (Abb. S. 167).

Allgemein gilt, daß speziell angepaßte Tiere aus entsprechend natürlichen Biotopen in die »künstlichen« Biotope mit ähnlicher klimatischer Umwelt einwandern, so beispielsweise Dunkelheit und Feuchtigkeit liebende Halbhöhlenbewohner im Keller oder in Weinlagern.

Felsenbewohner wie beispielsweise der Hausrotschwanz *(Phoenicurus ochruros)*, aber auch Schwalben, wie die Rauchschwalbe *(Hirundo rustica)* und Mehlschwalbe *(Delichon urbica)* und Segler *(Apus apus)*, dazu Haustauben *(Columba livia)*, Türkentauben *(Streptopelia decaocto)*, Turmfalken *(Falco tinnunculus)* und Schleiereulen *(Tyto alba)* besiedeln mit den allgegenwärtigen Haussperlingen *(Passer domesticus)* die künstlichen »Felswände«, der Siedlungen, ihre Dachböden und Türme.

Die Türkentaube *(Streptopelia decaocto)* ist in den letzten 20 Jahren vom Balkan nach Mitteleuropa eingewandert und heute auch bei uns häufig zu sehen.

Feldwespen *(Polistes gallicus)* errichten ihr gestieltes Hängenest auch einmal an technischen Gebilden, sie und andere Gattungen, zusammen mit Hornissen, auch auf Dachböden.

Der Biotop »Stadt« ist erst in den letzten Jahrzehnten ausführlicher erforscht worden. Diese Kenntnisse haben bereits zu praktisch verwertbaren biogeographischen und ökologischen Ansätzen geführt, da sowohl Verdrängung als auch Wiederbesiedelung bedeutsam sind. Man denke nur an die Flechten oder an bestimmte Insekten, die in Schadluftarealen verschwinden, bei Umweltverbesserung aber wieder auftauchen.

Manchmal finden sonst sehr seltene Kleintiere gerade in dicht besiedelten Großstädten günstige Areale und halten sich dort inselartig. So gibt es gerade am Themseufer nahe Westminster Abbey eine sehr auffallende, sonst äußerst seltene Deckelspinne, die dort ihre Röhren ins Ufermauerwerk baut.

Eine nähere Betrachtung gerade der weniger auffallenden Pflanzen und der Kleintiere kann hier noch manche Entdeckung und manche Erkenntnis über die Besiedelung von künstlichen Biotopen und die sich dort aufbauenden Biozönosen bringen, eine dankbare Tätigkeit, gerade auch für den Liebhaberbiologen.

Kohlmeisen *(Parus major)* stöbern an Abfällen herum. Sie brüten notfalls sogar in alten Teerfässern.

See und Teich

Die stehenden Gewässer reichen von Kleinstgewässern, wie beispielsweise Wasseransammlungen in den Blattachseln der Kohl-Kratzdistel oder in Baumlöchern, über seichte, oft austrocknende Pfützen und Tümpel sowie flache Teiche und Weiher bis zu den kleinen und großen, oft sehr tiefen Seen.

Mit künstlichen Gewässern wie Torfstichen und Baggerseen, aufgestauten Fischteichen, Kanälen, Speicherseen und Talsperren (auch mit den abertausenden, sich mit Wasser füllenden Bombentrichtern der Kriegszeiten) hat der Mensch limnische Biotope neu geschaffen, teils zusammen mit Uferanpflanzungen ganz neuartige Landschaftsbilder geformt, z.B. das Rheinisch-Westfälische Braunkohlenrevier. In Form von Zubetonierungen, Begradigungen und Gewässerverschmutzungen überwiegen die negativen Einflußnahmen des Menschen allerdings bei weitem.

Ein ausschlaggebend wichtiger Faktor für die Besiedelung stehender Gewässer ist deren Tiefe. Flache Kleingewässer werden im Sommer bisweilen extrem heiß, trocknen leicht aus und frieren im Winter bis zum Bodengrund durch. In den flachen Weihern und Tümpeln kann sich keine Schichtung aufbauen, wohl aber in tiefen Seen, deren Wassermassen im Verlauf des Jahres ganz charakteristische Temperatur- und Sauerstoffschichtungen durchmachen, zu der sich die Abnahme und Wellenlängenverschiebung des Lichts mit größerer Wassertiefe gesellt. Trotz der scheinbaren Einförmigkeit bilden die Wassermassen der großen Seen einen zeitlich und räumlich durchaus gegliederten Biotop.

Beispiele für stehende Gewässer

Die Palette der stehenden Gewässer reicht vom tiefgründigen See über flache Weiher und Tümpel bis zu einer Vielzahl von Klein- und Kleinstgewässern, die sich oft nur kurze Zeit halten und die trotzdem ein reiches Kleinleben bergen können.

See

Als See bezeichnet man ein nicht zu kleines stehendes Gewässer, dessen Tiefe so groß ist, daß sich eine ausgeprägte Temperatur-, Licht- und Nährstoffzonierung (vgl. S. 154) einstellen kann. Nach dieser Definition der Limnologie (Süßwasserkunde) wäre beispielsweise der Bodensee ein »See«, der nur 1–2 m tiefe, meist völlig durchgemischte und homogene Neusiedler See dagegen nicht.

Den Übergang zum aquatilen Lebensraum bildet im typischen Fall der Schilfgürtel, an den sich der Schwimmblattgürtel (Abb. S. 138) mit See- und Teichrosen sowie der Tauchblattgürtel mit Laichkräutern und anderen Unterwasserpflanzen anschließt. Es folgt die Tiefenregion. Jeder dieser Gürtel bildet Lebensgemeinschaften (Biozönosen) für sich, mit oft ganz typischen Anpassungen der Tier- und Pflanzenwelt an die physikalischen Umweltfaktoren. Die Massen des Freiwassers sind bevölkert von einer Vielzahl winziger Planktonorganismen.

Weiher

Diese meist kleineren und jedenfalls seichten Gewässer können eine ausgeprägte Uferzonierung aufweisen, entsprechend den Seen, doch sind die Wassermassen im allgemeinen homogen durchmischt, das Licht reicht bis zum Boden (von Phasen der Wasserblüte abgesehen), der deshalb oft bewachsen ist. Dorfteiche sind heute selten geworden, doch neigt man mehr und mehr zur Neuanlage. Auch die künstlichen Gebilde der Fischteiche können, wie die fränkischen Weiheranlagen zeigen, für den Beobachter eine Vielzahl interessanter Pflanzen und Kleintiere bergen.

Tümpel

Limnologisch kann man Tümpel als kleine Weiher bezeichnen. Sie sind flach, im allgemeinen weniger als 50 cm tief, von Binsen und anderen Sumpfpflanzen eingerahmt und durchgehend von Wasserpflanzen bestanden. Sie bilden sich im natürlichen Fall bei Grundwasseraustritt in Wiesensenken, bei günstigen Bodenverhältnissen auch in Wäldern (Waldweiher), verlanden im allgemeinen rasch und können während der heißen Jahreszeit trockenfallen. Vollgelaufene Bombentrichter und Gartenteiche sind künstliche Tümpel.

Kleingewässer

Pfützen, Weihwasserbecken auf Friedhöfen, vollgelaufene Konservendosen, Wagenspuren auf Feldwegen, Wasseransammlungen in Astgabeln alter Bäume und andere Kleinstgewässer können oft überraschende Lebensformen zeigen. So hält sich in Weihwasserbecken gelegentlich praktisch in Reinkultur die Blutregenalge *(Haematococcus pluvialis)*, die Wasser und Beckenränder rot färbt. Weiter kommen in Kleinstgewässern spezielle Mückenlarven vor, die sich mit einer raschen Entwicklung der Austrocknungsgefahr angepaßt haben.

Die Abbildungen rechts zeigen: oben links Überlinger Teil des Bodensees mit Molassefelsen (vgl. S. 132) bei Niederwasser, oben rechts Weiherrand mit Schilf-, Binsen- und Schwimmblattzone, unten links Tümpel an der Blies/Saarland im Vorfrühlingsaspekt, unten rechts mit Wasser vollgelaufene Wagenspuren eines Feldwegs im Winter.

Schilfgürtel

Der Schilfgürtel bietet sowohl im Oberwasser- wie im Unterwasserbereich einen außerordentlich vielseitigen und interessanten Lebensraum. Besonders gut erforscht wurden und werden die Schilfwälder des Neusiedler Sees im Österreichischen Burgenland.

Schilf *(Phragmites communis)* verträgt leichtes Trockenfallen und Überflutung bis etwa 1 m. Es entwik-

Kilometerbreiter Schilfwald im Donaudelta bei Murighiol.

kelt sich jahresperiodisch aus kriechenden Wurzelstöcken und nimmt auf flachgeneigtem Untergrund naturgemäß große Flächen ein, die von charakteristischen Pflanzen durchsetzt werden.

Pflanzen der Schilfregion

Im Schilfwald können sich nur Pflanzen behaupten, die das Schattendach der Schilfblätter zu durchstoßen vermögen. Landseitig finden sich häufig Großstauden wie Mädesüß *(Filipendula ulmaria)*, Wasserdost *(Eupatorium cannabinum)*, Zottiges Weidenröschen *(Epilobium hirsutum)* und auch Brennessel *(Urtica dioica)*, die allerdings wasserseitig auch bis zur Schilfgrenze vordringen kann. Als hochrankendes, halbkletterndes Gewächs kann der Bittersüße Nachtschatten *(Solanum dulcamara)* den Schilfbiotop besiedeln. Mit stärkerer Feuchtigkeit ändert sich wasserseitig das Bild. Vor allem an Blänken oder am Schilfrand finden sich dann Teich-Schachtelhalm *(Equisetum fluviatile)*, Ästiger Igelkolben *(Sparganium erectum)*, gelegentlich der eingeführte Kalmus *(Acorus calamus)* mit seinen grünen Blütenkolben und die auffallende, gelb blühende Wasser-Schwertlilie *(Iris pseudacorus)* oder, so an den fränkischen Weihern, die Schwanenblume *(Butomus umbellatus)*. Gelegentlich finden sich inselartige Einsprengsel von Rohrkolben-Arten *(Typha angustifolia* und *T. latifolia)*, vor allem da, wo sich der Boden ein ganz klein wenig stärker erhebt und damit trockener ist. Pfeilkraut *(Sagittaria sagittifolia)* mit seinen lanzenspitzenähnlichen Blättern und der kennzeichnende Froschlöffel *(Alisma plantago-aquatica)* runden das Bild, und einzeln stehende, vergleichsweise riesigblütige Exemplare des Zungen-Hahnenfußes *(Ranunculus lingua)* setzen ihm Farbtupfer auf.

Wo das Wasser bereits einige Dezimeter tief ist, finden sich auch Pflanzen mit unterschiedlicher Blattgestaltung, nämlich feinzerschlissenen Unterwasserblättern und steiferen Überwasserblättern. Dazu gehört der Tannenwedel *(Hippuris vulgaris)* und der stumpf weiß blühende Wasserfenchel *(Oenanthe aquatica)*. Auch ein hochwachsendes Gras kann sich einmischen, das auf den ersten Blick fast wie Schilf aussieht: der Große Wasserschwaden *(Glyceria maxima)*.

Wo der Schilfwald aufhört und sich zur Schwimmblattzone öffnet, stehen gerne die amphibischen Bülten der Teichbinse *(Scirpus lacustris)*, gut zu beobachten bei Kahnfahrten am Federsee.

Besiedelung durch Vögel

Der auf den ersten Blick so einheitliche Schilfbiotop bildet in Wirklichkeit zahlreiche »ökologische Nischen« für eine zeitliche, räumliche und nahrungstechnische Einnischung von Tieren, insbesondere von Insekten und Vögeln.

Horizontale Einnischung   Landseitig, an der Seggenregion, nistet die Tüpfelralle *(Porzana porzana)*; Wassertiefen von wenigen Zentimetern und offenere Regionen bevorzugt die Wasserralle *(Rallus aquaticus)*, während die Kleinralle *(Porzana parva)* den seeseitigen Schilfgürtel mit tieferem Wasser und verfilzten Schilfregionen besiedelt. Die Teichralle *(Gallinula chloropus)* dagegen kann im gesamten Gebiet nisten, die Bleßralle *(Fulica atra)* mit Schwimmnestern eher an der seeseitigen Grenze.

Vertikale Einnischung   Während der Mariskensänger *(Acrocephalus melanopogon)* am Neusiedler See unter der »Knickschicht« der abgestorbenen basalen Schilfblätter nach Nahrung sucht, überstreicht der Drosselrohrsänger *(Acrocephalus arundinaceus)* das Gebiet von der Wasseroberfläche bis zu den höheren Halmen, und der Teichrohrsänger *(Acrocephalus scirpaceus)*, der kleiner und wendiger ist und deshalb größere Fangchancen hat, auch den Luftraum darüber auf der Jagd nach Fluginsekten.

Der Teichrohrsänger *(Acrocephalus scirpaceus)* webt sein Hängenest an kräftige Schilfhalme.

Nahrungsnischen   Während die Teichralle Pflanzen frißt und die Kleinralle kleine Wirbellose (Insekten, Schnecken) nährt sich die Tüpfelralle von beiden Angeboten, die Wasserralle als Räuber von Wirbellosen und kleinen Wirbeltieren. Der Mariskensänger sucht Spinnen und kann nach Wasserinsekten tauchen, der Drosselrohrsänger erbeutet neben Halminsekten und Wasserinsekten auch kleine Fische, der Teichrohrsänger kann Wasserinsekten noch bis knapp 2 cm unter der Oberfläche schnappen.

Die in Spanien, Südfrankreich und am Neusiedler See vorkommende Bartmeise *(Panurus biarmicus)* besitzt im Sommer eine dünne Magenwand und hält sich im allgemeinen unter der Knickschicht auf, auf der Suche nach kleinen Wasserkäfern. Im Winter besitzt sie eine dicke Magenwand und nimmt Magensteinchen auf; sie nährt sich jetzt unter anderem von Schilfsamen und hält sich beim Nahrungserwerb in den oberen Schilfregionen auf.

Schilfinsekten

Von den zahlreichen obligatorisch oder fakultativ schilfbewohnenden Insekten sei die Schilfgallfliege *(Lipara lucens)* genannt, eine Halmfliege. Sie legt ihre Eier im Frühsommer in die Blattachsel der Schilfpflanzen,

»Schilfzigarren«, Bildungen der Schilfgallfliege *(Lipara lucens).*

die daraufhin eine zigarrenartige (»Schilfzigarre«) Anschwellung aus eng aneinanderliegenden, wachstumgehemmten Blättern formen. Die Maden überwintern nach dreimaliger Häutung als Puppen und schlüpfen im nächsten Frühjahr.

Der bleistiftdicke Hohlraum der Galle wird dann frei. Er bietet zahlreichen Organismen Unterschlupf und Nahrungsquelle, so daß sich eine Choriocoenose, eine Lebensgemeinschaft im kleinen bildet. Außen enthält der Mikrobiotop Verstecke für Halmfliegen und Gallmücken, innen Nahrung für faecesabbauende Arten wie z. B. Milben, Winterquartiermöglichkeiten für Ohrwürmer, Käfer und Spinnen, die dahinein auch gerne ihre Eier ablegen, und Kinderstuben für eine Grabwespe *(Pemphredon lethifer).*

Unterwasserregion des Schilfwaldes

Ökologisch relevante Schichtungsbedingungen Im Gegensatz zur freien Wasserfläche kann sich infolge der in der Schilfregion sehr stark herabgesetzten Wasserbewegung eine Temperaturschichtung und eine Sauerstoffschichtung ausbilden. In der Oberflächenregion ist es tagsüber relativ warm; die Temperatur wechselt stark. Der Sauerstoffgehalt ist hoch, eventuell findet sich sogar eine Übersättigung. In mittleren Regionen (40–70 cm Tiefe) sind die Temperaturen ausgeglichener und der Sauerstoffgehalt ist mäßig groß. An der Schlammoberfläche sind die Temperaturen relativ gering und schwanken wenig. Der Sauerstoffgehalt ist gering, oft gleich Null.

Ökologische Anpassungen an die Schichtungsbedingungen Derartige Anpassungen lassen sich besonders gut bei den Larven der Zuckmücken studieren. In der warmen, sauerstoffreichen Oberflächenregion leben vor allem kleinere Arten (mit relativ großer Körperoberfläche), die ein gut entwickeltes Tracheensystem zeigen, kaum Haemoglobin aufweisen, rasch wachsen und sich in mehreren Generationen pro Jahr fortpflanzen. In der ausgeglichenen Mittelregion findet man größere Arten, die Haemoglobin enthalten können, oft in Gespinströhren leben und bei Sauerstoffmangel wellenförmige Atembewegungen machen. Die kühle und sauerstoffarme Tiefenregion besiedeln vor allem große Arten *(Camptochironomus),* die durch Haemoglobingehalt tiefrot erscheinen, zwei Paar Atemanhänge haben und es nur auf zwei Generationen pro Jahr bringen. Die Siedlungsdichte kann in der mittleren und unteren Region bis 100 Individuen pro Quadratmeter betragen; die »Biomasse« ist hoch.

Mikrobiotope und Bewohnertypen

An der Wasseroberfläche findet man »Hänger«, zum Beispiel Mückenlarven und die auf S. 187 beschriebenen mikroskopischen Formen des »Neuston«. Am Festsubstrat, nämlich den Unterwasserhalmen des Schilfs, den unter der Wasseroberfläche flottierenden Fadenalgen und schließlich dem dort heimischen Wasserschlauch *(Utricularia)* findet man »mikroskopischen Aufwuchs«, weiter »Läufer« wie die Wasserassel *(Asellus aquaticus),* »Kletterer« wie das Linsenkrebschen *(Chydorus sphaericus),* »Gleiter« wie zahlreiche Schnecken, z. B. die Gemeine Tellerschnecke *(Planorbis planorbis),* »Sitzer« wie den Grünen Süßwasserpolypen *(Chlorohydra viridissima).*
Der Wasserschlauch trägt seinen Namen nach blasen- bis schlauchförmigen, umgewandelten Blatteilen, in die anstoßende kleinste Insektenlarven, Hüpferlinge usw. durch Druckausgleich eingestrudelt und durch Fermentabgabe verdaut werden.
Im Freiwasser zwischen den Schilfhalmen halten sich »Schwimmer« auf, wie beispielsweise die verschiedenartigsten Wasserflöhe, etwa der große Wasserfloh *(Daphnia magna).* In der Verrottungsschicht der abgestorbenen und zu Boden gefallenen Schilfblätter und -halme leben »Kriecher«, wie zahlreiche Köcherfliegenlarven, etwa der Gattung *Limnephilus.* Auf und im Bodenschlamm leben »Graber«, wie die Larven mehrerer Zuckmückengattungen (*Chironomus* u.a.); die Zahl der schlüpfenden Zuckmücken kann bis zu tausend pro Quadratmeter und Jahr betragen (hohe »Produktivität«).

Nahrungsketten

Pflanzen werden als Produzenten bezeichnet. Von ihnen nähren sich die Primärkonsumenten. Sie wiederum dienen Konsumenten höherer Ordnungen zur Nahrung. So nähren sich von den Urtieren, Rädertieren, Fadenwürmern, schwärmenden Wurmlarven, jungen Mückenlarven, Wasserasseln, kleinen Wasserinsekten und Wasserschnecken räuberische Hüpferlinge (Copepoden) und Muschelkrebschen (Ostracoden) sowie Mückenlarven (Chaoborus), weiter Molche, Gelbrandkäfer und deren Larven sowie Egel als Sekundärkonsumenten. Diese dienen wiederum Fischen und Vögeln als Tertiärkonsumenten zur Nahrung.
Das ökologische Wirkungsgefüge der Nahrungsketten in der Über- und Unterwasserschilfregion ist eines der komplexesten im Bereich der belebten Welt, was die Länge der

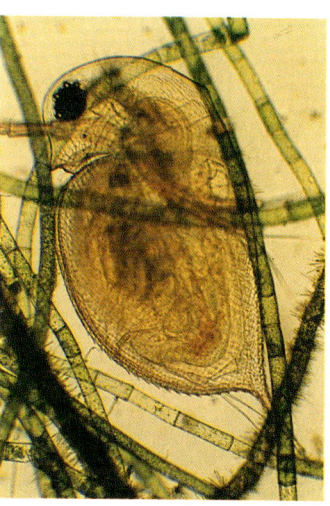

Langdorn-Wasserfloh *(Daphnia longispina)* im Gewirr fädiger Grünalgen (links und rechts unten mit Kieselalgen-Aufwuchs).

Nahrungsketten und ihren Vernetzungsgrad anbelangt. Zwei Beispiele für eine besonders lange, siebengliedrige Nahrungskette: Detritus (feine, abgestorbene Pflanzenteile) →Zuckmückenlarve →Kleinlibellenlarve →Wasserspinne →Wasserfrosch →Ringelnatter →Rohrweihe.

Posthornschnecke *(Planorbarius corneus).*

Ein weiteres Beispiel: Kieselalgen →Wasserfloh →Kleinlibellenlarve → Großlibellenlarve →Pferdeegel →Aal →Mensch. Beide Nahrungsketten können in der Graphik rechts verfolgt werden.

Entnimmt der Mensch aus Nahrungsketten Biomasse für den eigenen Bedarf, so ist es relativ unweise,

dies bei einem »höhergeordneten Glied« zu tun. Nur 10% der Pflanzensubstanz einer Weide werden (höchstens) im Rindfleisch energetisch wiederzufinden sein. Es wäre deshalb sehr viel geschickter, die Pflanzensubstanz direkt zu nutzen als auf dem Umweg über die Fleischproduktion (z.B. mit Sojabohnen als Fleischersatz: Mexiko!).

Abbau pflanzlicher Nahrung Ähnlich den Nahrungsketten räuberischer Arten, die sich von lebenden Organismen ernähren, finden wir auch Nahrungsketten bei den Abfallfressern. Im Unterwasserbereich des Schilfwalds wird durch Konsumenten erster Ordnung Pflanzensubstanz und Aufwuchs abgebaut. Man findet »Grobzerbeißer« (Köcherfliegenlarven), »Feinzerbeißer« (Wasserasseln) und schließlich »Raspler« (Schnecken). Die übrigbleibenden Reste und der Kot der Primärzersetzer werden von sekundären Zersetzern (Konsumenten zweiter Ordnung) weiter abgebaut.

Dazu gehören »Schlinger«, wie zahlreiche Fadenwürmer (Oligochaeten),

Spitzschlammschnecke *(Lymnaea stagnalis)* beim Abweiden von Algenbelag.

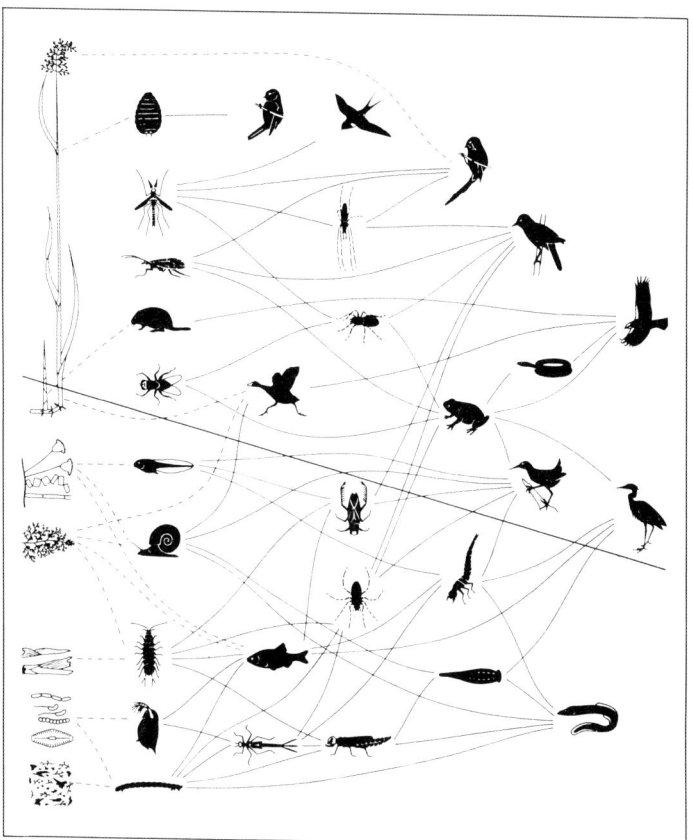

Nahrungsketten in der Schilfregion, wie sie am Neusiedler See erforscht worden sind. Nach Löffler (1974).

»Schaber«, wie Larven von Zuckmücken und Waffenfliegen, das Linsenkrebschen *(Chydorus sphaericus)* und die Muschelkrebschen *(Ostracoden)*, und schließlich »Filtrierer«, wie die vielgestaltigen Wimpertiere (Ciliaten), Wasserflöhe (Phyllopoden), Rädertiere (Rotatorien) sowie Larven von Mücken (Culiciden). Die noch verbleibenden Reste sowie der Kot der sekundären Zersetzer werden von den Endzersetzern verwertet. Dies sind im wesentlichen Bakterien, die die biogene Substanz letztlich vollständig abbauen, remineralisieren und einer Wiederverwertung durch das Schilf und die anderen pflanzlichen Bewohner der Schilfregion im Über- und Unterwasserbereich zuführen.

Wie energiereich beispielsweise der Schneckenkot noch ist, folgt daraus, daß die Wasserschnecken pflanzliche Substanz nur zu 5% in körpereigene Substanz umbauen; 95% der noch erhaltenen Energie stecken letztlich im Kot (!) und werden den sekundären Zersetzern zugeführt, als extrem wichtige Nahrung für Filtrierer und Mikroorganismen.

147

Schwimmblattgürtel

An dem oft schlagartig abfallenden Schilfrand vor dem nur noch gelegentlich einzelne Bülten von Teichbinsen stehen, schließt sich nach dem klassischen Zonierungsschema der Schwimmblattgürtel an. Die auffällige, weißblühende Seerose *(Nymphaea alba)* und die kleinere, gelbblühende Teichrose *(Nuphar luteum)* beherrschen diese Region.

Pflanzen

Unter die bestandsbildenden Teich- und Seerosen mischen sich gelegentlich die gelbblütigen Seekannen *(Nymphoides peltata)* mit ihren kleineren »seerosenartigen« Schwimmblättern und, mit mehr länglich-elliptischen Schwimmblättern, weiter das

Weißblühende Seerose *(Nymphaea* spec.), Igelkolben *(Sparganium* spec., links oben) und Schwimmfarn *(Salvinia natans,* oben Mitte und rechts) in einem Tümpel im Donaudelta.

Schwimmende Laichkraut *(Potamogeton natans)* und der Wasser-Knöterich *(Polygonum amphibium),* auf denen sich gern Insekten aufhalten. In der Region relativ dicht stehender Schwimmblätter wird der Wellenschlag deutlich abgedämpft. Andererseits hat das Licht, anders als im Schilfwald, ungehindert Zutritt zur Wasseroberfläche. Man findet deshalb gerade hier eine Reihe flottierender Pflanzen, deren Wurzeln nicht mehr im Boden verankert sind, oder die nur noch reduzierte Wurzelorgane besitzen, so den Froschbiß *(Hydrocharis morsus-ranae)* mit seinen kleinen, rundlichen, eingekerbten Blättern, die Krebsschere *(Stratiotes aloides)* mit ihren stark gesägten Blättern, die sich nur im Winter im Schlamm verankert, und zahlreiche Wasserlinsen, die kleine Tümpel dicht überziehen und alles Darunterliegende zum Absterben bringen. Dazu gehören die häufige Kleine Wasserlinse *(Lemna minor)* und die größere, auffallende Dreifurchige Wasserlinse *(Lemna trisulca),* die Teichlinse *(Spirodela polyrrhiza)* und schließlich die kaum mehr als millimetergroße Zwerglinse *(Wolffia arrhiza),* die wohl kleinste Blütenpflanze. Heute bei uns sehr selten, im Donaudelta aber noch häufig sind die Wassernuß *(Trapa natans)* mit ihren charakteristischen Schwimmfrüchten, der Schwimmfarn *(Salvinia natans)* und das immer weiter gabelig verzweigte Wasserlebermoos *(Riccia fluitans).*

Anpassungen der Schwimmblattpflanzen

Mechanik Die gewundenen Stengel der See- und Teichrosen reichen tief hinab, bei der Teichrose bis zu 3 m. Taucht man den Stengeln entlang ab, so findet man am Boden salatähnliche, dünne Unterwasserblätter, die sich von den großen, ledrigdunkelgrünen, länglichen Blättern an der Wasseroberfläche auffallend unterscheiden. Der oft gedrehte Stengel dämpft spiralfederartig Effekte der Wasserbewegung ab. Während Land- und auch Sumpfpflanzen (druckbeansprucht) steife Stengel haben müssen und dementsprechend weit außenliegendes Festigungsgewebe besitzen, ist dieses bei den flutenden Tauchblattpflanzen (zugbeansprucht) zu einem zentralen Zylinder zusammengefaßt. Die Schwimmblattpflanzen nehmen in dieser Hinsicht eine Mittelstellung ein.

Luftleitung Eine weitere Anpassungsreihe bezieht sich auf den Besitz von Luftleitungssystemen. Während die meisten Landpflanzen im Stengel nur wenige lufterfüllte Interzellularen besitzen, haben Sumpfpflanzen im Rindenparenchym häufig bereits Luftleitungssysteme ausgebildet. Die Stengel und Blattstiele der Schwimmblattpflanzen besitzen weite Luftröhren (durch einen abgeschnittenen Seerosen-Blattstiel läßt sich leicht die Luft durchblasen), und ähnliches gilt für die Tauchblattpflanzen.

Die Schwimmblätter besitzen verständlicherweise nur auf der Oberseite Spaltöffnungen, die in polsterartig verbreitete (»Schwimmpolster«!) Luftkanäle münden.

Wasser- und Nährstoffaufnahme Auf der Unterseite der Schwimmblätter liegen in großer Zahl sogenannte Hydropoten, Zellen mit dünner Abschlußmembran, die Wasser aufnehmen können. Stellt man ein Seerosenblatt wie eine Schnittblume in Wasser, so wird es welken, weil die Wasseraufnahme überwiegend über die Blattunterseite und nicht über Leitgefäße im Blattstengel und -stiel geschieht.

Auch die Stoffaufnahme ist ganz unterschiedlich. Landpflanzen nehmen Wasser und Nährsalze durch Wurzeln aus dem Boden auf, das zur Assimilation benötigte Kohlendioxyd durch Blätter aus der Luft. Dies gilt auch für Sumpf- und Schwimmblattpflanzen; die letzteren können allerdings, wie erwähnt, zusätzlich in starkem Maße Wasser über die Blätter aufnehmen. Die Tauchblattpflanzen schließlich nehmen sowohl Nährsalz und Wasser als auch das Kohlendioxyd aus dem Wasser auf, und zwar mittels der Blätter. Die Wurzel verliert ihre Ernährungs- und Leitfunktion und dient im wesentlichen als Zuganker.

Schwimmendes Laichkraut *(Potamogeton natans)*, dazwischen Tannenwedel *(Hippuris vulgaris)*, in der Mitte durchschimmernd ein Stückchen Wasserschlauch *(Utricularia)*.

Umgekehrt besitzen Landpflanzen keine oder kaum Luftkanäle in den Wurzeln, Wasserpflanzen dagegen wohl, weil die gesamte Wurzelversorgung mit dem lebensnotwendigen Sauerstoff »von oben« geschehen muß.

Tiere

Unbedingt empfehlenswert ist die Untersuchung von Seerosenblättern, die man vom Kahn aus durchführen kann. Auf der Oberseite sitzen neben Seerosenblattkäfern (s. S. 161) gerne Schilfkäfer *(Donacia)*, zu den Blattkäfern gehörende, knapp zentimetergroße, bockkäferähnliche, metallisch glänzende Tiere. Manche können auch unter Wasser gehen und atmen über eine Luftblase, die dem Körper anhängt (Plastron-Atmung). Ihre Larven leben an untergetauchten Teilen von Wasserpflanzen und bohren sich mit Hinterleibshaken bis zu den Luftgängen vor, aus denen sie unter Wasser atmosphärische Luft atmen. Schilfkäfer fressen Löcher in Seerosenblätter, während manche Larven von Zuckmücken (Chironomiden) zwischen Blattober- und -unterhaut minieren und diese nur mit einer Ein- und Ausschlupföffnung durchstoßen.

Durch die Käfer-Fraßlöcher (oder durch selbstgenagte Löcher) stecken eiablegende Kleinlibellen ihren Hinterleib, z. B. die Hufeisen-Azurjungfer *(Agrion puella)*, die ihre Eier rosettenförmig in die Blattunterseite um die Fraßstelle einsticht. Andere Libellen benutzen zur Eiablage die Teichrosenstengel, in die beispielsweise die Federlibelle *(Platycnemis pennipes)* die Eier in zickzackförmigen Spuren einsticht. Die Weibchen fliegen dabei entweder einzeln und gehen zum Teil oder zur Gänze unter Wasser; häufiger allerdings finden sich Weibchen und Männchen tandemartig gepaart und fliegen bei der Eiablage gemeinsam: ideale Beobachtungsmöglichkeit vom Land oder vom Boot aus.

Die Unterseite der Seerosenblätter ist regelmäßig mit Schneckenlaich bedeckt, häufig Laich der Spitzschlammschnecke *(Lymnaea stagnalis)*. Dazu finden sich zahlreiche kreisspiralige oder klumpenförmige Eigelege von Köcherfliegen, Libellen, Zuckmücken und Milben. Die Eier der Stabwanze *(Ranatra linearis)* sind mit zwei langen Atemhörnchen versehen. Andere Wanzen, so der

Raupe des Wasserschmetterlings *Nymphula nymphaeata*, eingesponnen in ihrem Schwimmblatt-Köcher, und Teil eines Schwimmblatts mit Ausschnitt eines Köcherteils.

Links Zwergrückenschwimmer *(Plea minutissima)* unter Wasserlinsen, rechts Schlankjungfer *(Coenagrion puella)* im Tandem bei der Eiablage.

Zwergrückenschwimmer *(Plea minutissima)* sitzen als Imagines auf der Blattunterseite.

Mit Sicherheit wird man auch Egel finden, so den charakteristischen, quergebänderten Gemeinen Fischegel *(Piscicola geometra)* mit seinem auffallend flachen vorderen und hinteren Saugnapf; dazu Schneckenegel *(Glossiphonia)*, Blattegel *(Helobdella)* und Rollegel *(Erpobdella)*.

Schließlich ist die Blattunterseite Substrat für einen unübersehbar großen <u>mikroskopischen Aufwuchs</u>, den man mit dem Fingernagel als gallertige Schicht abschaben kann. Grünalgen (häufig *Oedogonium*), sitzende, gestielte Kieselalgen (zum Beispiel *Gomphonema*) zauberhafte Rädertierchen *(Collotheca, Stephanoceros)*, Glockentierchen *(Vorticella)* und andere Gattungen sind zu finden, zwischen denen sich kleine Würmer und die Larven von Zuckmücken, Köcherfliegen und Tastermücken schlängeln. Selten geworden sind die Kolonien von Moostierchen (z. B. *Plumatella repens*). Häufiger wird man noch Süßwasserpolypen finden, den grünen und den braunen *(Chlorohydra viridissima; Pelmatohydra oligactis*, Abb. S. 161). Den Belag weiden Schnecken mit ihrer Raspelzunge ab, so die spitzkegelförmige Spitzschlammschnecke oder kleinere Schlammschnecken der Gattung *Radix*, Tellerschnecken der Gattung *Planorbis* und anderer Gattungen.

Auch die giftige Wasserspinne *(Argyroneta aquatica)* findet sich gelegentlich im Pflanzengewirr zwischen Seerosenblättern. Wenn sie taucht, ist ihr hinterer Körperabschnitt von einer silbrig leuchtenden Luftblase umgeben. Mit solchermaßen antransportierter Luft füllt sie ihr wohlverankertes »Tauchglockennetz« auf, in das sie sich zum Beuteverzehr zurückzieht. Für Nahrungsverzehr, Ruhe und Brutpflege baut sie ebenfalls Unterwassernetze.

Tauchblattgürtel

An den Schwimmblattgürtel schließt sich mit größerer Seetiefe ein Bereich vollkommen untergetauchter Wasserpflanzen an. Je nach Chemismus, Lichtdurchlässigkeit und anderen Faktoren ist die Art und Zusammensetzung etwas unterschiedlich, doch wird man sehr regelmäßig

Krauses Laichkraut (Potamogeton crispus).

Arten der im Boden wurzelnden Tausendblätter (Myriophyllum) und Laichkräuter (Potamogeton) antreffen, ferner Hornblätter (Ceratophyllum), die nur anfangs wurzeln, später frei treiben. Dazu kommen gelegentlich Teichfaden (Zannichellia palustris) und Wasserfeder (Hottonia palustris).
Die Blätter dieser Unterwasserpflanzen sind entweder gekräuselt-gekämmt und relativ stabil (Krauses Laichkraut, Potamogeton crispus)

oder aber glasig-zart und leicht brechend (Breitblättriges Laichkraut, Potamogeton lucens). Auch die Stengel brechen gelegentlich leicht, und die Teilstücke wachsen dann weiter (Rauhes Hornblatt, Ceratophyllum demersum). Andere Arten besitzen sehr feine, langgezogene, fadenförmige Blätter, die mit der leichten Wasserbewegung hin und her flottieren, so das Kammförmige Laichkraut (Potamogeton pectinatus) und der Teichfaden (Zannichellia palustris). Die Blüten dieser Unterwasserpflanzen werden teils über die Wasseroberfläche geschickt, teils öffnen sie sich unter Wasser.
Wenn sich außerhalb des Tauchblattgürtels der Seeboden rasch absenkt und damit die Lichtintensität stark abfällt, können sich noch Zonen von Armleuchteralgen (Chara), in anderen Fällen Quellmoos (Fontinalis) halten.
Die Tiefengrenze von Wasserpflanzen ist dann erreicht, wenn (bei 1–5% des Oberflächenlichts) die Pflanze nur noch soviel photosynthetisieren kann, wie sie selbst verbraucht. Im Bodensee lag diese »Kompensationsebene« früher bei ca. 30 m; heute liegt sie wegen der größeren Trübung (Eutrophierung) bei 15 m und weniger. Stark eutrophe Seen können nur wenige Meter tief besiedelt werden; bei Abwasserteichen mit Wasserblüte liegt die (theoretische) Kompensationsebene gar bei 0,1 m! Zum Vergleich: Im klaren Südpolarmeer beträgt sie rund 100 m.
Tiefere Seeböden werden nur noch von Bakterien und von Tieren besiedelt. Ist die Sauerstoffzehrung groß, so halten sich nur noch Bakterien, und zwar solche, die anaerob (sauerstofffrei) leben können.
Pflanzen der Tauchblattregion kann man vom Boot aus mit einem hakenbewehrten Stock hochziehen und in einer weißen Kunststoffschüssel ausschütteln (Kleingetier!)

Seeboden

Lebewesen der Seeböden sind entweder Anaerobier (Bakterien) oder doch solche Formen, die zumindest eine besonders hohe Sauerstoffnutzung aufweisen (bestimmte haemoglobinhaltige Zuckmückenlarven). Der Seeboden lebt von der herabrieselnden organischen Substanz. Kann diese nicht vollständig abgebaut werden, so lagert sie sich als Faulschlamm. Da das Sauerstoffangebot jahreszeitlich wechseln kann – im Sommer findet sich häufig eine vollständige Aufzehrung –, und da infolge der herbstlichen Durchmischung auch anorganische Trübe eingespült wird, zeigen anthropogen beeinflußte Seen bisweilen eine klare Jahresschichtung aus dunklem Faulschlamm und hellem mineralischen Sediment, beim Zürichsee etwa seit 1895.

Im Sediment eingelagert finden sich nicht abbaubare Substanzen, wie etwa die Schalen von Kieselalgen (Diatomeen) – rund eine Million Schalen pro Quadratzentimeter und Jahr – sowie dunkle Eisenverbindungen, die bei Anwesenheit von Schwefelwasserstoff als Eisensulfid ausfallen. Kalk, den die Wasserpflanzen bei der Atmung dem Wasser entziehen (»biogene Entkalkung«) kann randständig zu dicken Seekreide-Bänken abgelagert werden, löst sich aber in tieferen Regionen wegen des Überangebots an Kohlendioxid als Hydrogenkarbonat wieder auf.

Die Böden eutropher Seen werden bewohnt von relativ wenigen speziell angepaßten Tieren, dann aber bisweilen in ungeheuerer Individuenzahl. Schlammwürmer (Tubificiden) und Larven von Zuckmücken (Chironomiden) herrschen vor. An Flußeinmündungen im Bodensee wurden bis zu 200 000 Tiere pro Quadratmeter festgestellt.

Schlammwürmer bauen schleimversteifte Gänge in den obersten Zentimetern des Bodenschlamms und erzeugen bei Sauerstoffmangel durch wedelnde Bewegungen Wasserströmungen, die sauerstoffreicheres Wasser antransportieren. Dadurch wird der bakterielle Abbau angeregt und der Stoffaustausch zwischen Bodensediment und Wasser gefördert. Die Würmer fressen Schlamm und geben den Kot nach oben ab. Sie schichten damit den Boden mächtig um und erzeugen bei mäßig dichtem Besatz im Monat etwa eine 1 cm dicke Sedimentauflage.

Zuckmückenlarven weisen ähnliche Atembewegungen auf. Sie leben in gespinstverfestigten Schlammröhren und weiden die Bodenoberfläche ab oder filtrieren Wasser. Manche können mehrere Wochen ohne Sauerstoff überdauern, indem sie von Atmungs- auf Gärungsvorgänge umschalten.

Die wichtigsten Bodenbakterien sind vom chemoautotrophen Typ: Sie gewinnen ihre Energie durch Abbau von organischen Substanzen, und zwar entweder bei Anwesenheit von Sauerstoff (Aerobier) oder im sauerstofffreien Milieu (Anaerobier). So können Ammonium zu Nitrit und Nitrit weiter zu Nitrat oxidiert werden, Schwefelwasserstoff zu Schwefel, Eisen und Manganverbindungen zu entsprechenden Hydraten; Wasserstoff (aus Kohlenhydraten oder Fetten) kann auf Kohlendioxyd übertragen werden, wodurch Methan (Sumpfgas) gebildet wird usw.

Manche Substanzen, wie das Chitin der Insekten und Krebse oder Zellulose und Lignin des Holzes werden nur schwer abgebaut (Reste von Pfahlbauten!), viele Kohlenwasserstoffe vom Benzoltyp fast gar nicht. Die Lebewelt der Seeböden wird ausführlich studiert, beispielsweise durch limnologische Institute in Plön, Langenargen und Lunz.

Freiwasser

Die freien Wassermassen der Seen bilden einen weniger einheitlichen Lebensraum als es den Anschein hat. Zumindest die Temperatur-, Licht- und Nährstoffverhältnisse und damit die Planktonbesiedelung zeigen charakteristische Schichtungen und zeitliche Rhythmen.

Temperaturschichtung

Wasser erwärmt sich im wesentlichen durch Absorption der einfallenden Strahlung, und da diese mit größerer Tiefe abnimmt, müßte ein (nicht durchmischter) See mit größerer Tiefe zunehmend kälter bleiben. Durch Windumwälzung sind aber die oberen Wasserschichten bis zur Tiefe von 5–15 m etwa gleich warm (Epilimnion). Dann folgt auf wenigen Metern eine recht starke Abkühlung (Sprungschicht oder Metalimnion) und darunter, im Hypolimnion, die zu erwartende zunehmende Abkühlung bis auf etwa 4 °C in großen Tiefen (größte Wasserdichte).

Jahreszeitliche Schichtungen

Während der Sommerstagnation teilt die Sprungschicht die Wassermassen des Sees also in einen oberflächennahen, zunächst nährstofffreien, dann an Nährstoff verarmenden Bereich warmer, sauerstoffreicher, gut durchlichteter Wassermassen und einen kühlen, sauerstoffarmen bis -freien, sich aber zunehmend mit abzubauender Biomasse anreichernden Bereich tiefen Wassers.

Im Herbst nimmt die Oberflächenerwärmung ab, die Sprungschicht sinkt tiefer und löst sich schließlich unter der Wirkung der Herbststürme

Sommerliche Temperaturverteilung (oben) und jahreszeitliche Umschichtungen (unten) in einem See. Nach Schmidt (1974) aus Nachtigall (1979).

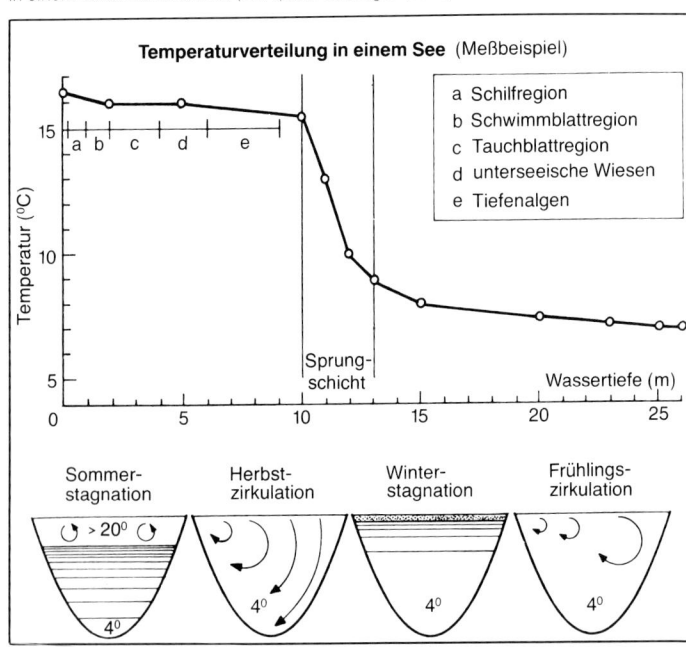

auf, wobei sich der ganze See temperatur- und nährstoffmäßig durchmischt (Herbstzirkulation). Im Winter ergibt sich unter dem Eis eine umgekehrte Schichtung (dichtestes »warmes« Wasser von 4 °C unten, kühleres Wasser oben). Im nächsten Frühjahr folgt eine der Herbstzirkulation analoge Frühjahrszirkulation. Mit zunehmender Erwärmung baut sich dann wieder die Schichtung der Sommerstagnation auf.

Die Kompensationsebene trennt dann den oberflächennahen produzierenden Bereich (Nährschicht oder trophogene Zone) und den tiefgelegenen abbauenden Bereich (Zehrschicht oder tropholytische Zone). Von diesem klassischen Schema gibt es zahlreiche lokale Abweichungen, selbst bei großen Seen wie dem Bodensee.

Lichtverteilung

Mit größerer Tiefe nimmt nicht nur die Lichtintensität ab (in knapp 8 m Tiefe ist es im Bodensee nur noch so hell wie am Boden eines sommerlichen Buchenwalds); es verschiebt sich auch die Spektralverteilung, weil die längerwelligen Anteile eher absorbiert werden. Im Obersee ist Rotlicht in 3 m Tiefe zu 90% absorbiert, Grünlicht in 13 m Tiefe.

Planktonverteilung

Die photosynthetisierenden kleinen Algen des Planktons brauchen vor allem die Grün- und Blauanteile des Lichtes, können also kaum in größerer Tiefe als 10 m assimilieren. Es fällt auf, daß die Sprungschicht in etwa mit der Kompensationsebene zusammenfällt. Während der Sommerstagnation erfolgt also die Hauptproduktion durch das Phytoplankton (pflanzliche treibende Mikroorganismen) im hellen, sauerstoffreichen und warmen Epilimnion. Was durch die Sprungschicht in tiefere Wasserschichten (Hypolimnion)

absinkt, ist verloren und stirbt ab. Für das Plankton wird es also günstig sein, wenn es nicht oder nur langsam absinkt und sich durch eine rasche Generationsfolge auszeichnet.

Nährstoffschichtung

Bei starker Vermehrung während der Sommerstagnation leert das Phytoplankton das Epilimnion praktisch vollständig von Nährstoffen, wie Phosphaten und Nitraten, und baut daraus körpereigene Substanz. Verständlich, daß nun eine starke Vermehrung der Konsumenten einsetzt, die sich vom Phytoplankton nähren, also vor allem filtrierender tierischer Plankter wie Wasserflöhe. Abgestorbene Plankter jeder Art sinken durch die Sprungschicht und transportieren biogenes Material in das Hypolimnion, in dem sich nun Nährstoffe anreichern.

Jahresgang der Populationsdichte vom pflanzlichen Plankton (Phytoplankton) und dazu korrelierte jahreszeitliche Veränderung wichtiger abiotischer Faktoren in einem See. Nach Odum (1959).

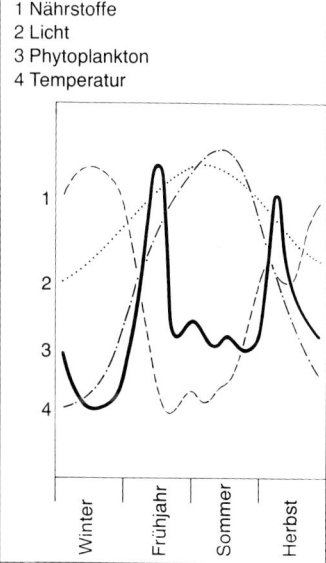

1 Nährstoffe
2 Licht
3 Phytoplankton
4 Temperatur

Plankton

Unter Plankton versteht man freischwebende pflanzliche oder tierische Kleinorganismen, die durch Strömungen leicht verfrachtet werden und deren Eigenbewegung vergleichsweise gering ist, so daß sie nur in relativ ruhigem Wasser zum Tragen kommt (tagesperiodisches Auf- und Absteigen). Die im Plankton gebundene Biomasse ist gerade im eutrophen See sehr beträchtlich, ebenso die Produktion. In Waldökosystemen erneuert sich die gesamte Biomasse in einem Zeitbereich zwischen 10 und 100 Jahren; das Algenplankton der Seen dagegen erneuert seine Biomasse günstigenfalls in 1–2 Wochen.

Durch die Zunahme der Lichteinstrahlung und die erhöhte Temperatur kommt es im späten Frühjahr zu einer stürmischen Phytoplanktonentwicklung. Mit dem »Freifischen« des Epilimnions an Nährstoffen sinkt die Phytoplanktonproduktion wieder ab. Im Herbst baut sich im allgemeinen ein zweites, geringeres Maximum auf (s. Graphik S. 155).

Mit gewisser Phasenverschiebung folgt dieser jahreszeitlichen Schwankung der Phytoplankton-Biomasse eine entsprechende Schwankung im Zooplankton, das sich von den pflanzlichen Produzenten nährt. Beträgt das Krebsplankton unter einem Quadratmeter Seeoberfläche im Bodensee im April weniger als 0,5 Millionen Exemplare, so kann es bereits im Mai auf mehr als 1,5 Millionen gestiegen sein.

Phytoplankton Zu den Blaualgen, die zu Wasserblüten neigen (z. B. die Netzblaualge, *Microcystis flosaquae*), kommen zahlreiche einzellige oder zu Kolonien verbundene Grünalgen (z. B. das Zackenrädchen, *Pediastrum*), fädige Jochalgen (z. B. die Spiralbandalge, *Spirogyra*) und Schmuckalgen (z. B. die Zieralge, *Cosmarium*) sowie Braunflagellaten (z. B. das Wirtelbäumchen, *Dinobryon*) oder die Hornalge *(Ceratium)*. Außerordentlich groß ist die Vielfalt

Langschwanzkrebschen *(Bythotrephes longimanus)*. Der im Bild unten Mitte abgeschnittene Endstachel ist noch länger als der Körper. Dunkelfeld-Mikroaufnahme.

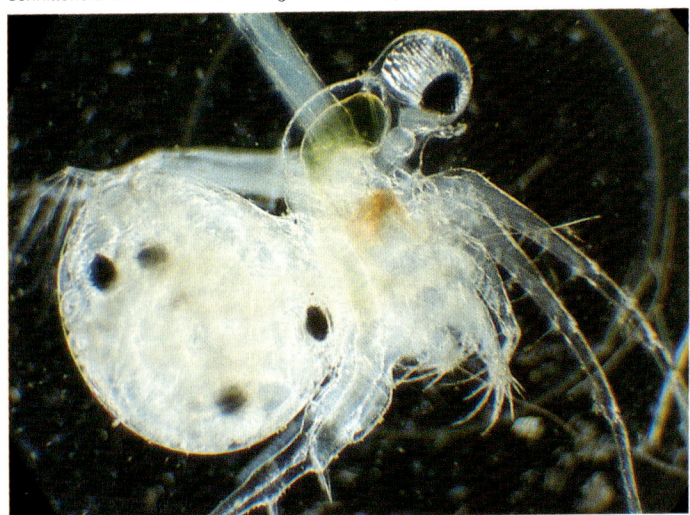

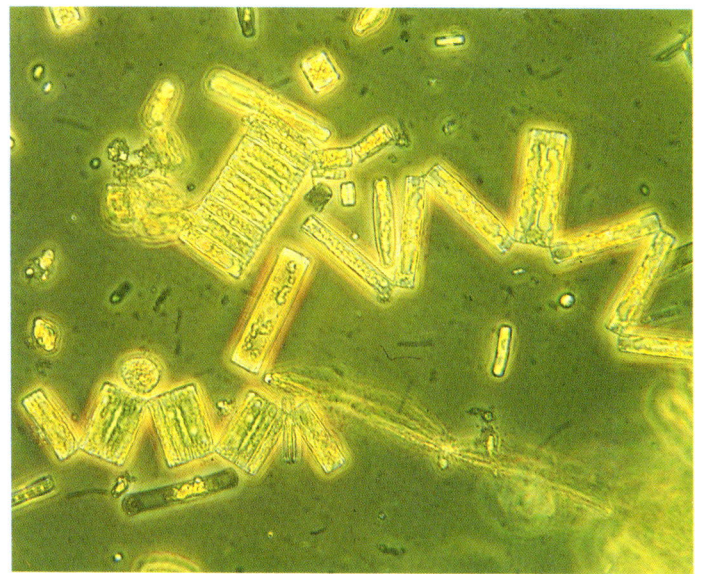

Planktische Kieselalgen (Phasenkontrast-Mikroaufnahme): Gattungen *Fragilaria, Tabellaria* und *Diatoma*.

der planktischen Kieselalgen, die bandförmige Kolonien bilden können (z. B. Kamm-Kieselalge, *Fragilaria crotonensis*) oder sich zu zickzackförmigen Bändern (z. B. Bänderkieselalge, *Diatoma elongatum,* oder Bruch-Kieselalge, *Tabellaria fenestrata*) und schließlich zu sternförmigen Figuren (z. B. Sternchenalge, *Asterionella formosa,* Abb. S. 186) zusammenlegen. Es wird angenommen, daß sich durch diese gallertgebundene Zusammenlagerung die Sinkgeschwindigkeit verringert, eine wichtige Voraussetzung für längeren Aufenthalt im Epilimnion. Obwohl eine typische Kieselalge nur wenige Zentimeter, in günstigen Fällen sogar nur Millimeter pro Stunde absinkt, sind die Verluste groß und müssen durch eine extrem hohe Vermehrungsrate (bis zu 100% pro Tag) ausgeglichen werden.

Zooplankton Eine Vielzahl von filtrierenden Wasserflöhen (z. B. Rüsselkrebschen, *Bosmina*), Ruderfußkrebsen (z. B. Hüpferling, *Cyclops*) und Rädertieren (z. B. Wappenrädertier, *Brachionus*) ernährt sich vom Phytoplankton und dient ihrerseits planktischen Räubern (z. B. dem räuberischen Langschwanzwasserfloh, *Bythotrephes longimanus,* oder Rädertieren, etwa dem Sackrädertier, *Asplanchna*) zur Nahrung.

Die Schwärme kleiner Jungfische nähren sich ihrerseits überwiegend vom Plankton, aber auch einige erwachsene Fische tun dies, so die Blaufelchen *(Coregonus lavaretus wartmanni),* während beispielsweise die Seeforelle *(Salmo trutta lacustris)* größere Beute frißt.

Die feinausgewogenen Nahrungsketten vom Phytoplankton bis zum Speisefisch sind durch anthropogene Einflüsse leicht störbar, wie die starken Schwankungen in der Entwicklung des Felchenbestands am Bodensee gezeigt haben.

Weiher und Teich

Der Unterschied zwischen einem Teich und einem Weiher ist schwer zu fassen. Beide sind flache Wasseransammlungen von einem bis höchstens knapp drei Metern Tiefe. Sprachlich meint man mit »Weiher« ein eher natürliches, mit »Teich« ein mehr durch künstliche Maßnahme beeinflußtes seichtes Stillgewässer (Fischteiche, Dorfteiche).

Fränkischer Dorfweiher mit gelber Teichrose *(Nuphar luteum)*; im Hintergrund weiße Blütenstände des Mädesüß *(Filipendula ulmaria).*

Charakterisierung

Von Seen unterscheiden sich diese Stillgewässer dadurch, daß ihre gesamte Wassermasse gleichförmig durchmischt wird, so daß sich keine Sprungschicht ausbilden kann. Es gibt weiter keine steil abfallenden Ufer, der Boden ist mehr oder minder gleichartig, die Ufervegetation, meist Schilf und Röhricht, in unmittelbarer Umgebung der nassen Wiesen ebenfalls. In windgeschützten Buchten siedeln sich Teichrosen *(Nuphar luteum)* oder auch Seerosen *(Nymphaea alba)* an, stellenweise finden sich stark durchkrautete Zonen.

Zumeist sind diese Gewässer klein, oft nur einige wenige Dutzend Meter im Durchmesser, bisweilen aber kilometerbreit: Der nur rund 2 m tiefe Neusiedler »See« ist hydrobiologisch eher als großer Weiher zu charakterisieren. Gewässer dieser Art bestechen durch eine Vielfalt an Bewohnern in einem meist gut überblickbaren Areal.

Nachdem ein Teich künstlich angelegt worden ist, stellt sich seine charakteristische, vielfältige Flora und Fauna in ganz wenigen Jahren »von selbst« ein. So wird aus einer öden Wasserlache, hervorgerufen durch einen kaum meterhohen Erddamm, wie er etwa beim Bau einer Straße abfällt, in verblüffend kurzer Zeit das stabile, hochvermaschte ökologische Geflecht eines Teichs. Mit der Anlage von Gartenteichen, die man mit geeignetem Pflanzenbesatz »impfen« kann, wird man die gleiche Erfahrung machen (vgl. S. 170). Teiche und Tümpel sind seit Kriegsende zu mehr als 90% vernichtet worden. Es ist wichtig zu wissen, daß dieser Zustand reparabel ist.

Am Beispiel des Dorfteichs hat der Volksschullehrer F. Junge bereits vor mehr als hundert Jahren (!) unter Einbeziehung überraschend modern wirkender, pädagogischer wie didaktischer Gesichtspunkte Begriffe der Biozönose herausgearbeitet. Im Sinne einer »erlebten Biologie« hat er den erzieherischen und bildenden Wert der Beobachtung vertreten, ein Gesichtspunkt, bei dem es nicht so sehr auf eine lehrbuchhafte Aufzählung von Arten ankommt, sondern auf ein Verständnis für Zusammenhänge.

Pflanzengürtel

Landwärts von dem allgegenwärtigen Schilf *(Phragmites communis)*, das Wasserstände bis etwa 50 cm auf Dauer verträgt, finden sich die typischen Uferbegleitpflanzen wie Mädesüß *(Filipendula ulmaria)*, Straußblütiger Gilbweiderich *(Lysimachia thyrsifolia)*, Blut-Weiderich *(Lythrum salicaria)*, Wasserdost *(Eupatorium cannabinum)*, Kohl-Kratzdistel *(Cirsium oleraceum)*. Wasserwärts siedeln sich Nester von Rohrkolben *(Typha)* an, gelegentlich die Schneide *(Cladium mariscus)*, durchsetzt vom zarten Gewirr der Igelkolben *(Sparganium ramosum)*, Froschlöffel *(Alisma plantago)* und Teichbinsen *(Scirpus lacustris)*.

Die anschließende Wasseroberfläche ist bedeckt mit Blättern der Seerose *(Nymphaea alba)* oder Teichrose *(Nuphar luteum)*, dem Gewirr von kleinovalen Blättern des Schwimmenden Laichkrauts *(Potamogeton natans)*, Beständen des Pfeilkrauts *(Sagittaria sagittifolia)* oder des Wasserknöterichs *(Polygonum aquaticum)*, durchmischt mit Tannenwedel *(Hippuris vulgaris)* und anderen untergetaucht lebenden Pflanzen, die nur ihre Blütensprosse über die Wasseroberfläche schicken, um die Bestäubung zu sichern.

Bei der Kopulation und der Eiablage kann man die riesige Grüne Mosaikjungfer *(Aeshna viridis)* oder die Große Blaupfeillibelle *(Orthetrum cancellatum)* beobachten, dazwischen feuerrote Formen und, vor allem an abfließenden Bächen, kleine Wasserjungfern mit tiefblauen oder blaugefleckten Flügeln *(Calopteryx)*, die ihr Kopulationsrad vorführen und bei der Eiablage im Tandem fliegen (vgl. Abb. S. 151).

Laut quakende Wasserfrösche *(Rana esculenta)* zwischen den Teichrosenblättern, gelegentlich auch einmal eine Ringelnatter *(Natrix natrix)*, die mit hocherhobenem Kopf und weitschwingendem Rumpf elegant den Teich durchschwimmt, pixende Bleßrallen *(Fulica atra)* und der mißtönende Schrei der grünfüßigen Teichrallen *(Gallinula chloropus)* gehören zur mittäglichen Symphonie des Teichs wie das Knistern der Libellenflügel und das Rascheln der Schilfhalme.

Teiche und Weiher als mehr künstliche oder mehr natürliche, nicht zu tiefe Wasseransammlungen umgeben sich bei günstigem Gelände also mit einer ganz ähnlichen Pflan-

Fränkischer Fischweiher mit Weißer Seerose *(Nymphaea alba)* und Pfeilkraut *(Sagittaria sagittifolia)*.

zenzonierung, wie sie bei der Besprechung der Seen geschildert worden ist, aufgrund des flacheren Wassers allerdings vielfach mehr »ineinandergeschachtelt«. Vom Ufer, Kahn oder Bootssteg aus kann man somit vielfältig beobachten und fotografieren.

Tiere

Vor allem Libellen – als Imagines oder Larven – sowie Wasserkäfer und Wasserwanzen geben vielfache Beobachtungsmöglichkeiten.

Libellen Schmale, langgestreckte Kleinlibellenlarven mit drei Schwanzblättern und bis bleistiftdicke Großlibellenlarven mit fünf pyramidenförmig gegeneinandergelegten Hinterleibsstacheln bewohnen das Pflanzengewirr und den Teichboden. Durch kräftiges Wasserauspressen aus der Stacheldüse können die letzteren rückstoßartig schwimmen, wobei sie die Beine meist strömungsgünstig dem Rumpf anlegen. Kleinere, gedrungene, behaarte Formen der Großlibellenlarven, z.B. *Onychogomphus,* leben im Bodenschlamm. Während die räuberischen Großlibellenlarven *(Anax, Aeshna)* ihre Beute mit einem vorschnellbaren Fangapparat und kräftigen Kiefern ergreifen und heranziehen, be-

Männchen des Gelbrandkäfers *(Dytiscus marginalis)* beim Luftholen.

sitzen die grabenden Formen meist löffelartig veränderte Fangmasken, mit denen sie den Schlamm nach Kleintieren durchseihen.

Die Männchen der Großlibellen, beispielsweise von Edellibelle *(Aeshna grandis)* oder Königslibelle *(Anax imperator)* fliegen in Schleifen immer wieder dieselben Reviergrenzen der Teichränder ab und haben ihren bevorzugten Aussichtsposten, etwa einen einzeln stehenden Schilfhalm. Eindringende Männchen werden verfolgt, Weibchen zu begatten versucht. Sie werden mit den Hinterleibszangen am Kopf ergriffen, so daß die Tiere im Tandem fliegen; bei der Spermaübertragung kommt es oft zu herz- und radförmigen Kopulationsfiguren.

Bei der Imaginalhäutung kriecht die Larve aus dem Wasser und klammert sich an einen Schilfstengel; die Larvenhaut reißt auf der Rückenseite auf und entläßt die zunächst kopfüber herabhängende Imago. Die Flügel werden durch inneren Überdruck ausgerollt und versteifen sich etwa in einer Stunde. Die Häutung beginnt meist sehr früh am Tag. Libellenlarven lassen sich gut in Gartenteichen oder Aquarien halten.

Wasserkäfer Noch nicht ganz selten und in Fischteichen wenig geschätzt ist der 3,5 cm lange Große Gelbrandkäfer *(Dytiscus marginalis),* der mit synchronen Schlägen der schwimmhaarbesetzten Hinterbeine rudert. Wie seine bleistiftdicke Larve ist er ein gefräßiger Räuber. Häufiger ist der 1,7 cm lange Furchenschwimmer *(Acilius sulcatus).* Es gibt auch Oberflächenruderer unter den Wasserkäfern, so die nur 6 mm langen Taumelkäfer *(Gyrinus).* Bei uns praktisch ausgestorben, in rumänischen Teichen dagegen durchaus häufig ist der große, pechschwarze Kolbenwasserkäfer *(Hydrous piceus),* dessen Weibchen ein schornsteinbesetztes Eifloß baut.

Larve einer Großlibelle (Gattung *Aeshna*). Auf den Wasserpflanzen braune Süßwasserpolypen *(Pelmatohydra oligactis)*.

Anders als die Schilfkäfer (S. 150) leben die Seerosen-Blattkäfer *(Galerucella nymphaeae)*. Ihre Fraßgänge durchbrechen nicht das Blatt. Von der Ablage der dickschaligen, austrocknungsunempfindlichen Eier bis zur Verpuppung der Larven, die sich auf einer Art »Hallig« alter Larvenhäute abspielt, vollzieht sich der gesamte Entwicklungszyklus dieser Käfer auf dem Seerosenblatt.

Wasserschmetterlinge Es ist wenig bekannt, daß eine ganze Reihe von Schmetterlingen als Larven im Wasser leben. Man beobachte einmal die Ränder von Seerosen- oder Laichkrautblättern auf oval ausgeschnittene, etwa 2–4 cm lange Stücke. Paarig zusammengeklebt und mit einem wasserundurchlässigen Gespinst ausgestattet (Abb. S. 150), dienen sie als Transportschiffchen für die Larven eines Zünslers *(Nymphula nymphaeata)*.

Wasserschnecken Oft sieht man die große Spitzschlammschnecke *(Lymnaea stagnalis)* mit dem Fuß auf der Unterseite des Oberflächenhäutchens entlangkriechen. Bis zentimetergroße Exemplare der Gemeinen und der Gekielten Tellerschnecke *(Planorbis planorbis* und *P. carinatus)* sitzen im Pflanzengewirr, ebenso kleinere Schlammschnecken der Gattung *Radix* mit auffallend großer Mündung, die bei der Ohrschlammschnecke *(Radix auricularia)* stark verbreitert und nach außen gewölbt ist. Gelegentlich findet sich auch noch die große Posthornschnecke *(Planorbarius corneus,* Abb. S. 146) mit ihrem hornförmig gerollten Gehäuse, in Moorgewässern auch die auffällige Sumpfdeckelschnecke *(Viviparus contectus)*, eine deckeltragende Form mit einem an eine Weinbergschnecke erinnernden, bis zu 4 cm hohen Gehäuse.

Taumelkäfer *(Gyrinus spec.)* und Wasserläufer *(Gerris* spec.) auf der Oberfläche eines Wiesenbachs.

Wasserwanzen An Schwimmwanzen und solchen, die sich sekundär ans Wasserleben angepaßt haben, findet man die Wasserbiene oder den Rückenschwimmer *(Notonecta)*, der mit den langen Ausleger-Mittelbeinen rudert. Vor allem in pflanzenreichen Weihern leben die Raubwanze *(Naucoris cimicoides)* mit extrem kräftigen vorderen Raubbeinen und die nur blitzartig zum Luftholen auftauchenden Ruderwanzen (selten die größere *Corixa,* häufiger die knapp zentimetergroßen Vertreter der Gattung *Sigara*). Die winzig kleinen, orangegelben Zwergrückenschwimmer (*Plea minutissima,* Abb. S. 151) leben auf der Unterseite von Seerosenblättern. Im Pflanzengewirr stolziert die Stabwanze *(Ranatra linearis,* Abb. S. 168) mit ihrem langen Atemrohr umher; leicht versenkt im oberflächlichen Blattgewirr sitzt die Skorpionswanze *(Nepa rubra),* eine 2 cm lange, abgeplattete, bräunliche Gestalt mit kräftigen Raub-Vorderbeinen und einem Schnorchel am Hinterleibsende.

Auf der Wasseroberfläche laufen Wasserläufer herum, Wasserschneider *(Gerris)* mit langen Auslegerbeinen und Stoßwasserläufer *(Velia)* mit kürzeren, geknickt erscheinenden Beinen, gelegentlich auch nähnadeldicke, zeitlupenartig stolzierende Teichläufer *(Hydrometra stagnorum).*

Rückenschwimmer (*Notonecta* spec.) und Spiegelbild in Ruhestellung an der Wasseroberfläche.

Tümpel

Tümpel als Kleingewässer, die ihren Wasserstand häufig jahresperiodisch ändern und die auch vollkommen austrocknen können, finden sich in unterschiedlichsten Formen als stille Waldtümpel, Kiesgrubentümpel, wassergefüllte Bombentrichter, Hochgebirgstümpel am Rand von Bergmooren, Schmelzwassertümpel auf Wiesen und so fort.

Charakterisierung

Die Wassertiefe beträgt manchmal nur wenige Dezimeter bis Zentimeter. Der raschen Austrocknungsgefahr entgehen am ehesten noch die Waldtümpel mit ihrem Blätterdach-Schutz. Die Wassertemperatur folgt relativ rasch der Lufttemperatur und kann sehr hoch werden. Sauerstoff ist meist genügend da, weil durch die im Vergleich zur Wassermasse große Oberfläche genügend viel eindiffundieren kann; Wasserblüten fotosynthetisierender Algen sorgen gelegentlich für Sauerstoffübersättigung bis zu 130%. Durch Auslaugung des Untergrunds kann auch die Salzkonzentration stark schwanken. Tümpelarten müssen also mit schwankenden und unterschiedlichen Temperaturen und Ionenkonzentrationen fertig werden und ihre Entwicklung infolge der Austrocknungsgefahr möglichst rasch abschließen. (Darüber hat der Schriftsteller Carl Zuckmayer eine wunderschöne, lesenswerte Novelle geschrieben.)

Eine Reihe solcher, an sich biotoptypischer Tiere wird man sehr selten oder überhaupt niemals sehen, wie manche niederen Krebse, die sich im wesentlichen in sommerlich austrocknenden Frühjahrstümpeln entwickeln (z. B. *Branchipus schaefferi, Triops cancriformis*). Andere kommen in großer Massenentwicklung vor und vermehren sich unge-schlechtlich in rasch aufeinanderfolgenden Generationen, bis der Tümpel austrocknet, so die bekanntesten Wasserflöhe der Gattung *Daphnia*, das sind der Große Wasserfloh *(Daphnia magna)* und der Gemeine Wasserfloh *(Daphnia pulex)*. Muschelkrebse, besonders der Gattung *Cypris*, und mehrere Arten von Hüpferlingen (*Cyclops* u. a.) vervollständigen das Bild.

Die Zeit des Trockenfallens überstehen viele Tümpelbewohner in Form hartschaliger, gegen Austrocknung unempfindlicher Dauereier, so die meisten Wasserflöhe, Hüpferlinge und Rädertiere. Andere ziehen sich in schützenden Schleimhüllen in den Bodenschlamm zurück, wie Larven der Plattbauchlibelle *(Libellula depressa)* oder kleine Schwimmkäfer, Schlammschnecken und Erbsenmuscheln. Mikroorganismen und manche Hüpferlinge kugeln sich ab und umgeben sich mit einer festen Hülle: Sie bilden Zysten.

Waldtümpel

Kühle Waldtümpel beherbergen vielfach besonders schöne große Protozoen wie Amöben, Wimpertiere und charakteristische Sonnentiere (Heliozoa). Unter dem bodenbedeckenden Laub sitzen in Mengen Fadenwürmer. In solchen Biotopen mit dauerkühlem Wasser kommen auch – sehr selten, wenn aber, dann in großen Mengen – die genannten urtümlichen Blattfußkrebse vor, nämlich der Echte Kiemenfuß *(Branchipus schaefferi)* und der Kiemenfuß *(Triops cancriformis)*.

Quell- und Grundwassertümpel

Diese finden sich besonders in Karstregionen und haben Kontakt mit dem unterirdischen Gewässersystem. Sie beherbergern gelegentlich echte Grundwassertiere, wie den augenlosen Höhlenflohkrebs *(Niphargus puteanus)*.

Moortümpel und Torfstiche

Das meist klare, bräunliche und vergleichsweise saure Moorwasser kann in dünnen Schichten über der braunen Mudde sehr heiß werden; bereits in Tiefen von 1–2 m ist es in der Regel infolge der abschirmenden Wirkung der schwimmenden Torfmoosschichten dagegen relativ kühl. Im Vergleich mit Teichen sind Moorgewässer durchaus artenarm, allerdings kommen die den Umweltbedingungen angepaßten Arten häufig in großer Individuenzahl vor.

In Torfstichen findet man neben gelegentlichen Gelbrandkäfern *(Dytiscus marginalis)* recht häufig einen 1,5 cm langen kleineren Verwandten, den Furchenschwimmer *(Acilius sulcatus)* und seine mit vorgestrecktem Vorderleib und Kopf und unablässig schwirrenden Ruderbeinen zeppelinartig im Wasser schwebende Larve. Dazu kommen Schwimmwanzen *(Naucoris cimicoides)* und Rückenschwimmer *(Notonecta glauca),* die beim Fangen empfindlich stechen können. Wasserspinnen *(Argyroneta aquatica,* giftig!), die sich unterschiedliche, mit Luftblasen gefüllte Unterwasser-Zeltdächer bauen, bevorzugen Moorgewässer ebenso wie bestimmte Libellenlarven (z.B. die Moosjungfer, *Leucorrhinia dubia).* Charakteristische Wasserflöhe sind das Mooskrebschen *(Acantholeberis curvirostris)* und einige auch in Teichen und Tümpeln vorkommende Arten wie der Langschnäuzige Rüsselkrebs *(Bosmina longirostris),* der Kristallwasserfloh *(Sida crystallina)* und das Linsenkrebschen *(Chydorus sphaericus),* das sich mit Schalen- und Beinstacheln wie mit Steigeisen an Algenfäden entlanghangelt.

Viele andere Insektengruppen sind schwach vertreten (so bewohnen

Hochgebirgsmoor mit Moortümpeln in der Alpbacher Bergen/Tirol. Die Tiefe der Wasserstellen beträgt zwischen 5 und 10 cm.

den schlammigen Bodengrund nur zwei Zuckmückenarten und ein Borstenwurm), was mit den extremen Eigenschaften des Moorwassers zusammenhängt: oberflächlich sehr starke Tag-Nacht-Temperaturkontraste, Tiefengewässer kühl, kaum Salzreichtum, insbesondere fast kein Kalk (schwierig für Mollusken und Krebstiere), hoher Säuregrad (vgl. S. 112), deshalb relativ »steril«, wenige Bakterien und damit geringe Zersetzung abgestorbener Pflanzen. Dazu kommt ein Abfangen des Sauerstoffs durch Humusstoffe und ein hoher Gehalt an Huminsäuren.

Diesen Extrembedingungen besonders angepaßt ist eine Reihe – außerordentlich hübscher – Zieralgen (Desmideaceen). So wird man durch Züge mit dem Planktonnetz mit Sicherheit Vertreter der zylindrisch-langgestreckten Mittelbandalgen *(Mesotaenium)* und Riefenalgen *(Penium)* finden, dazu mehrere Arten der Mondalge *(Closterium),* der Sternalge *(Euastrum)* und der seitlich tief eingeschnittenen Kleinsternalge *(Micrasterias).* Dazu kommen weitere, Stacheln oder Armausläufer tragende Formen, z.B. der Stachelstern *(Staurastrum),* und schließlich bandförmig aneinandergehängte Formen der Gattung *Desmidium* und anderer. Für den Desmidiaceenfreund sind Hochmoortümpel wahre Fundgruben, wenngleich gerade die schönsten Formen (große *Micrasterias*-Arten) schon relativ selten geworden sind.

Die extremen Umweltbedingungen der Hochmoortümpel mildern sich beim Übergang zu Randmooren, Abflußgräben und besonders Torfstichen. So findet man in den letzteren bereits Schnecken, die Kalk zum Schalenaufbau brauchen, etwa die Schlammschnecke *(Radix peregra)* oder die Sumpfdeckelschnecke *(Viviparus contectus)* und dazu zahlreiche Mückenlarven und -puppen.

Mikroaufnahme einer Tümpelprobe mit Mondalgen *(Closterium,* wahrscheinlich *C. acerosum),* einem bodenbewohnenden Kleinkrebs (Fam. Harpacticidae) und Detritusflöckchen. Dunkelfeldaufnahme.

»Klassischer« Torfstich mit zum Trocknen gelagerten Torfsoden.

Kleinstgewässer

Solche Miniaturwasseransammlungen reichen von schüsselgroßen Pflasterpfützen bis zu Regenwasseransammlungen, die sich beispielsweise in Konservendosen lange halten können, von wassergefüllten Wagenspuren auf Waldwegen, in denen sogar Amphibienlarven vorkommen, bis zu Weihwasserbecken auf Friedhöfen.

Regenwassertonnen Manche Mückenlarven entwickeln sich, befreit vom Konkurrenzdruck weniger angepaßter Arten, bevorzugt in solchen Miniaturgewässern. Zu den häufigsten Mücken zählen Vertreter der Gattungen *Culex* und *Anophe-*

Rufende Wechselkröte oder Grüne Kröte *(Bufo viridis)*.

les. Die Eier werden auf die Wasseroberfläche abgelegt. Bei der letzteren hängen sie zu stern- und andersartigen Figuren zusammen. Die Larven und Puppen hängen mehr oder minder waagerecht an der Wasseroberfläche, und die Imagines sitzen schräg-kopfabwärts auf dem Untergrund. Bei der gewöhnlichen Stechmücke (Gattung *Culex*) werden die

Eier zu flachen Schiffchen zusammengeklebt, die auf der Wasseroberfläche treiben. Die Larven und Puppen hängen senkrecht bis schräg an der Wasseroberfläche, und die Imagines sitzen mehr oder minder horizontal oder mit nur schwach abwärts geneigtem Hinterleib.

Mit Wasser gefüllte Wagenspuren Kleinbiotope wie diese beherbergen, gerade beim Fehlen »natürlicher« Laichplätze, bisweilen eine unerwartet vielfältige Amphibienfauna. So wurden dort Larven von Teich-, Berg- und Fadenmolch *(Triturus vulgaris, T. alpestris, T. helveticus)* von Fröschen (Grasfrosch, *Rana temporaria*), Unken (Gelbbauchunke, *Bombina variegata*) und Kröten (Erdkröte, *Bufo bufo;* Kreuzkröte, *Bufo calamita;* Geburtshelferkröte, *Alytes obstreticans,* Abb. S.173) gefunden. Auch die braun-beige-marmorierte Wechselkröte oder Grüne Kröte *(Bufo viridis),* die sich gerne in der Nähe von Gebäuden aufhält, kann in sehr kleinen Wasseransammlungen ablaichen, wenngleich sie üblicherweise teichartige Wasseransammlungen bevorzugt, in denen sie sich vor oder nach dem Ablaichen oft monatelang aufhält.

Pfützen Straßenpfützen über Böden ohne Grasnarbe enthalten vielfach Arten der Schwingalge *(Oscillatoria),* beschalte Amöben der Gattung *Difflugia* und schließlich Wimperntierchen der Gattungen *Chilodonella, Stylonychia* und *Lacrymaria.*

Schlammpfützen Charakteristisch ist der Tümpel-Wasserfloh *(Moina rectirostris),* ein etwa 1,6 mm langer Kleinkrebs, der gedüngte, schlammige Kleingewässer bevorzugt.

Ziegeleipfützen Feueralgen der Gattung Gymnodinium mit gefelderter Panzerhülle und honigfarbenem Farbstoffträgern sind typisch für diesen Biotop.

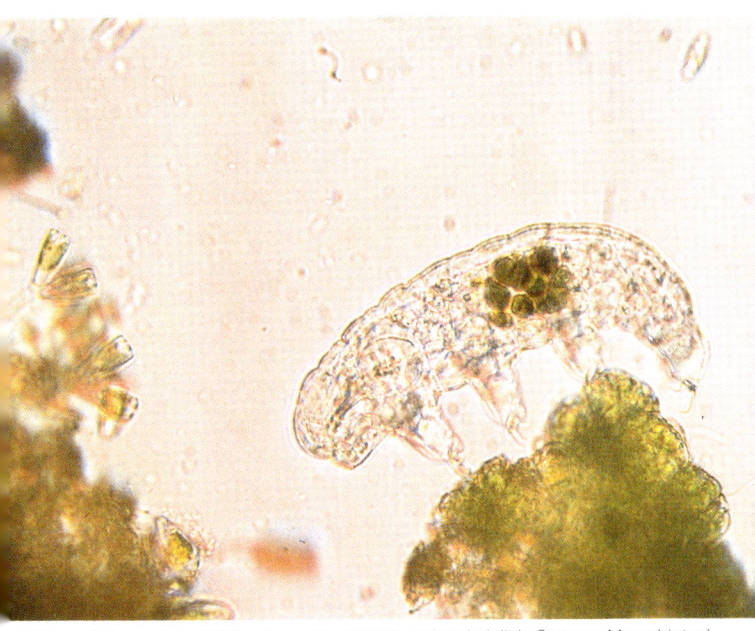

Mikroaufnahme eines Bärtierchens (Tardigrada, wahrscheinlich Gattung *Macrobiotus*) auf Detritus-Flöckchen. Links auf Gallertstielchen sitzende Kieselalgen der Gattung *Gomphonema*.

Jauchepfützen Die oft zu beobachtende Grünfärbung wird hervorgerufen durch Massenvorkommen des Augentierchens *Euglena viridis*, auch der Gattungen *Chlamydomonas, Chlorogonium* und *Phacus*.

Schneewasserpfützen Die von Eiswasser gespeisten Gebirgspfützen sind manchmal rotgefärbt durch Massenauftreten der Alge *Chlamydomonas nivalis*.

Weihwasserbecken Die gelegentlich zu beobachtende Rotfärbung wird von Reinkulturen der Alge *Haematococcus pluvialis* hervorgerufen, die in einer Gallerthülle sitzt und zwei Geißeln trägt.

Blumenuntersätze In dem gallertigen Wandbelag leben besonders schöne und bisweilen recht große Kieselalgen der Gattungen *Nitzschia* und *Hantzschia* sowie anderer auffallender Gattungen.

Vollgesogene Dachmoose Wenn man derartige Moospolster ausdrückt, findet man neben beschalten Amöben, wie zum Beispiel Uhrglastierchen der Gattung *Arcella*, mit einiger Sicherheit auch die sonst recht seltenen Bärtierchen, beispielsweise der Gattung *Macrobiotus*. Die größeren Arten werden gut millimeterlang.

Feuchte Torfmoospolster Man wird mit dem Mikroskop mit Sicherheit beschalte Amöben finden, beispielsweise das Bucklige Uhrglastierchen *(Arcella gibbosa)*, die Stachel-Schalenamöbe *(Centropyxis aculeata)*, das Anmutige Schmelztierchen *(Difflugia elegans)* und die eigenartig gewundene Spiralhaus-Schalenamöbe *(Lesquereusia spiralis)*. Eine ganze Reihe weiterer Gattungen mit zahlreichen Arten kommen ebenfalls vor.

Das Teich- und Tümpelaquarium

Dieser empfehlenswerte Aquariumstyp ist in allen Punkten so ziemlich das genaue Gegenteil zum gängigen Schauaquarium mit gefiltertem, kristallklarem Wasser, exotischen Fischen und dekorativen Wasserpflanzen. Wer sich ein Tümpelaquarium einrichtet, braucht nicht viel Platz: ein Zwölfliterbecken genügt ohne weiteres. Es wird mit einer Glasscheibe, die auf etwa 2 mm hohen, angeklebten Korkscheibchen oder Klebefilzstückchen ruht, abgedeckt, da Wasserkäfer und Wasserwanzen gerne fliegend entweichen. Der Schlitz dient der Luftzufuhr.

Über eine etwa 2–3 cm dicke Schicht aus Feinkies kommt eine ebensodicke Sandschicht, in der man Wasserpflanzen einwurzeln kann. Das ganze soll so schräg geneigt angelegt werden, daß sich entwickelnder Mulm und Schmutz in eine Ecke rutscht, von wo er abgeschöpft oder abgesaugt werden kann.

An Wasserpflanzen empfehlen sich die freischwimmende Wasserpest *(Elodea canadensis)* oder Arten von Tausendblatt *(Myriophyllum)* oder Hornblatt *(Ceratophyllum)*, wobei sich die letzteren weniger gut halten, sowie Laichkräuter wie beispielsweise das Krause Laichkraut *(Potamogeton crispus,* Abb. S. 152). Es läßt sich auch Wasserstern *(Callitriche verna)* oder Brunnenkresse *(Nasturtium officinale)* gut anpflanzen. Die Wasseroberfläche kann man, wenn man die häufige Entfernung nicht scheut, mit Wasserlinsen animpfen; besonders dekorativ ist die Dreifurchige Wasserlinse *(Lemna trisulca)*. Auch ein Schwimmfarn *(Salvinia natans)* aus dem Aquariumgeschäft macht sich gut.

Abgesehen vielleicht von Stichlingen *(Gasterosteus aculeatus)* sollte man keine Fische im Tümpelaquarium

Stabwanze *(Ranatra linearis)* in Lauerstellung, aufgenommen in einem Tümpelaquarium. Mit ihrem langen Atemrohr hängt die Wanze an der Wasseroberfläche.

halten, sondern Wasserkäfer und Wasserwanzen. Die letzteren halten sich nicht so gut, da sie dazu neigen, sich an den Glasscheiben die Köpfe anzustoßen. Ein Pärchen des Gelbrands *(Dytiscus marginalis)* ist zu empfehlen, das man gelegentlich mit Regenwurmstückchen oder mit frischem Küchenfleisch (Reste entfernen!) füttert. Dazu wird man allerdings kaum weitere Insekten halten können, auch keine Larven des Gelbrandkäfers oder Fischchen, da sowohl die Imagines wie die Larven äußerst gefräßig sind und zum Kannibalismus neigen.

Weniger problematisch ist die Haltung des kleineren Furchenschwimmers *(Acilius sulcatus)* und seiner sehr schön zu beobachtenden, langgestreckten, elegant im Wasser herumrudernden Larven, die man sich aus Torfstichen fischen kann. Man kann dazu auch Wasserwanzen setzen, wie beispielsweise Rückenschwimmer *(Notonecta),* für die man gelegentlich eine Fliege auf die Wasseroberfläche werfen muß, oder die oben genannten Ruder-, Skorpions- und Stabwanzen.

Auf der Oberfläche sollte ein Holzstückchen schwimmen, auf das die Tiere gelegentlich klettern können. Wasserläufer halten sich schlecht, Taumelkäfer überhaupt nicht in solchen Gefäßen. Sie benötigen große, freie Becken; in Gartenbecken lassen sie sich leicht heimisch machen.

Die Aquarienscheiben werden bis auf die fensterabgewandte Beobachtungsscheibe nicht gereinigt, so daß sie sich bald mit einer grünen Algenschicht überziehen. Ein oder zwei Spitzschlamm- oder Posthornschnecken *(Lymnaea, Planorbis),* sowie einige wenige kleinere Wasserschnecken weiden die Scheiben und den Algenbelag der Wasserpflanzen ab, wobei man die Radula (Schabzunge) gut beobachten kann.

Aquarienpumpe, Filterung und Heizung sind ebenso unnötig wie Luftzufuhr. Wenn man das Tümpelaquarium nicht übersetzt, und wenn man dafür sorgt, daß Nahrungsabfälle wieder entfernt werden, wird es auch nicht kippen, sondern über Monate und Jahre hinaus eine billige und nie versagende Quelle für Beobachtungen sein. Man sollte gelegentlich etwas frisches Pflanzenmaterial mitbringen, weil sich aus anhängenden Eiern, Zysten usw. immer neue Bewohner entwickeln. So kann man grüne oder braune Süßwasserpolypen (Abb. S. 161) halten und anderen Aufwuchs.

Über Haltung und Zucht von Kleinstorganismen in »Mikroaquarien« (Tablettenröhrchen usw.) berichte ich in meinem im gleichen Verlag erschienen Buch »Mein Hobby – Mikroskopieren«, das auch ein Kapitel über Mikrofotografie und Tips zur Mikrobeobachtung am Aquarium enthält.

Durch Exkremente eutrophierter Tümpel mit Algenblüte auf einer Viehweide.

Gartenteiche

Konstruktion

Trotzdem sie ein wenig zur Mode geworden sind, kann die Anlage von Gartenteichen nur empfohlen werden. Es gibt verschiedene Möglichkeiten, was Becken und Größe anbelangt. Prinzipiell läßt sich jede eingegrabene größere Kunststoffschüssel zum Gartenteich ausbauen; es kommt nicht unbedingt auf die absolute Größe an. Ich habe beispielsweise in einer Hanglage unter überhängendem Gebüsch sechs große Kunststoff-Wäschekörbe eingegraben, bei denen die Wasserüberläufe ineinanderlaufen. Im Fachhandel werden zahlreiche Becken aus Kunststoff oder Eternit angeboten. Es besteht auch die Möglichkeit, flache Gartenbecken mit einer verschweißbarern Spezialfolie auszulegen, doch läuft das Becken bei auch nur kleinen Verletzungen der Folie mit Sicherheit leer. Wo möglich, sollte man die Folie mit einer 10–20 cm dicken Lehmunterlage gegen durchlässigen Boden isolieren.

Aufwendiger, bei guter Machart aber auch über Jahre und Jahrzehnte hinaus sicher, sind Betonbecken. Man muß eine mindestens 10 cm, besser 15–20 cm dicke Schicht gießen und Stahlmatten einlegen. Während des Trocknens sollte dann das Becken gegen direkte Sonneneinstrahlung geschützt und mit dem Wasserschlauch dauernd feucht gehalten werden, über mindestens 14 Tage bis 3 Wochen. Unterläßt man diese Vorsichtsmaßnahme, so bilden sich noch nach Jahren auseinanderwandernde Spaltrisse, und das Becken läuft aus. Ein Anstreichen mit Betonfarbe ist weder nötig noch ratsam, wenn die Ausführung sorgfältig erfolgt ist. Zunächst wird Kalk ausgelaugt, so daß sich nicht alle Wasserpflanzen halten; in den ersten Jahren kann man deshalb kalkliebende

Armleuchteralgen *(Chara)* ansiedeln. Die Tiefe sollte mindestens 20 cm betragen, und an einer Stelle sollte das Becken knapp metertief sein. Dort kann man 20–30 cm Ackerboden einfüllen und Teich- und Seerosen ansiedeln, deren Rhizom damit frostgeschützt ist.

Besatz

Wer die Möglichkeit hat, ein großes Gartenschwimmbecken anzulegen, kann dies mit einem Gartenteich kombinieren, indem er die Ränder ungefähr 30–40 cm tief und etwa meterbreit ins Umfeld ausstreichen läßt. Dort werden Wasserpflanzen angesiedelt wie beispielsweise die Gelbe Schwertlilie *(Iris pseudacorus)*, Kalmus *(Acorus calamus)* und Sumpfpflanzen wie Blut-Weiderich *(Lythrum salicaria)* und Strauß-Gilbweiderich *(Lysimachia thyrsifolia)*. Das mittlere tiefe Becken bleibt zum Schwimmen frei. Bei guter Einrichtung braucht das Becken keine Pflege und vor allem keine aufwendigen Pump- und Reinigungssysteme, da es sich ja selbst reinigt. Man darf dann freilich kein kristallklares Wasser erwarten und eine gelegentliche Wasserblüte nicht scheuen; aber dies ist ja in jedem durchschnittlichen Badesee ebenfalls in Kauf zu nehmen.

Es ist fast eine Glaubensfrage, ob man Gartenteiche mit Goldfischen besetzen soll. Ich empfehle dies weniger. Sind die Teiche nicht zu sehr verkrautet, halten sich Stichlinge gut. »Ganz von selbst« werden sich Wasserinsekten ansiedeln; geimpft werden sollte mit Wasserschnecken. Tauchblattpflanzen wie Hornkraut und andere vermehren sich rasch und müssen gelegentlich ausgekrautet werden. Oberflächendeckende Pflanzen wie Teich- und Seerose, Seekanne und das Schwimmende Laichkraut (Abb. S.149) sollten unbedingt vorgesehen werden.

Wenn sich Molche und Froschlurche nicht ebenfalls »von selbst« einstellen, kann man über Laich animpfen. Zu seinem großen Erstaunen wird der Gartenteichbesitzer nicht selten Ringelnattern in seinem Teich entdecken, auch weit entfernt vom nächsten Gewässer, die größere Kaulquappen bis zum letzten Exemplar herausfangen.

Pflege

Ein Problem stellt der Wasserlinsenbewuchs dar. Man kann nur empfehlen, den geringsten Anflug quantitativ zu entfernen, wenn man nicht andauernd mit dem Abfischen beschäftigt sein will. Wasserlinsen wachsen sehr rasch und überdecken den gesamten Teich in wenigen Wochen mit einer lückenlosen Schicht, unter der alles fault.

Ein weiteres Problem ist die Eutrophierung. Wenn man in den Teich zur Pflanzenanwurzelung in dichter Schicht gute Gartenerde einbringt, werden sehr viele Nährstoffe ausgelaugt, es gibt Wasserblüten, Massenvermehrungen und unter Umständen Algenwatten und Verpilzungen wie in dem auf S. 169 abgebildeten eutrophierten Tümpel. Man soll die Wasserpflanzen deshalb (zunächst) in Blumentöpfen, gefüllt mit einer Mischung aus Sand und Gartenerde, einpflanzen; auch dünnmaschige Kunststoffkörbe sind geeignet. Den Untergrund sollte nur nährstoffarmer Sand bilden, der sich im Laufe der Jahre durch Abfallprodukte von Fallaub usw. sowieso mit einem tiefschwarzen Bodenschlamm bedeckt.

Wo starker Blattanfall zu erwarten ist, sollte der Gartenteich im Herbst mit einem großen Rechen von allzuviel Fallaub und Resten von Wasserpflanzen ausgeräumt werden, schon deshalb, weil die Sauerstoffzehrung des verrottenden Bodenbelags unter Eis den letzten Sauerstoff schluckt.

Kiesgruben

Rekultivierbare Kiesgruben bilden heute einen immer wichtiger werdenden Ersatzbiotop für die fast vollständig verschwundenen Kies- und Schotterbänke der Flüsse höherer Lagen mit ihren Totarmen und Randtümpeln. Freilich können sie die Großräumigkeit der natürlichen Flußauen nicht ersetzen, doch wenigstens punktuell Neubesiedlungen ermöglichen und Refugien für Tiere und Pflanzen darstellen.

Natürlicher und künstlicher Biotop

Der Vergleich einer Flußaue und einer Kiesgrube ist im Hinblick auf sehr unterschiedliche Biotopelemente tatsächlich sehr frappierend. So entsprechen den Altläufen der Flüsse künstlich ausgehobene Baggerseen und -weiher; beide sind ausdauernde Stillgewässer. Es gibt auch vergleichbare vorübergehende Stillgewässer (die Auentümpel hier, die Lehmtümpel und wassergefüllten Radspuren dort). Ähnliches gilt für

Wasserfrosch *(Rana esculenta)*.

Erdkröte *(Bufo bufo)* mit Laichschnüren (rechts), neben Laichballen des Grasfrosches (links) in einem Frühjahrstümpel.

ausdauernde und vorübergehende Klein-Fließgewässer (Sickerquellen hier, Hangwasser, Schlämmwasser und Rinnsale dort). Auch für Sand- und Kiesflächen, Steinansammlungen, Schlickflächen, Steilwände, Gesteinsblöcke und schließlich sogar totes Holz und Randgebüsch gelten ähnliche Übereinstimmungen zwischen Flußaue und Kiesgruben, wie Wildermuth gezeigt hat.

Nutzung durch Tiere

Tiere können die Kiesgruben in unterschiedlicher Weise nutzen, als Biotop für Nestbau (Uferschwalbe), als Rast- und Nahrungsplatz (Watvögel auf dem Durchzug). Viele Tiere führen auch eine Vollnutzung des gesamten Bereichs durch, so die auf S. 131 näher beschriebene Lehmwespe *(Odynerus spinipes)*, die Bauten in lehmige Wände gräbt, als Larvennahrung gelähmte Rüsselkäferlarven

einträgt und sich selbst schließlich von Nektar ernährt, und zwar von Pflanzen der näheren Umgebung in der Kiesgrube.

Eine ganz wichtige Rolle spielen Kiesgruben auch als Refugien für Amphibien. Die Randbezirke bewohnt der Laubfrosch; zum Ablaichen kommen neben Wasserfrosch vor allem Grasfrosch und Erdkröte in die Kiesgrubentümpel. Zu den Dauerbewohnern der Grubenbiotope, das heißt der neu geschaffenen Tümpel und der anschließenden, mit Vegetation bedeckten Feuchtstellen, gehören Kreuzkröte, Gelbbauchunke und Geburtshelferkröte.

Auch Molche besiedeln die Kiesgruben gern, so Teich-, Faden-, Kamm- und Bergmolch *(Triturus vulgaris, T. helveticus, T. cristatus, T. alpestris)*. Lurche und deren Larven gehören zu den hauptsächlichen Beutetieren der Ringelnatter, die man gar nicht so selten mit hocherhobenem Kopf unter kräftigem Seitwärtschlängeln durch Teiche und Tümpel ziehen sieht.

Laubfrosch *(Hyla arborea):* Der kleine, grüne, braungebänderte Frosch besitzt als einziger Vertreter der einheimischen Lurche Haftscheiben an den Zehen und kann deshalb klettern. Er ist im wesentlichen nachtaktiv und in gewässernahen Gebüschen zu Hause. Sein Ruf ist eine kurze, rasche, laut tönende Folge »epp-epp-epp . . .«.

Wasserfrosch *(Rana esculenta):* Wasserfrösche sind Hybride zwischen Seefrosch *(Rana ridibunda)* und Kleinem Teichfrosch *(Rana lessonae)*. Der gelegentlich bis 12 cm lange, spitzschnauzige, überwiegend grüne und dunkelgefleckte Frosch kann sehr verschiedenartige Gewässer bewohnen, ist tagsüber sehr aktiv (Stimme: »oerr-oerr-kek-kek-kek«) und liegt häufig, sich sonnenbadend, an der Wasseroberfläche.

Grasfrosch *(Rana temporaria):* Der höchstens 10 cm lange, noch recht häufige, stumpfschnauzige Braunfrosch kann sehr unterschiedlich gefärbt sein; es überwiegt eine bräunlich-olive Grundfärbung mit dunklen Flecken. Er produziert dunkle, grunzartige Laute, auch unter Wasser. Zur Paarung und Laichabgabe, auch zur Überwinterung, sucht er Gewässer auf (die Laichballen werden früh im Jahr abgelegt, eher als beim Wasserfrosch). Ansonsten lebt er auf feuchten Stellen an Land in Gewässernähe.

Erdkröte *(Bufo bufo):* Die große, maximal 15 cm lange, meist olivbraun gefärbte Kröte mit den auffallend schönen, kupferfarbenen Augen und der großen, gepunkteten Ohrdrüse, besitzt eine kräftig-warzige Haut und läßt des nachts ihr »oäck-oäck« ertönen. Sie bewohnt alle möglichen nicht zu trockenen terrestrischen Lebensräume, hält sich des tags unter Steinen oder Mauern auf und ist nachtaktiv. Die Tümpel besucht sie im Frühjahr zu Eiablage; sie produziert drei- bis vierreihige Eischnüre, die sich bei Streckung unter Wasser zu zweireihigen Schnüren verändern.

Kreuzkröte *(Bufo calamita):* Die kaum über 8 cm lange, kurzbeinige Kröte mit dem hellgelben Rückenmittenstreifen über bräunlich-grauer oder grünlicher Grundfärbung läßt nachts ihren weittönenden knarrenden Ruf (»ärr-ärr«) hören.

Das nachtaktive Tier kann gut graben. Abgelaicht wird gerne in seichten Gewässern. Der Austrocknungsgefahr begegnen die Larven durch eine außerordentlich kurze Entwicklungszeit (6–8 Wochen), während die Laichperiode andererseits ausgedehnt ist (2½ Monate).

Gelbbauchunke *(Bombina variegata):* Die kleine, dunkel marmorierte und stark warzige, unten gelb und dunkel gefleckte Unke hält sich das ganze Jahr über im oder am Wasser auf. Tags wie nachts kann sie ein wohlklingendes, zartes »uh ... buh ... uh ...« erklingen lassen. Das überwiegend tagaktive Tier bewohnt unterschiedlichste aquatische Kleinbiotope, sogar kurzfristig austrocknende Radrinnen und Pfützen. Unken legen ihre Eier einzeln oder in kleinen Klumpen ab, die sie absinken lassen oder an Wasserpflanzen ankleben.

Geburtshelferkröte *(Alytes obstreticans):* Die unauffällige und kleine (maximal 5 cm lang) Westeuropa bewohnende Kröte lebt überwiegend terrestrisch, auch in Gärten und Steinbrüchen, und läßt aus einem Versteck heraus des nachts ihre wohlklingenden glöckchenartigen

Geburtshelferkröte *(Alytes obstreticans).* Die heimliche, kleine Kröte ist auch weit von Kleingewässern entfernt zu finden.

Rufe ertönen. Die Männchen wickeln sich die im Sommer abgelegten Laichschnüre um die Hinterbeine. Erst wenn die Quappen schlupfreif sind, sucht das Männchen ein Kleingewässer auf und entläßt die junge Brut ins Wasser.

Bach und Fluß

Durch die Sonneneinstrahlung verdunstet das Oberflächenwasser der Meere. Kondensiert als Regen oder Schnee gelangt es aufs Festland, im Hochgebirge verfestigt es sich zu Gletschereis. Schmelzwasser fließt als Gletscherbach talabwärts. Die Rinnsale strömen zusammen zum Bergbach, der nach steilen Gefällstrecken mit Wasserfällen und Sturzbächen in flachere Talregionen ausläuft. Er wird zum Bach, der nun unbegradigt im Wiesengrund mäanderförmige Schleifen formt.

Aus vielen Quellen erhalten die Bäche über kleine Wiesengräben Zulauf. Sie vereinigen sich zu Flüssen. Diese sind im Oberlauf, der Forellenregion, noch wild und stürmisch und erodieren tief. Flußabwärts beruhigen sie sich immer mehr – die Abbildung zeigt die junge Donau mit Beständen von Flutendem Hahnenfuß –, fließen im Mittellauf breit dahin und verändern mit der Abnahme der Strömungsgeschwindigkeit und des Sauerstoffgehalts sowie der Zunahme der Temperatur oft die Lebensbedingungen für ihre Bewohner. Auf die Forellenregion folgt die Äschen-, Barben- und Brachsenregion, bis im breiten, langsam strömenden Unterlauf mit der Kaulbarsch-Flunder-Region der Übergang in den Brackwasserbereich sich ankündigt und der Tieflandsstrom über sein Ästuar ins Meer mündet.

Wo sich Flußarme abschnüren, entstehen Altwässer, oft kristallklar, da aus sandgefiltertem Grundwasser gespeist. Wo über Kalkgrund Wasser versickert, formen sich ewig finstere und doch nicht unbelebte Karstgewässer mit unterirdischen Höhlen.

Beispiele für Fließgewässer

Entsprechend der Laufrichtung der Fließgewässer vom Berg zum Tal kann man – bei abnehmendem Gefälle und geringerer Strömungsgeschwindigkeit – Bergbach, Niederungsbach, Fluß und schließlich Ästuar unterscheiden, die Flußmündung ins Meer.

Bergbach

Aus einer Gletscherzunge entsprungen schlängelt sich der Gletscherbach als sehr kaltes (0–5 °C), feintrübes und an Pflanzen- und Tierleben fast leeres Gewässer steil abwärts, zur Zeit der sommerlichen Schneeschmelze tosend anschwellend und milchig-grau-grün bis braun gefärbt.

Solche Rinnsale vereinigen sich zum Bergbach, der mit meist steilen Gefällen und Strömungsgeschwindigkeiten selten unter 2 m pro Sekunde abwärts stürzt. Auch im Sommer bleibt er eiskalt, erwärmt sich kaum auf 10 °C, im Winter friert er kaum zu (um +2 °C). Die tosenden Wasser durchmischen sich stark mit Sauerstoff, so daß – auch wegen der Abwesenheit sauerstoffzehrender Faulsubstanz – üblicherweise eine Sättigung von 100 % erreicht wird.

Wiesenbach

Sehr abhängig vom Untergrund (Urgestein, Kalk) und von der Lage (süddeutsche Hangwiese, norddeutsche Tieflandwiese) gibt es eine Vielzahl von Bachformen, die als langsam fließende Wiesengräben bis hin zu den in Talauen mäandrierenden breiten Bächen reicht. Die Gefälle sind geringer als beim Bergbach, die Strömungsgeschwindigkeit mit Werten etwa zwischen 1 und 0,2 m pro Sekunde weniger hoch, die Temperatur höher und stärker schwankend als im Bergbach. Die Bachgrundsteine sind meist vollständig überspült.

Links Gebirgsbach in den Bayerischen Alpen mit Alpenrosenbestand, rechts Wiesenbach im Frühling mit Sumpf-Dotterblumen.

Fluß

Kleinere Flüsse erodieren im Gegensatz zu den raschströmenden Oberläufen mit ihrer Tiefenerosion eher seitwärts, wodurch sich Schlingen bilden. Das von den Prallhängen gelöste Material wird an den Gleithängen in Form von Sandbänken wieder abgelagert, die sich bei höherem Zutagetreten mit einer charakteristischen Pflanzenwelt besiedeln können.

Mit abnehmender Strömungsgeschwindigkeit bestehen die zunächst grobkiesigen Untergründe mehr und mehr aus Feinsand und schließlich Schlamm, in dem Wasserpflanzen wurzeln können. Die breiten Unterläufe der Flüsse, auch als Ströme bezeichnet, bildeten ursprünglich durch mitgeführte und abgelagerte Schlammassen zeitlich stark wechselnde Bänke und überfluteten bei Hochwasser regelmäßig ihr Bett, wodurch die Landschaft der sie begleitenden Talaue

immer wieder moduliert wurde. Heutzutage sind die Ströme durch Uferdämme weitgehend »gezähmt«.

Wasserfälle

Zu den Extrembiotopen der Fließgewässer zählen die Wasserfälle mit Strömungsgeschwindigkeiten um und über 3 m pro Sekunde. Die in dünner Schicht von sauerstoffreichem, kalten Wasser äußerst rasch umströmten Felsen bilden ebenso einen Extrembiotop wie die von Spritzwassern feucht gehaltenen, aber nicht umströmten Randgebiete mit ihren sehr starken, tages- und jahreszeitlichen Temperaturschwankungen. In den Wasserfällen sowie in dem um- und durchtosten Steingeröll an ihren Basen leben speziell angepaßte Zweiflügler- und Käferlarven die so flach sind, daß sie sich in die nur etwa millimeterdicke Grenzschicht der umspülten Felsen einnischen können und damit ihren Widerstand stark reduzieren.

Links Partie aus der Wutachschlucht (Schwarzwald), rechts kleiner Wasserfall und mit Moos überzogene Spritzwasserregion.

Bergbach

Der kalte, sauerstoffreiche und rasch strömende Bergbach bietet höheren Wasserpflanzen keine günstigen Anheftungs- und Lebensbedingungen. An langsamer strömenden Stellen kommt am ehesten noch der Hakenwasserstern *(Callitriche palustris* ssp. *hamulata)* vor. Brunnenmoos *(Fontinalis antipyretica)* kann Schwaden bilden; sonst sind die Steine fast ausschließlich mit Blaualgen, Rotalgen (z.B. der blutroten Gattung *Hildenbrandia)* und Grünalgen sowie vor allem Wassermoosen überzogen.

Bei großen Geschwindigkeiten (über 1,7 m pro Sekunde) ist die Geschiebebewegung allerdings so stark, daß jeder Bewuchs wieder abgeschliffen wird. Erste Dauerüberzüge findet man im Bereich zwischen 1,7 und 1,2 m pro Sekunde. Ab 0,9 bis 0,6 m pro Sekunde bleibt gröberes Geröll liegen und bietet Wasserpflanzen Anheftungs- und Kleintieren Versteckmöglichkeiten.

Strömungsanpassung

In der raschen, heftigen Bergbachströmung kann sich nur halten, was kräftig gegenzuschwimmen vermag, sich in geeigneter Weise befestigt oder in Nischen mit geringer Strömungsgeschwindigkeit ausweichen kann.

Gegenschwimmen Mit einer ideal strömungsangepaßten Körperform kann die Bachforelle *(Salmo trutta* f. *fario)*, in gewisser Weise auch die aus Nordamerika eingeführte Regenbogenforelle *(Salmo gairdneri)* durch Gegenschwimmen gegen die Strömung ankommen. Sie geht bis über 2000 m hoch (kleinere Tiere in höhere Lagen), lebt von abdriftenden Organismen, die sie nach optischer Erkennung einzeln schnappt, und springt auch nach niederfliegenden Insekten.

Grenzschichtnutzung An jedem umströmten Körper, so auch an den Steinen in einem Bergbach, bildet sich vom Staupunkt an eine sogenannte Grenzschicht aus, eine meist nur knapp millimeterdicke Wasser-

Extrem abgeflachte Eintagsfliegenlarven der Gattung *Ecdyonurus*.

schicht, in der die Strömungsgeschwindigkeit von Null (direkt an der Steinoberfläche) auf die Geschwindigkeit der freien Strömung zunimmt. Da hier also die Strömungsgeschwindigkeit im Mittel kleiner ist als in der freien Außenströmung, und da der Strömungswiderstand mit dem Quadrat der Anströmgeschwindigkeit zunimmt, bietet diese dünne Wasserschicht strömungsgünstige »Widerstandsnischen«.

Voraussetzung für ihre Nutzung ist allerdings eine abgeflachte Körperform. Man findet sie bei den Larven mancher Köcherfliegen (Trichoptera) oder Steinfliegen (Plecoptera); ganz extrem ausgebildet sind allerdings die Larven mancher strömungsliebenden Eintagsfliegen. So ist Kopf und Vorderkörper der Gattung *Ecdyonurus* schild- oder scheibenförmig abgeflacht; am flachen Hinterleib stehen die Kiemenblättchen seitwärts ab; die Schenkel der Beine sind papierdünn abgeflacht, selbst die Augen sind nur wenig aufgebeult (vgl. Abb. links).

Festkleben Mit ihrem Fußsekret klebt sich die Fußnapfschnecke *(Ancylus fluviatilis)*, die tiefer gelegene Abschnitte der Bergbäche bewohnt, an Steinen fest. Saug-Klebeeinrichtungen findet man weiter bei verschiedenen Froschlarven und sogar Fischen, zum Beispiel der Groppe *(Cottus gobio)*. Bergbachbewohnende Strudelwürmer (Planarien) heften sich mit ihrer klebrigen Fußsohle kapillardicht an die Gesteinsoberfläche.

Anhaken und Ansaugen Zahlreiche Insektenlarven halten sich mit Haken oder Saugnäpfen am Gestein fest, so Larven der Kriebelmücken (Simuliidae oder Melusinidae), der Lid- oder Netzmücken (Blepharoceridae), der Zuckmücken (Chironomidae) und Käfer (Coleoptera). Mit sechs Saugnäpfen kriechen die Larven der Lidmücken (s. »Wasserfälle«,

S. 181) spannerraupenartig. Die Kriebelmückenlarven heften sich mit einem einzigen Saugnapf am Hinterleibsende fest und benutzen zusätzlich einen Häkchenkranz zur Verankerung. Manche können sich auch an einem Fangfaden zurückspulen, wenn sie abgetrieben werden.

Außerordentlich große Fußkrallen besitzen die Hakenkäfer (Dryopidae), von denen manche Larvengänge in

An einem Stein festgeheftete Larven einer Kriebelmücken-Art *(Simulium)*. Unterwasseraufnahme.

im Wasser liegendes Holz graben. Kräftige Klammerhaken besitzen auch viele fließwasserbewohnende Wassermilben (Hydracarina).

Totwassernutzung In der abgerissenen Strömung hinter Steinen oder zwischen Spalten können sich Totwasserräume mit geringerer Strömungsgeschwindigkeit ausbilden. Auf der Strömungsrückseite von Steinen findet man denn auch einen sehr viel stärkeren pflanzlichen und tierischen Aufwuchs als an der vorderen Stauseite. Hier sitzen häufig Köcherfliegenlarven (Trichoptera), die sich dort auch verpuppen, gerne auch räuberische Eintagsfliegen und Steinfliegenlarven, die sich auch weit in den Spalt zwischen Boden- und Stein hineinschieben. Die Steingehäuse von Köcherfliegenpuppen werden mit Gespinsten den Steinoberflächen angeklebt, oft durch größere seitliche »Lagersteine« noch beschwert und verankert. Auch kleinere Fische, zum Beispiel Elritzen, stehen gerne hinter Steinen, und Groppen ruhen am Grund in deren Totwasserbereich.

Wenn sich Moos an umströmten Steinen ansiedelt, dann am ehesten im hinteren Totwassergebiet. Gleiches gilt für Algen. So siedelt die wurzelnde Grünalge *(Stigeoclonium)* und die Kraushaaralge *(Ulothrix)* bei kleinen, flachen Steinen am Bachgrund auf der Oberseite, bei größeren dagegen vorzugsweise auf der hinteren Totwasserseite.
Somit ist Pflanzenbewuchs wie Tierbesatz in ausgeprägter Weise von den »ökologischen Strömungsnischen« abhängig, die gerade ein steiniger Bachgrund in vielfältiger Ausformung bietet. Sandablagerungen im »Totwasser« von Steinen oder flutenden Wasserpflanzen bieten weitere Bewurzelungs-, Besiedelungs- und Versteckmöglichkeiten.

Besiedelung des Bodengrunds
Geröllgründe mit Korndurchmessern

Zusammenfassende Darstellung des Lebens an schnellumströmten Steinen im einem Bergbach. Nach Pleskot.

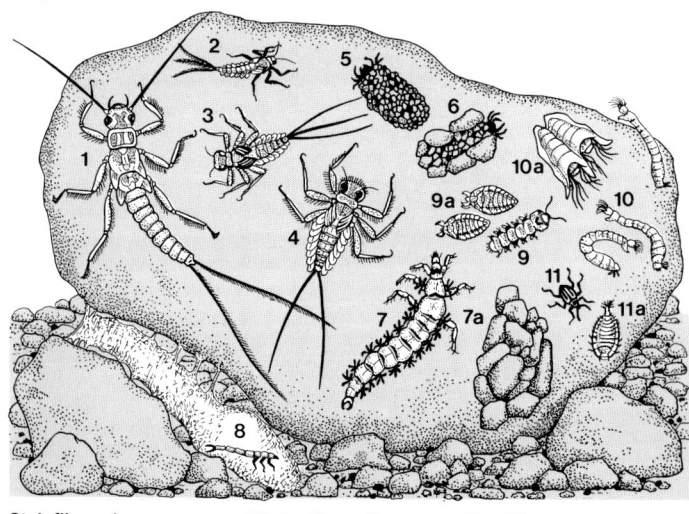

Steinfliegenlarven:
1 *Perlodes*

Eintagsfliegenlarven:
2 *Baëtis*
3 *Rhithrogena*
4 *Epeorus*

Köcherfliegenlarven:
5 *Synagapetus*
6 *Silo*
7 *Rhyacophila*
(7a: Puppe)
8 *Philopotamus*

Zweiflüglerlarven:
9 *Liponeura* (9a: Puppe)
10 *Simulium* (10a: Puppe)

Käferlarven:
11 *Helmis* (11a: Puppe)

zwischen 6 und 4,5 cm bieten in ihrem strömungsgeschützten Lückensystem zahlreichen Insektenlarven Versteckmöglichkeit. Typische Bewohner dieses Biotops sind kleine Ringelwürmer. Im kiesigen Sand mit Korndurchmessern von einigen wenigen Millimetern leben manche Libellenlarven, so die der Quelljungfer (Cordulegaster annulatus), Flohkrebse (Gammarus) und Fischlarven. So sind die Larven des Bachneunauges (Petromyzon planeri) Grundbewohner. Forellen legen ihre Eier nur über spezielle Sandgründe, in denen sich die jungen Larven eingraben können; Quappen lassen ihre Eier von der Strömung in kieselige Lücken schwemmen; Elritzeneier haften an Steinen fest. Im Lückengewirr zwischen Steinen, spinnen räuberische, dann meist köcherlose Trichopterenlarven (Neureclipsis, Hydropsyche) Netze und weiden ab, was da hineingespült wird.

Verdriftung Trotz aller Haftmechanismen werden Kleintiere häufig abgerissen und verdriften bachabwärts. Dies ist besonders während der Nacht der Fall; da kommen Steinlückenbewohner aus dem Totwasser, um die Oberfläche von Steinen abzuweiden und werden dabei leicht losgerissen. Im Experiment wurden Schlammschnecken bei etwa 0,5 m pro Sekunde Strömungsgeschwindigkeit losgerissen, Hakenkäfer und Strudelwürmer bei etwa 0,9 m pro Sekunde, strömungsangepaßte Eintagsfliegenlarven bei etwa 1,3 m pro Sekunde, Kriebelmückenlarven bei 2,8 m pro Sekunde und schließlich die extrem strömungsangepaßte, sechs Saugnäpfe tragende Lidmückenlarve (Liponeura cinerascens) bei mehr als 3 m pro Sekunde.

Gelingt es diesen Tieren irgendwann, sich wieder festzusetzen, zeigen sie eine Tendenz zur Stromaufwärtswanderung (»positive Rheota-

xis«). Zusammen mit sogenannten Kompensationsflügen – die Imagines fliegen vor der Eiablage flußaufwärts – wird für eine Gegenwanderung gesorgt, so daß sich dieser Kreislauf in etwa in der Waage hält.

Wasserfälle

Bewohner der nur millimeterdünnen, extrem rasch schießenden und sauerstoffreichen Wasserüberzüge auf wasserfallumspülten Felsen brauchen keine Kiemen, dafür extrem ausgebildete Anheftungsorgane. So besitzen die flachgedrückten Larven der Lidmücken (Blepharoceridae) sechs Saugnäpfe, mit denen sie sich beim Abweiden des Kieselalgenbelags auf Steinoberflächen abwechselnd festhalten. Bei der Häutung ersetzen sie einen Saugnapf nach dem anderen sehr rasch durch bereits vorgefertigt darunterliegende Saugnäpfe der nächsten Generation, während die nicht oder bereits gehäuteten festhalten.

Innerhalb des dünnen Wasserfilms bewegen sich die U-förmig gekrümmten Larven der Tastermücken (Dixa-Arten) »schnicksend« fort, indem sie sich gegenläufig abbiegen und jeweils mit den Körperenden festheften. Des weiteren bewohnen speziell angepaßte Larven von Zuckmücken, Köcherfliegen und Waffenfliegen (Stratiomyidae) diesen extremen Biotop. Erstaunlich rasch strömendes Wasser halten auch die Flußnapfschnecken (Ancylus fluviatilis) aus.

Rotalgen (z. B. Hildenbrandia), Blaualgen (z. B. Chamaesiphon) und Grünalgen (z. B. Rhodoplax) bilden flache Lager, die sich dem Stein anschmiegen. Halbkugelige Polster dagegen formen die etwas schwächere Strömung bevorzugenden Blaualgen der Gattungen Rivularia, Nostoc und Schizothrix, zusammen mit Flechten sowie polsterbildenden Laub- und Lebermoosen.

Wiesenbach

Geringere Strömungsgeschwindigkeit, höhere Temperatur und vor allem ein tonig-sandiges bis schlammiges Bett kennzeichnen die kleineren Gewässer des Mittellaufs. Der klassische Bach mäandriert in einem Wiesental, ist mit Weiden, Pappeln und anderen feuchtigkeitsliebenden Gehölzen bestanden und schwemmt sich Kolke mit freiliegendem Wurzelwerk aus, in denen gern Flußkrebse *(Astacus fluviatilis)* stehen bzw. standen. Bei vielfachem Pflanzenbesatz ist die pflanzliche Nahrungsgrundlage im Wiesenbach sehr viel besser ausgeprägt als im Bergbach.

Wasseroberfläche

Die im Vergleich zu den Bergbächen geringere Strömung der Tieflandsbäche erlaubt gerade im langsam rotierenden Totwasserbereich die Besiedelung der Oberfläche durch Taumelkäfer (*Gyrinus,* Abb. S. 162, und *Orectochilus),* die mit rasenden Schlägen der extrem abgeplatteten Ruderbeine Kreise oder Mäander ziehen. Auch besonders große Arten der Wasserläufer (*Gerris,* Abb. S. 162) und die geselligen, weniger regelmäßig rudernden, kleineren Stoßwasserläufer *(Velia)* kommen vor, oft in ganzen Trupps

Organismen auf und in Pflanzenmassen

Neben strömungsangepaßten Formen der Bergbäche und grabenden Formen der Bachgründe umfaßt eine dritte ökologische Gruppe von Eintagsfliegenlarven solche, die auf und im Gewirr der Wasserpflanzen sitzen. Wegen der dort geringen Strömungsgeschwindigkeit sind solche Formen mäßig strömungsangepaßt, langgestreckt und eher grazil: beispielsweise Gattung *Ephemerella.* Ähnliches gilt für Kleinlibellenlarven, zum Beispiel die langgestreckt-dünnen, langbeinigen Arten der Prachtlibellen *(Calopteryx),* der Schlanklibellen (*Agrion, Lestes* usw.) sowie der Federlibelle *(Platycnemis pennipes).*

Tragen Steinfliegenlarven zwei drehrunde Schwanzfäden, so sind die Eintagsfliegenlarven durch (meist) drei derartiger Fäden, die Kleinlibellenlarven durch drei langgestreckte, blattförmig-dünne Tracheenkiemenanhänge gekennzeichnet.

Innerhalb der recht langen, flutenden Quellmoos-Büschel bilden sich auch bei starker Umströmung fast bewegungsfreie Mikronischen, die vielseitig besiedelt sind. In einem solchen Büschel von nur etwa 5 g Trockenmasse fand man einmal 1414 Kleinlebewesen. Noch indivi-

Etwa 1,5 cm lange Larve einer Steinfliegenart (Plecoctera) aus einem schnellströmenden Bach. Die größten derartigen Larven werden etwa 5 cm lang.

Rand eines leicht verunreinigten Wiesenbaches im Alpenvorland mit Bestand von Bachbunge *(Veronica beccabunca)*.

duenreicher sind steinüberziehende Moosrasen. Innerhalb der gleichen Trockenmasse waren in einer Probe 4309 Tiere, und zwar 35% Zuckmückenlarven, 20% Köcherfliegenlarven, 14% Eintagsfliegenlarven, je 10% sonstige Zweiflügler- und Steinfliegenlarven, 11% sonstige Kleintiere. Derartige Pflanzenrasen bieten auf der einen Seite tagsüber durch Photosynthese ein günstiges sauerstoffreiches Milieu; nachts dagegen kann der Sauerstoff durch Atmungsvorgänge praktisch aufgebraucht werden. Besiedelnde Kleintiere müssen also starke Sauerstoffschwankungen aushalten können.

An Wasserpflanzen, auf Steinen, gerne aber auch an ins Wasser hängenden Schilfblättern sitzen die Larven der Kriebelmücken (Gattung *Simulium,* Abb. S. 179), die mit ihrem Oberlippenborsten-Korb die Strömung auf freßbare Kleinteile durchseihen. Im gleichen Biotop befestigen sich ihre Puppen, in tütenförmigen Gehäusen gegen die Strömung gerichtet. Aus den offenen »Tütenenden« ragen zwei weiße Kiemenbüschel, die in der Strömung flottieren und der Sauerstoffversorgung dienen.

Bachformen von Quellmoosen sind im übrigen deutlich reißfester als Seeformen der gleichen Art (um den Faktor 1,5), weil sie eine fünffach dickere Epidermis besitzen.

Flache Bäche und langsam strömende Flüsse können sich großflächig mit weißblühendem Wasser-Hahnenfuß *(Ranunculus aquatilis)* oder den zart pfriemenblättrigen Flutenden Hahnenfuß (*Ranunculus fluitans,* Abb. S. 174/175) überziehen, die als Schlammfänger wirken, den Bachgrund erhöhen und so die Besiedelung mit weiteren Arten wie beispielsweise der Brunnenkresse *(Nasturtium officinale)* oder der Bachbunge *(Veronica beccabunga)* ermöglichen.

Bewohner des Schlammgrunds

Pro Quadratmeter können mehrere tausend, im Extremfall auch über 50000 Kleintiere vorkommen, wenn man alle kleinen Würmer, Insektenlarven usw. zusammenzählt. In tieferen Kolken hält sich gerne auch die Äsche *(Thymallus thymallus)* auf.

Stark sauerstoffbedürftige und kälteliebende Insektenlarven, beispielsweise solche von bergbachangepaßten Steinfliegen, kommen nicht mehr vor, dafür unterschiedliche Arten grabender Eintagsfliegenlarven. Sie sind meist walzenförmig rund, stark behaart, tragen Grabschaufeln

Eintagsfliegenlarve vom grabenden Typ (wahrscheinlich Gattung *Ephemera*), die ihre Kiemenblättchen durch umgestaltete »Hüllblättchen« gegen Verschmutzung schützt.

zumindest an den Vorderbeinen (auch die Kopfregion ist manchmal als »Schaufelbagger« ausgebildet) und, in Anpassung an den geringen Sauerstoffgehalt ihrer Grabröhren, meist mächtige Tracheenkiemen. Ein Verschmutzen wird durch darübergelegte umgewandelte Kiemenblätt-chen vermieden. Ein typisches Beispiel ist die Gemeine Eintagsfliege *(Ephemera vulgata)*.

Weitere typische grabende Bachbettbewohner sind beispielsweise die Larven der Eintagsfliegengattung *Palingenia* und der Libellengattung *Gomphus,* eine Reihe von Muscheln, nämlich Flußmuscheln *(Unio),* in klaren Urgebirgsbächen früher häufiger auch die Flußperlmuschel *(Margaritifera margaritifera),* Kugelmuscheln *(Sphaerium)* und Erbsenmuscheln *(Pisidium),* die letzteren mit Formen, die meist kleiner als 1 cm sind. Die große Individuenzahl der Bachbettbewohner ist aber im wesentlichen auf Würmer und vor allem (über 80%) auf Zuckmückenlarven zurückzuführen.

Die 10–30 cm dicke Schlammschicht am Bachgrund, in der Gebirgsregion eher sandig-kiesig, steht in ausgeprägtem Wasser- und Organismenaustausch mit dem umgebenden Boden und Untergrund.

Wiesengräben

Unter klarem Eis solcher seichter Gräben kann sich die dünne Wasserschicht über dem wärmeabsorbierenden, dunklen Bodenschlamm beträchtlich erwärmen, ohne weiteres auf + 10 bis 15 °C! Entsprechend rasch geschieht dort die Frühjahrsentwicklung der Pflanzen und Kleintiere.

Kleinere Köcherfliegen leben entweder »nackt« und räuberisch oder umgeben sich mit Köchern aus zerbissenem Pflanzenmaterial oder aus aneinandergeklebten Steinchen, die einem Seidengespinst aufgekittet werden. An Krebstieren sind Wasserasseln *(Asellus aquaticus)* und Flohkrebse *(Gammarus)* häufig. Die letzteren sind an ihrer seitlich stark zusammengedrückten, halbrunden Körperform und ihrem seitlichen »Schnicksschwimmen« leicht zu erkennen.

Flüsse

Die Temperatur kann im Sommer hoch werden, um die 20 °C. Trotz der langsamen Strömungsgeschwindigkeit und der im Verhältnis zum Volumen recht geringen Oberfläche muß der Sauerstoffgehalt nicht gering sein, wenn ein guter Wasserpflanzenbestand und wohl ausgebildetes Flußplankton vorhanden ist.

Flüsse werden heutzutage häufig periodisch gestaut, wodurch sich ganz abweichende Charakteristika ergeben können.

Unterteilung

Eine gängige Unterteilung der Fließgewässer Mitteleuropas geschieht nach dem Fischbestand. Im Oberlauf herrschen Lachsartige vor (Salmoniden), im Mittel- und Unterlauf Karpfenartige (Cypriniden). Unter Rückgriff auf den Bergbach seien die verschiedenen Regionen unter den Fließgewässern kurz charakterisiert. Abiotische Faktoren sind vor allem durchschnittliche Wassertemperatur, Bodenbeschaffenheit und Sauerstoffgehalt.

Forellenregion Durchgehend kaltes Wasser (5–10 °C im Sommer) und viele Miniaturstromschnellen bedingen sehr reichlichen Sauerstoffgehalt. Der Boden besteht aus anstehendem Fels und großen Steinen. Charakterart: Bachforelle *(Salmo trutta* f. *fario);* dazu Elritze, Groppe, Bachneunauge, Schmerle.

Die Fische dieser Region sind im Körperquerschnitt mehr rundlich. Besiedelungsmäßig kann man noch eine obere und eine untere Forellenregion unterscheiden.

Äschenregion Die Wassertemperatur bewegt sich etwa zwischen 3 und 15 °C, steigt auch im Sommer kaum darüber. Der Sauerstoffgehalt ist noch reichlich. Neben Steinen bedecken grobe Kiese den Boden. Charakterart ist die Äsche *(Thymallus thymallus).* Dazu kommen noch Bachforellen, Huchen, Nasen, Quappen, Hasel und (früher) Lachse. Aus dem Meer kommend steigen die laichbereiten Lachse relativ hoch hinauf.

Barbenregion Diese oberste Region der tiefergelegenen Fließgewässer wird im Sommer häufig über

Extrem klarer Kolk mit Forellen im Oberlauf eines Bergbaches auf Kalkgrund.

15 °C warm und friert im Winter zu. Der Sauerstoffgehalt ist an der Oberfläche groß, in Bodennähe gering. Den Boden bedecken mehr oder minder feine Kiese. Charakterart ist die Barbe *(Barbus barbus)*. Dazu kommen Rotfeder, Nase, Hasel, früher Lachs, gelegentlich Wels und Aal.

Brachsenregion Die Mittelläufe der Tieflandflüsse sind durch große Temperaturkontraste gekennzeichnet, im Sommer oft über 20 °C, im Winter zufrierend. Ausreichendem Sauerstoffgehalt an der Oberfläche steht bei geringer Strömungsgeschwindigkeit häufig eine Sauerstoffzehrung auf Null am Boden gegenüber, der von mehr oder minder feinen Sanden bedeckt wird. Charakterart ist der Brachsen *(Abramis brama)*, auch Blei genannt. Dazu kommen unter anderem Karpfen, Schleie, Karausche, auch Wels, Zander sowie Aal.

Kaulbarsch-Flunder-Region Für die Temperatur und den Sauerstoffgehalt der großen Tieflandströme gilt das Ebengesagte. Der Boden besteht aus feinsten Sanden und Schlamm. Im Bereich großer Ästuare sind die Endstrecken bereits beachtlich brackig. Charakterart ist der Kaulbarsch *(Gymnocephalus cernuus)* und die Flunder *(Platichthys flesus)*. Dazu kommen Rotauge, Aal und Zander.
Die Körperquerschnitte der Flußfische des Tieflands sind meist hochrückig-schmal; flußabwärts nimmt der Artenreichtum an Fischen zu. Manche pendeln während ihrer Individualentwicklung zwischen Meer und Fluß (Aal, Stör, Lachs), andere finden in stehenden und langsam fließenden Gewässern zusagende Lebensbedingungen (z. B. Karpfen, Brachsen, Schleie, Rotauge, Zander).

Flußplankton
Im Oberlauf kann sich ein Plankton nicht halten, wird von der Strömung zerschlagen. Im Mittellauf wird lediglich aus Seen über Bächen eingeschleustes Plankton transportiert. Im Unterlauf allerdings ist die Strömungsgeschwindigkeit derart gering, daß sich während der Laufzeit ein flußeigenes Plankton bilden und vermehren kann. Artenmäßig unterscheidet sie sich allerdings nicht vom Seenplankton. Die Kleinalgen als Sauerstofflieferanten sind wichtig für die Selbstreinigungskraft der Fließgewässer.

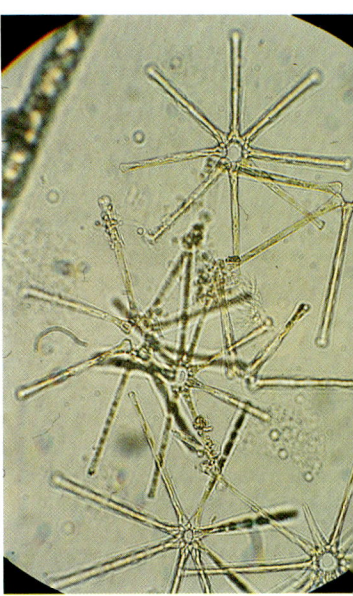

Mikroaufnahme der Seen wie Flüsse bewohnenden Sternchen-Kieselalge *(Asterionella formosa)*; Hellfeld.

Wo Flüsse aufgestaut werden (Talsperren, Stauseen, Stauwehre), können sich bei sehr geringen Strömungsgeschwindigkeiten seenähnliche Verhältnisse bilden, und die Planktonbesiedelung kann sehr ausgedehnt sein.

Sandlückensystem

Eine ganz eigenartige, hochange-paßte Fauna hält sich im feinen Hohl-raumsystem feuchter Sandgründe auf, seien sie an Flußufern, unter der Flußsohle oder – besonders ausge-prägt – im feuchten Sand der Mee-resküsten. Die erstaunlich vielfältige Tierwelt dieser Extrembiotope ist erst seit wenigen Jahrzehnten be-kannt und wird seitdem gründlich er-forscht.

Das langgestreckte System sehr dünner Wasserkapillaren begünstigt die Entwicklung folgender Kennzei-chen: Die Körper sind ausnehmend

Mikroaufnahme eines Sandlückenbewoh-ners, des Kleinkrebses *Derocheilocoris remani* (Mystacocarida); Dunkelfeld.

klein, dünn und langgestreckt. Zum Festheften sind am Körperende häu-fig Klebeorgane ausgebildet, zur Fortbewegung dienen bauchseitige Wimpern-Kriechsohlen, schlängeln-de Körperbewegungen oder ziehen-de Brustbeine. Zur Orientierung sind

lange Fühler ausgebildet. Im sehr lichtarmen bis dunklen Milieu fehlen Augen nahezu vollständig. Die Tiere ernähren sich ausnahmslos von ein-geschwemmten Detritusteilchen und Bakterien, die sie ausfiltrieren oder abweiden.

Das Auffallendste ist aber die kon-vergente Körperausbildung: Die Tie-re sind ausnahmslos langgestreckt, meist knapp millimetergroß und eini-ge hundertstel Millimeter dick. Urtie-re haben sich hier zu langgestreck-ten Riesenformen entwickelt, Krebse zu ebenso langgestreckten Miniatur-formen. Eine Krebsordnung (Mysta-cocarida) ist sogar auf das Sandlük-kensystem beschränkt. Dazu kom-men beispielsweise Strudelwürmer (Turbellaria), Bauchhaarlinge (Ga-strotricha), Kiefernmäuler (Gnatho-stomulida), Fadenwürmer (Nemato-des) und andere.

Zur Untersuchung der Sandlücken-fauna gräbt man im Ufersand der Flüsse oder – besser – Meere ein Loch und schöpft das Sickerwasser durch ein Planktonnetz.

Oberflächenhäutchen

Legt man eine eingefettete Nähnadel oder Rasierklinge vorsichtig auf die Wasseroberfläche, so schwimmt sie: Oberflächenspannung! Für eine er-staunlich große Zahl kleinster Orga-nismen ist das Oberflächenhäutchen eine Fläche, die von oben oder unten besiedelt werden kann. Diese Le-bensgemeinschaft nennt man Neu-ston. Algen, Pilze und Bakterien ge-hören ebenso dazu wie einige tieri-sche Mikroorganismen. Zwei Klein-krebse sind auf die Abweidung des Oberflächenhäutchens spezialisiert, dem sie mit abgestumpften Schalen von unten entlangfahren: Das Mu-schelkrebschen *Notodromas mona-cha* und der »Kahnfahrer«, der Was-serfloh *Scapholeberis mucronata*, le-ben und ernähren sich auf diese Weise.

Auwälder und Flußinseln

Die natürliche Randvegetation der Tieflandflüsse ist in unseren Breiten der zumeist jahresperiodisch überschwemmte Auwald, wie er sich beispielsweise im Donaudelta teils noch gut erhalten präsentiert. Wo Flußbette künstlich hochgelagert werden, z.B. am Oberrhein, drückt sich durch das Schotterbett kristallklares Sickerwasser durch, mit der randbestimmten Vegetation aus Flußröhricht und Weidengebüsch sowie einem kräftigen Auwald aus großen Weiden, Grau-Erlen und Eschen (Abb. S. 127).

Flußinseln sind häufig von außen nach innen durch zunehmend feine-

Pärchen des Großrüßlers *(Liparus glabrirostris)* in Kopula.

res Sediment gekennzeichnet und werden bei Hochwasser vollständig überflutet. An ihrem Rand können sich im Voralpenbereich als Samen abgeschwemmte Alpenpflanzen entwickeln. Grau-Weiden, Sanddorn und Grau-Erlen besiedeln die höheren Lagen. Manchmal sind ganze Sandbänke mit meterhohen Stauden der Pestwurz *(Petasites hybridus)* überzogen, Nahrungsgrundlage für eine eigentümliche Kleintierwelt, unter anderem dem größten einheimischen Rüsselkäfer *(Liparus glabrirostris)*.

Vögel am Fluß

Begleiter der Bachoberläufe sind der blaugrün schimmernde Eisvogel *(Alcedo atthis)*, der in sandigen Uferwänden seine Bruthöhlen gräbt, die graugelbe Gebirgsstelze *(Motacilla cinerea)* und, für Bergbäche typisch, die weißbrüstige Wasseramsel *(Cinclus cinclus)*. Die Wasseramsel brütet gerne unter Brücken, durchquert beim Anflug ohne weiteres auch einen Wasservorhang. Sie geht vollständig unter Wasser und läuft mit schräg nach unten ausgebreiteten Flügeln (der »Abtrieb« drückt das Tier an, ähnlich wie der Fahrtwind moderne Rennwagen mit schräggestellten Heckspoilern) auf dem Boden herum. Dabei pickt sie Wasserasseln, Flohkrebse, Eintagsfliegenlarven und andere Bachinsekten ab. Sie vermag 15–25 Sekunden zu tauchen.

Möwen, Seeschwalben, Enten und Säger begleiten die Mittel- und Unterläufe der Flüsse. Auf Sand- und Kiesbänken lebt der Flußregenpfeifer *(Charadrius dubius)*, schlammiges Seichtufer bevorzugt der Flußuferläufer *(Tringa hypoleucos)*. An sandig-lehmigen Steilufern gab es früher häufig Kolonien der Uferschwalben *(Riparia riparia)*, deren rauhes Gezwitscher aus der Luft klingt, als würde man Sandpapier gegeneinander reiben.

Von den Watvögeln der Küstenregionen gehen Sandregenpfeifer *(Charadrius hiaticula)* und Steinwälzer *(Arenaria interpres)* weniger weit flußaufwärts; die Bekassine *(Gallinago gallinago)*, der Alpenstrandläufer *(Calidris alpina)*, der Zwergstrandläufer *(Calidris minuta)* und der Kiebitzregenpfeifer *(Pluvialis squatarola)* sind auch weiter im Binnenland anzutreffen. Sie suchen dann wohl auch Würmer und anderes Kleingetier von frisch gepflügten Äckern, die sie beim Keimen der Saat wieder verlassen. Nur Limikolen mit langen

Schnäbeln, so Rotschenkel *(Tringa totanus)* und Grünschenkel *(Tringa nebularia)* finden mit ihren langen Stocherschnäbeln selbst bei Nahrungsknappheit auch binnenwärts noch genügend Beute, wenngleich sie in der Hauptsache Bewohner der Küstenregion und Flußmündungen sind, wo sie auf feuchten Sandbänken oder im Uferschlamm nach Nahrung stochern.

Säuger am Fluß

Früher gab es Fischotter *(Lutra lutra)* und Biber *(Castor fiber)*. Vor dem Zweiten Weltkrieg gab es einen nicht unbeträchtlichen Biberbestand an der mittleren Elbe, der sich am Ende des Ersten Weltkriegs auf 272 Stück belief. Um 1925 sank er auf rund 170 Stück und nahm in der Folgezeit stetig zu: 1929 263 Exemplare, 1939 330. Im Zuge der Kriegswirren fast ausgerottet, stieg der Bestand wieder auf etwa 100 Exemplare. Neben dem Vorkommen bei Magdeburg kennt man in Westeuropa nur noch einen kleineren Bestand im Rhonedelta, der als »natürlicher Rest« bezeichnet werden kann. Wiederansiedlungen sind mit mehr oder minder großem Erfolg an unterschiedlichen Stellen versucht worden.

Krebstiere der Flüsse

Der Flußkrebs *(Astacus fluviatilis)* wurde durch Krebspest, Regulierungsmaßnahmen und Abwässerbelastung stark dezimiert. Eine widerstandsfähige amerikanische Art *(Orconectes limosus)* hat sich nach dem Ersten Weltkrieg fast überall etabliert. Auch eine Süßwassergarnele *(Atyaephyra desmaresti)* kommt gelegentlich in Flußgebieten vor. So ist sie vom Westen her in den Mittellandkanal eingewandert.

Weniger Sympathie genießt die im Jahre 1912 eingeschleppte Chinesische Wollhandkrabbe *(Eriocheir sinensis)*, die im Frühjahr flußaufwärts, mit dem Herbstbeginn zur Fortpflanzungszeit flußabwärts in Richtung zum Brackwasser wandert. Im Jahre 1935 war wohl das Maximum erreicht; allein an den Havelwehren wurden an die 15 Millionen Stück gefangen. Bei Massenauftreten sehr schädlich – sie durchschneidet mit ihren Scheren die Fischernetze auf der Suche nach Beute – ist die Wollhandkrabbe heute auf unbedeutende Populationszahlen zurückgegangen. An kleineren Krebstieren bevölkern Flohkrebse (Gammaridae) und die Wasserassel *(Asellus aquaticus)* die Flußböden.

Flußaufstauungen

Im Zuge der Schiffbarmachung und der Energiegewinnung sind die meisten größeren Flüsse Europas periodisch aufgestaut worden. Die Strömungsgeschwindigkeit verlangsamt sich damit, in flacheren Regionen dehnt sich die Oberfläche weit aus, falls der Fluß nicht durch Staumauern eingedämmt wird (z.B. Klingnauer Stausee in der Schweiz). Wegen der langsameren Strömungsgeschwindigkeit kommt es zu einem starken Absatz mitgeführter Schwebestoffe; Erosion unterbleibt sowieso. Eingeschwemmte, sich langsam abbauende organische Substanz macht Staubecken oft stark eutroph. Der sich rasch erhöhende Faulschlamm muß regelmäßig ausgebaggert werden, soll das Staubecken nicht zusetzen.

Angestaute, sehr langsam strömende Flüsse sind auf der anderen Seite als Ersatz für natürliche Biotope wichtig geworden als Rast und Überwinterungsplätze von Wasservögeln, insbesondere Enten. Der untere Inn mit den »Innstauseen« bietet ein gutes Beispiel. Gleiches gilt für Speicherseen, wie sie früher zur Speicherung großer Wasseranfälle gebaut wurden, so der Isar-Stausee nahe Ismaning bei München.

Güteklassifizierung und Selbstreinigung

Man kennt vier Güteklassen, die nach dem Grad der organischen Belastung unterschieden und als »Saprobienstufen« bezeichnet beziehungsweise indiziert werden. Sie können mit chemischen oder, besonders gut, auch mit biologischen Feldmethoden klassifikatorisch erfaßt werden: In der Güteklasse I (oligosaprobe Stufe) ist das Wasser rein, unbelastet bis nur sehr gering belastet. Die Güteklasse II (betamesosaprobe Stufe) ist durch mäßige Belastung gekennzeichnet, die Güteklasse III (alphamesosaprobe Stufe) durch starke Verschmutzung. Übermäßig starke Verschmutzung (polysaprobe Stufe) kennzeichnet die Güteklasse IV. Auch Zwischenwerte I–II, II–III, III–IV sind definiert und können an der Art der Besiedelung mit Leitorganismen eingegrenzt werden.

Eine im Feld brauchbare Methode zur biologischen Wassergütebeurteilung von Fließgewässern mit makroskopischen Tieren (also unter Verzicht auf die oft schwierig bestimmbaren Mikroorganismen) hat D. Meyer vorgelegt, in der auch die wichtigsten Organismen an Hand leicht unterscheidbarer Merkmale vorgestellt werden (s. Literaturverzeichnis). Für eine ausführliche Beurteilung werden folgende Gruppen einbezogen: Schwämme (Porifera), Strudelwürmer (Turbellaria), wenigborstige Würmer (Oligochaeta), Egel (Hirudinea), Schnecken (Gastropoda), Muscheln (Bivalvia), Krebstiere (Crustacea), Eintagsfliegenlarven (Ephemeroptera), Steinfliegenlarven (Plecoptera), Libellenlarven (Odonata), Köcherfliegenlarven (Trichoptera), Zweiflügler (Diptera) und schließlich Käfer (Coleoptera). Nebenstehend sind Beispiele abgebildet.

Biologische Selbstreinigung der Flüsse

Wird der Fluß nicht extrem stark belastet, so kann er nach Einleitung organischer Abwässer nach einiger Zeit ebenso rein sein wie vor der Einleitung. Die Selbstreinigungsprozesse sind an den Bewuchs gebunden (»biologischer Rasen«) sowie an die im Flußwasser frei schwebende Biomasse (»Seston«). Bei formaler Betrachtung kann man die Flußstrecke nach der Schadstoffeinleitung in eine Reihe kurzer Abschnitte aufteilen, deren jeder einen anderen Anteil am Selbstreinigungsprozeß aufweist und sich dementsprechend auch hinsichtlich seines Organismenbesatzes mehr oder minder deutlich abgrenzen läßt.

Nachdem organisches Abwasser eingeleitet worden ist, steigt infolge der Selbstreinigungsprozesse die Biomasse der substanzabbauenden Mikroorganismen (Scheidenbakterien und Abwasserpilze), während die Konzentration an gelöster organischer Substanz (oft ausgedrückt durch den »biochemischen Sauerstoffbedarf«) abnimmt. Die Mikrolebewesen sterben ab, werden von anderen Mikroorganismen (vor allem Protozoen), von Würmern usw. gefressen oder auch abgeschwemmt. Flußabwärts sinkt also die Mikroorganismendichte wieder, und hier ist (falls die Selbstreinigungskraft nicht überschritten wurde) der größte Teil der eingeleiteten organischen Stoffe bereits abgebaut.

Mit der sinkenden Zahl der nur mikroskopisch sichtbaren Lebewesen (Bakterien, Pilze, Protozoen) geht ein Anstieg chlorophyllhaltiger Organismen einher. So siedeln sich zunächst Blau- und Grünalgen an, wobei die grünen Fadenalgen schließlich beherrschend werden. Diese nehmen weitere Nährstoffe auf und setzen sie in eigene Biomasse um, wobei auch der Massenaufbau durch Photosynthese eine große Rolle spielt. Schließlich kommt es zu einer Art Fließgleichgewicht zwischen eingeschwemmten organischen oder mineralischen Nährstoffen, ihrer Nutzung und dem Abbau der Pflanzensubstanz. Jede Stufe baut auf dem auf, was die weiter flußaufwärts liegende Stufe »durchläßt« oder dem Wasser beimengt. Ist der Stoffanfall groß (toxische Substanzen seien hier nicht betrachtet), so steigt die Bioaktivität der betrachteten Stufe, und die Geschwindigkeit der Selbstreinigung vergrößert sich nach Art biokybernetischer Selbstregelungen.

Die folgenden Kenngrößen bestimmen die Selbstreinigungskraft unserer Flüsse. Biomasse: Sie beläuft sich auf etwa 5–500 g Trockensubstanz pro Quadratmeter Wasseroberfläche. Flußbettgeometrie: Von der Geometrie und damit der Strömungsgeschwindigkeit sowie vom Bodensubstrat hängt entscheidend die Besiedelungsmöglichkeit mit Mikroorganismen und Pflanzen ab. Eigentümlichkeiten der Fließvorgänge: Geringere Fließgeschwindigkeit erhöht die Kontaktzeit und damit die Abbaugröße; turbulente Strömung führt zu größerem Oberflächenkontakt und damit auch zur Abbauintensivierung. Temperatur, Lichtintensität und Sauerstoffangebot spielen eine weitere wichtige Rolle, so daß jedes Gewässer anders »reagiert«.

Beispiel für die Selbstreinigungsfähigkeit eines Flusses (halbschematisch) und typische Beispiele für die wichtigsten makroskopischen Leitorganismen-Gruppen (vgl. Text). Nach Uhlmann (1982) und nach Meyer (1983).

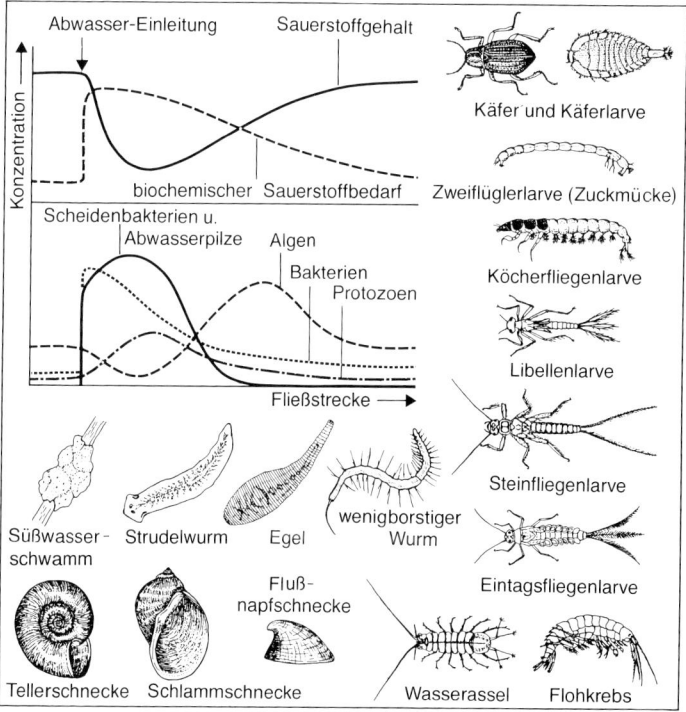

191

Unterirdische Gewässer

Das Regenwasser durchdringt zunächst das Sandlückensystem des Bodens, sammelt sich dann zu unterirdischen Rinnsalen, die in Karstgebieten zu richtiggehenden unterirdischen Strömen mit Höhlenbildungen zusammenlaufen können, und sammelt sich schließlich im gefilterten Grundwasser. Nur das letzere ist in größerer Tiefe organismenfrei. Sikker- und Grundwasser tritt in Quellen unterschiedlicher Formen zutage.

Unterirdische Hohlräume

In absoluter Dunkelheit halten sich unter den Pflanzen lediglich Bakterien und Pilze. Zusammen mit eingeschwemmten Teilchen bilden sie die Nahrungsgrundlage für eine nicht allzu artenreiche, hochangepaßte Tierwelt. Neben Würmern und auch Schnecken gibt es vor allem speziell angepaßte Krebse, so den Brunnen-krebs *(Niphargus puteanus)* und die Höhlenassel *(Asellus cavaticus),* die in den gleichmäßig kühlen, meist relativ sauerstoffarmen, stockdunklen Gewässern ihr Refugium gefunden haben. Meist fehlen Augen und Pigmente; die Körper sind weißlich-durchscheinend (so auch beim Grottenolm *(Proteus anguinus),* lange Fühler oder Beine dienen als Taster.

Die unterirdischen Gewässer sind gleichmäßig kühl (8–10 °C) und zeigen kaum jahreszeitliche Schwankungen. Demgemäß findet man auch kaum einen jahreszeitlichen Fortpflanzungsrhythmus, der durch geringe Eizahl und lange Individualentwicklung gekennzeichneten Höhlenbewohner. Typische Beispiele sind der Strudelwurm *Planaria vitta,* dazu blinde Ruderfußkrebse, Borstenwürmer, Wassermilben, Muschelkrebse und Wasserinsekten. Manche, wie der Brunnenkrebs, sind Eiszeitrelikte, die in den dauerkalten Höhlengewässern Refugien gefunden haben.

Grottenolm *(Proteus anguinus)* aus der Höhle von Postojna (Adelsberger Grotte/Jugoslawien). Das weißliche, blinde Tier trägt kräftig rote Kiemenbüschel.

Quellen

Je nach der Art des Wasseraustritts unterscheidet man Sicker- oder Sumpfquellen, die einen großflächigen »Quellsumpf« bilden (für viele Hochgebirgslagen typisch), Tümpelquellen mit Überlauf und schließlich die bereits mit Gefälle austretenden Sturz- oder Fließquellen. Auch die Abflüsse aus den Gletschertoren kann man in diese Gruppe einreihen. Niedere und über das ganze Jahr mehr oder minder gleichbleibende Wassertemperatur sowie allgemein geringe Nährstoffkonzentration und damit geringe Produktivität zeichnen die meisten Quellen aus.

Die kaltangepaßten, sauerstoffliebenden Bewohner stammen häufig aus dem Grundwasser, so etwa der Brunnenkrebs *(Niphargus puteanus)*, oder sind vom anschließenden Bachlauf her eingewandert wie der Bachflohkrebs *(Gammarus pulex)*. Ferner gibt es Arten, die auch in anderen stehenden Gewässern heimisch sind wie der Kugelschwimmer *(Hyphydrus ovatus)*, ein Wasserkäfer, oder schließlich wasserliebende Landtiere wie die oberflächenbewohnenden Springschwänze (Collembola). Selbst in eiskalten Gletscherabflüssen (2–4 °C) können Insekten leben, so bestimmte Zuckmückenlarven.

Typische Quelltiere, die also sehr reines, sehr kaltes, nährstoff- und sauerstoffarmes Wasser geringer Temperaturschwankungen und nicht zu großer Strömungsgeschwindigkeit bevorzugen, sind meist recht klein, was man an Strudelwürmern, Quellschnecken, Wassermilben, Köcherfliegenlarven, Zweiflüglerlarven sowie Krebstieren feststellen kann. Zuckmücken- und Steinfliegen der Quellbäche schlüpfen, scheinbar paradoxerweise, meist extrem zeitig im Frühjahr: Im Winter sind die nicht zufrierenden Quellen relativ wärmer als viele andere Fließgewässer.

Topfquelle mit kalkinkrustierten Moosen aus dem Hödinger Tobel bei Überlingen.

Häufig kennzeichnend ist auch die Quellumgebung. Bei alpinen Sumpfquellen überziehen oft Moose und Quellmoose *(Fontinalis)* die Steine, und kälteliebende Pflanzen wie das Mierenblättrige Weidenröschen *(Epilobium alsinifolium)* bilden Bestände. In kalkreichen Gegenden kommt es durch Kohlensäureentzug infolge der Assimilation von Wasserpflanzen zur Kalkabscheidung, die sich in Gestalt mächtiger Tuffbildungen ablagern können, deren Hohlraumsystem kleinen Wassertieren vielfältigen Unterschlupf bietet.

Selbst Thermalquellen, die mit 40–50 °C aus dem Boden sprudeln, sind nicht ganz lebensfrei. Manche Blaualgen können mehr als 80 °C heißes Wasser aushalten, einige Schnecken, Wasserkäfer und Wasserwanzen, auch Einzeller und Rädertiere 45–55 °C. Von den knapp 200 derzeitig bekannten Thermaltieren sind etwa ein Viertel Käfer, so der nach seinem Biotop benannte kleine Schwimmkäfer *Bidessus signatellus* var. *thermalis*.

Meeresküste und Watt

Die ökologischen Verhältnisse der Küstenregion sind ganz unterschiedlich, je nachdem ob eine Felsküste oder ein Sandstrand die Grenze zum Meer bildet. Der oberste, vom Meer beeinflußte Teil der Felsküsten ist die Spritzwasserzone, die nur gelegentlich, bei Flut und größerem Wellengang, vom Salzwasser bespritzt und überspült wird. Wo Felsplatten flach auslaufen, können sich Gezeitentümpel bilden, die mit großen Temperatur- und Salzgehaltsgegensätzen einen Extrembiotop darstellen. Zwischen der Ebbe- und Flutgrenze erstreckt sich die charakteristische Gezeitenzone.

Es schließt sich die Unterwasserzone an. Vom Schnorchler noch gut erreichbar sind die Blockgründe, in die sich die Felsküste unter Wasser meist auflöst, mit ihren Kliffen und Spalten zahlreiche Versteckmöglichkeiten bietend. Gelegentlich gehen sie in unterseeische Wiesen von Seegräsern über, bevor der Steilabfall zum Seeboden einsetzt. Die freien Wassermassen des Meeres bieten zahlreichen aktiv und passiv (Plankton) schwimmenden Lebewesen Heimstatt.

Wo Sandküsten die Grenze zum Meer bilden, Flüsse feinstes Sedimentationsmaterial anspülen und die Küstenströmungen günstig sind, können sich weite Wattflächen ausbilden. Je nach der Zusammensetzung des Wattbodens aus sandigen und schlammig-tonigen Bestandteilen kann man von einem Sandwatt, Schlickwatt (s. nebenstehende Abbildung) und zahlreichen Mischtypen sprechen, die man allgemein als Mischwatt zusammenfaßt. Eine Sonderform ist das Helgoländer Felswatt.

Charakteristische Beispiele

Die vier wichtigsten Küsten- und Vorküstenregionen kann man wie folgt charakterisieren.

Felsküste

Flachere oder steilere Abstürze aus Urgestein (Atlantikküste) oder Kalk (Mittelmeer) tauchen entweder in Form von glattgeschliffenen Klippen oder, besonders bei Kalkuntergrund, als Ansammlung kleinerer oder größerer Blöcke ins Meer. Die Brandungszone ist über und über bewachsen von den Bäumchen der Braunalge *Cystoseira,* oder – am Atlantik – von langflutenden Tangen (ebenfalls Braunalgen), dazu von Grün- und manchmal »Pflaster« bildenden Rotalgen. An anderer Stelle beherrschen dichte Miesmuschelüberzüge das Bild. Schleimfische *(Blennius)* stecken ihre dicken Köpfe aus Schlupfwinkeln. In der Spritzwasserregion ziehen sich Seepokken *(Balanus, Chthamalus)* hoch hinauf; über den oft bis nahe zur Wasseroberfläche ragenden Blockgründen schweben Lippfische.

Sandstrand

Flache Sandstrände ziehen sich oft bis weit ins Meer hinaus; in den stetig bewegten Seichtwasserregionen wandert der Untergrund und bildet Rippelmarken. Fast alle Bewohner dieser Region können sich eingraben, so zahlreiche Muscheln und die Plattfische. Damit wirkt der Sandboden für den Schnorchler auf den ersten Blick nahezu biologisch leer. Wo die Wellen landseitig den Sand gerade noch anspülen, hält sich eine reichhaltige Sandlückenfauna (vgl. S. 187). Für den Beobachter am interessantesten ist jedoch der Spülsaum mit Muschel- und Schneckenschalen, Quallen und Tangen.

Links Felsküste, in Unterwasser-Blockgründe übergehend, rechts weiter, flach auslaufender Sandstrand.

Schlickwatt

Landseitig ist das Watt oft sehr schlickreich, weil sich die feinsten Schwebestoffe, die den Schlick bilden, aus den auslaufenden Wellen als letzte absetzten. Nahezu eine einzige Pflanze ist bestandsbildend, der Queller *(Salicornia europaea)*. Zwischen seinen rötlichen, fleischigen Beständen sammelt sich immer mehr Schlick an, so daß das Watt dort hochwachsen und schließlich verlanden kann.

Weiter draußen ist das Schlickwatt dicht an dicht besetzt mit 20–30 cm tief eingegrabenen Sandklaffmuscheln *(Mya arenaria)*. Wandert man immer weiter hinaus, entlang der Priele mit bei Ebbe rückströmendem Wasser, so kommt man in Regionen, wo zunächst feinster, dann immer gröberer Sand abgelagert worden ist. Über zahlreiche Mischwattypen gelangt man ins Sandwatt mit seinen besonderen Eigentümlichkeiten.

Sandwatt

Wenn das Watt trockenfällt, treten vielfach Seegrasbestände zutage, meist Zwergseegras *(Zostera nana)*, dessen Rhizome in und über den Sand kriechen und sich verwurzeln. In den somit gebildeten Hohlräumen findet sich eine unerhört reiche Kleintierwelt. Ansonsten ist das Sandwatt pflanzenfrei und enthält eine große Zahl von grabenden Tierformen, die sich einfache oder U-förmige Gänge im Sand graben, so Muscheln, Ringelwürmer, Sandwürmer, Krebse, Seeigel. Hierbei existieren die unterschiedlichsten Anpassungen zur Grabtechnik, zur Versteifung der Gänge mit abgegebenen, erhärtenden Schleimen, zur Bewegung der Tiere in diesen Gängen und schließlich zur Nahrungsgewinnung (vgl. S. 207). Da der Sauerstoffgehalt mit größerer Tiefe drastisch abnimmt, zeigen grabende Tiere häufig spezielle Atemanpassungen.

Links Schlickwatt mit Sandhäufchen von Wattwürmern und Schlickkrebsen an der Nordsee, rechts Sandwatt an der Nordsee mit Rippelmarken.

Felsküste

Die unterschiedlichen Abschnitte oder Zonierungen sind jeweils durch ganz charakteristische Anpassungseigentümlichkeiten ihrer Bewohner gekennzeichnet.

Spritzwasserzone

Am weitesten hoch wagen sich festsitzende Krebstiere, flache Seepocken der Gattung *Chthamalus;* weiter unten finden sich meist mehr konische Formen der Gattung *Balanus.* Seepocken vertragen extreme oberflächliche Austrocknung, da sie ihr Gehäuse durch aufs feinste schließende Kalkplatten vollständig abdichten können, zudem Sauerstoffarmut und extreme Aufheizung auf mehr als 50 °C aushalten. Bei Überspülung öffnen sie das Gehäuse und seihen das Wasser mit ihrem Filter aus feinen Rankenfüßen nach kleinen Schwebestoff-Teilen durch.

Strandasseln *(Ligia italica)* und Posthörnchenwürmer (*Spirorbis* spec.).

Napfschnecken der Gattung *Patella* heften sich mit ihrem Saugfuß so stark am Felsen fest, daß sie die allerstärkste Brandung nicht abreißen kann. Ihre konischen Gehäuse bieten dem aufprallenden Wasser wenig Widerstand. Des nachts weiden sie die Felsen ab; bei Tagesanbruch haben sie aber in aller Regel ihren Standplatz, an den sie geometrisch bestens angepaßt sind, wiedergefunden. Strandasseln der Gattung *Ligia* huschen über die Felsen und verbergen sich tagsüber in feuchten Ritzen.

Wer in diesem extremen Biotop überleben will, muß dem aufprallenden Wasser trotzen oder vor ihm flüchten und extremen Wechsel in der Temperatur, im Salzgehalt (Regenfälle!) und langfristiges Trockenfallen ertragen können.

Gezeitentümpel

Mit Ausnahme des letzteren gelten die genannten Gesichtspunkte in gleicher Weise für die flachen Gezeitentümpel, die bei langen Regenfällen oft vollständig aussüßen, durch Verdunstung des einspritzenden Meerwassers aber auch praktisch zur Salzsole eindicken können. Tagsüber kann das Wasser leicht an die 40 °C warm werden.

Bewohner dieses scheinbar absolut lebensfeindlichen Biotops sind beispielsweise manche Stechmücken *(Aedes mariae),* winzig kleine schwarze Wasserkäfer der Gattung *Ochthebius* und andere. Auch die Rennkrabbe *(Pachygrapsus marmoratus),* die bei Ebbe die Spritzwasserzone auf der Nahrungssuche durcheilt, kann sich (bei der Häutung) in Gezeitentümpel zurückziehen. Sie kann so lange an Land bleiben, als ihre Kiemenhöhlen nicht austrocknen, bei Temperaturen um 25 °C einige Stunden.

Auch Schleimfische können im übrigen kurz ans Land gehen, so der grünliche *Blennius galerita,* der die Seepocken an den Rankenfüßen herausreißt, sobald sie sie bei Überspülung durch eine Welle herausstrecken. Winzig kleine Zwergstrandschnecken *(Littorina neritoides),* die wie ausgelaufene Schrotkörner aussehen, liegen tagsüber eingedeckt in kleinsten, möglichst feuchten Felsspalten; in der Morgen- und Abendkühle weiden sie den Belag feinster Algen ab.

Gezeitenzonen

Die typische Tidenzone kann am Mittelmeer nur einen knappen halben Meter umfassen. An etwas sonnengeschützten Stellen (Nordhängen) kann sie im westlichen Mittelmeer überzogen sein von Steinalgen *(Lithophyllum incrustans),* die zu den Rotalgen gehören und wie verkalkte Miniaturkrautköpfe aussehen. Die darunterliegende Zone wird häufig von bäumchenförmigen Rotalgen der Gattung *Corallina* gebildet. Anderswo, vor allem im östlichen Mittelmeer, überziehen strauchförmige Braunalgen der Gattung *Cystoseira* fast lückenlos die Gezeitenzone, auch Felsen, die bis knapp unter die Wasseroberfläche ragen, durchsetzt von schlauch- oder kugelförmigen Grünalgen *(Codium dichotomum, C. bursa)* und dem Mittelmeer-Beerentang *(Fucus virsoides).*

All dieser Aufwuchs bildet in ungeheurer Vielfalt Mikronisches und Versteckmöglichkeiten für Schwämme, Nesseltiere, Würmer, Flohkrebse, Schnecken, Muscheln, Moostierchen, Stachelhäuter, Manteltiere und sogar Fische, wie die kleinen Schleimfische der Gattung *Blennius.* Auffallendere Krebstiere dieser Übergangsregionen sind beispielsweise der häufige Felsküsteneinsiedler *(Clibanarius misanthropus),* der meist in langgestreckten, einige Zentimeter langen Schneckenschalen wohnt, und der Große Porzellan-

Gezeitenzone bei Ruhigwasser mit grasähnlichen Braunalgen *(Cystoseira),* knorpeligen Überzügen von Grünalgen, hellen Trichteralgen *(Padina pavonia)* und einer rotvioletten Wachsrose.

krebs *(Porcellana platycheles),* der auch im Gewirr der oberflächennahen Steingründe vorkommt. Der große italienische Taschenkrebs *(Eriphia spinifrons)* verharrt beim Trockenfallen gerne in Felsritzen oder unter Tangbüscheln, ebenso wie die genannte Rennkrabbe *(Pachygrapsus marmoratus).*

Blockgründe

Kleine, oberflächennahe Steine werden durch die Brandung hin- und hergeworfen und sind praktisch frei von Aufwuchs. In ihrem Lückensystem halten sich aber zahlreiche Bewohner auf, die man durch Steinewälzen leicht finden kann. Dazu gehören Krebstiere wie das genannte Große Porzellankrebschen, Schlangensterne, Asseln, Käferschnecken, Schleimfische, Würmer. Die weiter unten liegenden größeren Brocken, die nicht mehr durch die Brandung bewegt werden, sind über und über mit Aufwuchs besetzt, in dem sich kleine Drachenköpfe *(Dracaena)* mit ihren giftigen Rückenstacheln gut getarnt verstecken können: Man sollte nie mit bloßen Händen in Algenrasen greifen!

Kalkblöcke sind oft durch die Gänge von Bohrmuscheln *(Lithophaga, Gastrochaena)* durchsetzt, und wenn die Muschel abstirbt, besiedeln Schleimfische, Würmer oder Kleinkrebschen die Gänge. Der Bohrschwamm *(Cliona celata)* durchlöchert die Gesteinsoberfläche siebförmig und ätzt zellenförmige Hohlräume heraus. Auch vor Schnecken und Muschelschalen macht er nicht halt.

Wo Riesenblöcke steil ins Tiefe abfallen, zieht sich an der Schattenseite Aufwuchs bis erstaunlich weit unter die Wasseroberfläche, der sonst nur in größeren Tiefen gefunden wird, darunter zahlreiche Arten gelber oder roter Schwämme, Nesseltiere, Seescheiden und schattenliebende Algen, so die Pfennigalge. Häufige Fische, die in kleinen Trupps über die Blockgründe ziehen, sind beispielsweise Goldstriemen *(Boops salpa)*, Ringel- und Zweibindenbrassen (*Diplodus annularis* und *D. vulgaris*). Neben diesen Pflanzen- und Kleintierfressern finden sich Goldbrassen *(Sparus auratus)*, die mit ihrem massiven Gebiß gepanzerte Krebs- und Weichtiere zermalmen und schließlich auch Räuber, wie die (wohlschmeckenden) Zahnbrassen *(Dentex dentex)*.

Anheftungsmechanismen an Felsen in der Brandungszone: Verbacken (Steinalge), Ansaugen (Napfschnecke), Verankern (Tang), Verkleben (Miesmuschel).

Gespenstkrabbe *(Macropodia longirostris)*, auffallend in der Makroküvette, aber kaum zu entdecken im Algengewirr.

Seegraswiesen

Nur wenige Blütenpflanzen sind ins Meer gegangen, darunter das Gewöhnliche und das Kleine Seegras *(Zostera marina, Z. nana)* und das große Neptunsgras *(Posidonia oceanica)* mit seinen unter Umständen meterlangen, knapp 2 cm breiten Blättern. Im Blattgewirr und den Hohlräumen der Wurzelstöcke und -ausläufer gibt es viele Möglichkeiten für Aufwuchs durch Algen und Schwämme, die sich, wie der Goldschwamm *(Aplysina aerophoba)*, gelegentlich mit den Wurzelstöcken verklumpen. Viele aufsitzende Nesseltiere findet man hier, zahlreiche vielborstige Ringelwürmer, in Mengen kleine Krabben, Asseln und Asselspinnen; unter den Stachelhäutern Seegurken, Federsterne und Herzseeigel, unter den Fischen Seepferdchen *(Hippocampus)*, Seenadeln *(Syngnathus)* und Schlangennadeln, die in Färbung, Aussehen und Bewegungsweise bisweilen den flutenden Seegrasblättern verzweifelt ähnlich sehen. Große bis riesengroße, meist getarnte Seespinnen *(Maja)* stolzieren, mehr oder minder mit Aufwuchs getarnt, über den Untergrund, der bei günstiger Lage dem Schnorchler und auf jeden Fall dem Preßlufttaucher nocht gut zugängig ist.

Sonstige marine Biotope

Wurden die Küstenregionen in diesem Buch noch kurz angesprochen, so können die weiteren marinen Biotope wie die Steilabfälle, Grotten und Höhlen, der Seeboden, die freien Wassermassen hier nicht näher besprochen werden. Eine Charakterisierung findet sich in meinem im gleichen Verlag erschienenen Buch »Tiere und Pflanzen an Mittelmeerküsten«.

Sandstrand

Über die Bewohner des wasserdurchzogenen Sandlückensystems (Mesopsammon) im Bereich der anlaufenden Wellen wurde auf S.187 gesprochen. Eine Fülle von Material bietet dem Wanderer der Spülsaum.

Spülsaum

Neben Weichtierschalen findet man im Spülsaum vor allem Algen und Seegrasabfälle, die beim Zusammenschwemmen interessante Sekundärbiotope bilden können.
Wo viel feuchtes Tangmaterial zu Uferwällen zusammengetragen wird, herrscht ein reges Leben an Strandohrwürmern, Strandasseln sowie Strandfliegen.

Weichtierschalen Neben seltsam »halbharten« Gegenständen wie beispielsweise Eikapseln von Haien und Rochen sowie den charakteristischen Laichballen der Wellhornschnecke *(Buccinium undatum)* findet man zerbrochene Seeigelschalen, häufig die sandbewohnender Formen *(Echinocardium, Echinocyamus)*, sowie Teile von Schlangensternen *(Ophiothrix, Ophiura)*. Auf angetriebenen Tangen und Holzstückchen finden sich häufig rundliche bis dreikantige gewundene Röhren der Röhrenwürmer *Spirorbis* (vgl. Abb. S.198) und *Pomatoceros*.

Schließlich sieht man regelmäßig mehr oder minder verwitterte Teile von Krabbenpanzern, so von Strandkrabben *(Carcinus maenas)* oder von Schwimmkrabben *(Portunus)*.
An Muschel- und Schneckenschalen findet man nicht selten Massenvorkommen ein und derselben Art: Die Eßbare Herzmuschel *(Cardium edule)*, die Kleine Wattschnecke *(Peringia ulvae)*, Venusmuscheln *(Venus)*, Trogmuscheln *(Spisula, Mactra)*, Bohrmuscheln *(Pholas, Zirphaea)*, Messermuscheln *(Ensis, Solen)*, Sägezähnchen-Muscheln *(Donax)*, Austern *(Ostrea)*, Miesmuscheln *(Mytilus)*, Kammuscheln *Pecten)* und Klaffmuscheln *(Mya)* sind die häufigsten Vertreter im Anschwemmsel. Manche weisen etwa 2 mm große Löcher auf. Eine Bohrschnecke *(Lunatia)* hat sie mit ihrer scharfen Raspelzunge tellerförmig eingeraspelt, bis der mittlere Bereich durchgebrochen ist. Hat der Bohrversuch Erfolg, wird die Muschel ausgefressen. Nach zwei Versuchen ist freilich die Reibezunge (Radula) der Schnecke abgerieben. Sind die beiden Versuche vergeblich, muß die Schnecke sterben, wenn sie nicht genügend Eiweißvorräte hat, um die Bildung einer neuen Raspelzunge abzuwarten.

Algen Angespülte Grünalgen sind häufig der dünne blattförmige Meer-

Vertrockneter Knotentang *(Ascophyllum nodosum)* und elliptische Trogmuschel *(Spisula eliptica)*.

salat *Ulva lactuca*) oder die Darmalge *(Enteromorpha)*, bestehend aus stricknadeldicken bis bleistiftstarken Schläuchen. Von der hohen See oder von entfernten Felsküsten eingespült werden Braunalgen, wie beispielsweise der Blasentang mit seinen charakteristischen »Auftriebsblasen« *(Fucus vesiculosus)*, der Palmen-, Finger- und Zuckertang *(Laminaria hyperborea, L. digitata, L. saccharina)*. Dazu kommen große, tangförmig aussehende Rotalgen.

Seegraswälle Am Mittelmeer finden sich dort, wo vor der Küste Seegraswiesen vorkommen, häufig sogenannte Meerbälle, pingpong- bis tennisballgroße, leicht zusammengedrückte verfilzte Gebilde aus den Resten des großen Neptunsgrases *(Posidonia oceanica)*. An den Nordseeküsten findet man häufig kleine Wälle angeschwemmter echter Seegräser (Gattung *Zostera*). Räumt man sie weg, so zeigen sich zwischendurch und nahe der Sandoberfläche erstaunlich feuchte und kühle Hohlräume, Aufenthaltsorte für den Strandfloh *(Orchestia gammarella)* und den Sandhüpfer *(Talitrus saltator)*, von denen der erstere mehr steinigen, der letzere mehr sandigen Untergrund bevorzugt.

Da die Mikronischen im Anschwemmsel nicht nur relativ kühl und feucht, sondern auch windstill und nahrungsreich sind, finden sich zahlreiche »Einmieter« vom Land her: kleine Laufkäfer *(Dyschirius* und andere), Kurzflügler *(Bledius)* in Riesenmengen, bisweilen tausende pro Quadratmeter, und zahlreiche Urinsekten wie Springschwänze. Auf den Oberflächen sitzen, kopulierend, Strandfliegen *(Fucellia maritima* und andere).

Flachwasserboden

Die Organismen dieses Lebensraums liegen flach dem Boden auf oder graben sich ein.

Über Sandboden schwimmender Plattfisch *(Pleuronectes platessa)* demonstriert seinen mächtigen Flossensaum.

Flachauflieger Flach auf dem Boden liegend, doch nur oberflächlich eingegraben, findet man eine größere Zahl von Plattfischen, so Schollen *(Pleuronectes)*, Flundern *(Platichthys)* und Seezungen *(Solea)*. Petermännchen *(Trachinus)* graben sich gerne bis zur Rückenflosse ein, deren in Spitzen ausgezogenen Strahlen zusammen mit den Kiemendekkelstrahlen sehr giftig sind. Ähnliches gilt für den auf tieferen Sandgründen lebenden Sterngucker *(Uranoscopus scaber)*, der nur mit den Augen und den vorderen Rückenflossenstrahlen aus dem Sand guckt. Halbeingegraben sind auch manche Röhrenwürmer und Seerosen.

Graber Zahlreiche Schnecken und Würmer sowie vor allem Muscheln leben halb- oder ganz eingegraben, auch manche Seeigel, wie die Herzigel *(Echinocardium)*. Oberflächlich sich eingrabende Seesterne, zum Beispiel Kammsterne *(Astropecten)*, nähren sich von vergrabenen Muscheln, deren Schalen sie nach Anheftung mit den Füßchen langsam aber sicher auseinanderziehen. Über die Graber wird bei der Besprechung des Watts Näheres mitgeteilt.

Watt

Die Wattregionen an der Deutschen Nordseeküste dehnen sich in der Hauptsache in dem Zwickel etwas westlich von Emden bis etwas nördlich von Flensburg aus. Sie haben seit dem Mittelalter mehrmals drastisch ihre Begrenzungen und Ausdehnungen gewechselt, und auch heute ist der Verlauf von Geest, Marsch und Watt nur eine Augenblicksaufnahme.

Zum Begriff »Watt«

Als Watt bezeichnet man in der Hauptsache die Großflächen sandiger und schlickiger Ablagerungen zwischen der Innenküste des Festlands und der »Außenküste« von Inseln. Bei Ebbe strömen Rinnsale seewärts, kleine und große Priele, die sich zu Wattströmen (Tief, Gat) zusammenfinden und zwischen den Inseln nach außen ziehen. Zwischen solchen baumförmigen Entwässerungssystemen herrschen »Watt-Wasserscheiden«, die die Gesamtfläche in Wattplatten (Plate) zerlegen. Die seeseitige Ausdehnung der bei Ebbe trockenfallenden Flächen kann einige hundert Meter bis einige Kilometer betragen, die Überflutung im Normalfall einige wenige Meter, im Hochwasserfall 4–5 m. Priele können metertief, Gate an die 10 m tief sein.

Wattsedimente

Beim Landeinwärtslaufen setzen die Wellen, wie erwähnt, zunächst grobe, dann feine Sande und, über unterschiedliche Mischungen, letztendlich die feinsten Tonbestandteile ab. Definitionsgemäß gelten die folgenden Zuordnungen zur Teilchengröße: Korndurchmesser von Grobsand in etwa 2–0,2 mm, von Feinsand 0,2–0,02 mm, von Silt (Schluff, Staub) 0,02–0,002 mm und schließlich von Ton (Schlamm) kleiner als 0,002 mm.

Wattregion bei Ebbe an der Atlantikküste mit großflächig trockenfallendem Schlammgrund.

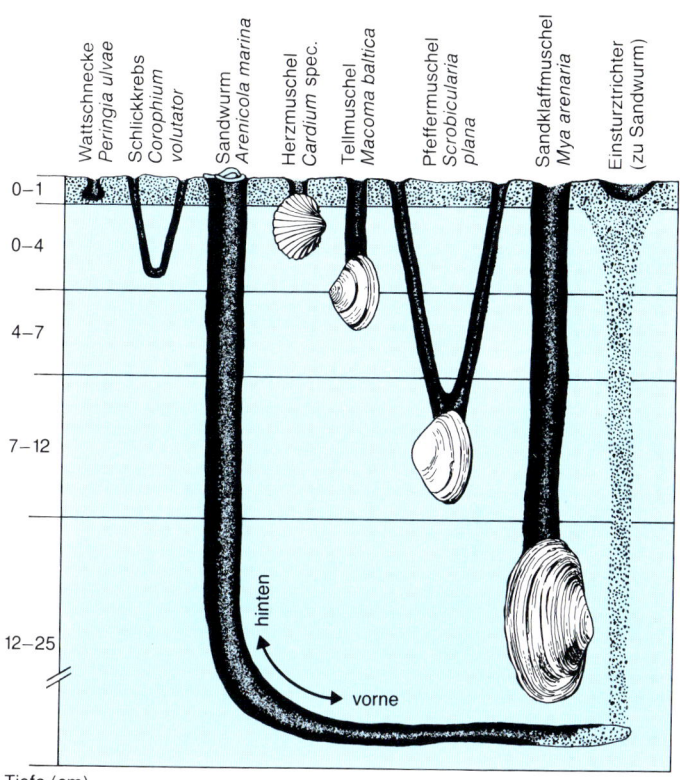

Wattschnecke *Peringia ulvae*
Schlickkrebs *Corophium volutator*
Sandwurm *Arenicola marina*
Herzmuschel *Cardium spec.*
Tellmuschel *Macoma baltica*
Pfeffermuschel *Scrobicularia plana*
Sandklaffmuschel *Mya arenaria*
Einsturztrichter (zu Sandwurm)

0–1
0–4
4–7
7–12
12–25

hinten
vorne

Tiefe (cm)

Wohnröhren typischer grabender Formen im Wattboden. Nach Janus (1976).

Im Versuch setzen sich Sandteilchen unter bestimmten Randbedingungen beispielsweise in einer Minute ab, Feinsandteilchen in vier Minuten, Siltteilchen in einer Stunde, Tonteilchen dagegen erst in sechzehn Stunden. Die Wattsedimente kennzeichnet man durch ihren relativen Anteil an Sand, Silt und Ton. Für die Grobeinteilung reicht der Sand- und Tonanteil. Bei 100–90% Sandanteil, entsprechend nur 0–10% Tonanteil, spricht man von Sandwatt, bei 85–100%igem Tonanteil von einem fetten Schlickwatt. Dazwischen liegen Mischwatt und Schlickwatt.

Wohnröhren im Wattboden

Das Eingraben ist nicht nur als Schutz beim Trockenfallen des Wattes während der Ebbezeit zu verstehen; auch bei Wasserüberspülung leben viele Tiere eingegraben und verstehen es, ihre Nahrung entweder in die Röhren einzubringen oder aber über ausgestreckte Siphone und ähnliches von der Oberfläche aufzunehmen. Die Abbildung zeigt einige Beispiele.

Während Wattschnecke *(Peringia ulvae)* und Schlickkrebs *(Corophium volutator)* nur wenige Zentimeter tiefe Gänge graben, lebt der bekannte ein, und zwar entgegengesetzt zur Einfallsrichtung des Sandes. Der häufige Wattringelwurm (*Nereis diversicolor,* Abb. S.207) baut ähnliche, aber stärker verzweigte, bis 25 cm tiefe Röhrensysteme. Besonders dünne Röhren, die sich am äußeren Ende aufzweigen, verfertigt der Borstenwurm *Pygospio elegans.*

Es gibt auch Würmer, deren Bauwerke sich über die Wattoberfläche erheben, so die Gebilde des Bäumchenröhrenwurms *(Lanice conchilega).* Dieser mauert schornsteinartige, dicht verfugte Röhren aus Sandkörnern, die tief im Wattboden stecken, sich aber zentimeterweit über die Oberfläche erheben und dort durch Fäden abgespannt sind.

Röhren von Wattwürmern bestehen häufig nur aus einem feinen Sekret, das halbflüssig bleibt und sich mit den Sandkörnern verbackt oder sich pergamentartig verfestigt, oder aus einer Sekretröhre mit außen angeklebten Deckpartikelchen. Dies können beispielsweise Sandkörnchen sein, aber auch selbstverfertigte Kalkteilchen.

Sauerstoffverbrauch von Wattbewohnern

Die sauerstoffreiche oberfläche Oxydationsschicht reicht im Sandwatt nur 6 cm tief, im Mischwatt etwa 1,5 cm, im Schlickwatt gar nur wenige Millimeter. Entsprechend ist der Sauerstoffbedarf in der Tiefe vergrabener Wattbewohner wie Muscheln *(Mya, Scrobicularia)* und Würmer *(Arenicola)* sehr viel geringer als der oberflächliche Sandschichten bewohnender Formen *(Cardium, Corophium, Pygospio).* Der Wurm *Pygospio* verbraucht (auf die Körpermasse von einem Kilogramm und eine Stunde umgerechnet) 5 ml Sauerstoff, *Arenicola* dagegen nur 0,5 ml. *Arenicola* vermag dafür mit seinem arteigenen Haemoglobin Sauerstoff stärker zu binden.

Bäumchenwurm *(Lanice conchilega)*; die Wohnröhren wurden vorsichtig aus dem Schlammgrund herausgezogen.

Sandpierwurm *(Arenicola marina)* in bis zu 30 cm tiefen Röhren. Durch Sandtransport entsteht an der einen Seite ein Einsturztrichter. Den mit Nährstoffen beladenen Sand läßt er den Darm passieren und schiebt die Kotwürstchen auf der anderen Seite kegelartig hoch.

Muscheln können unterschiedlich tief eingegraben sein, am wenigsten weit Herzmuscheln *(Cardium),* etwa 10 cm tief Tellmuscheln *(Macoma),* noch tiefer Pfeffermuscheln *(Scrobicularia),* bis zu 25 cm tief die häufigen und typischen Sandklaffmuscheln *(Mya arenaria),* während Miesmuscheln und Austern die Bodenoberfläche besiedeln.

Wohnbauten von Wattwürmern

Die genannten U-förmigen Röhren des Sandpierwurms *(Arenicola marina)* werden durch Schleimsekrete ausgesteift. Der Wurm pumpt sich sauerstoffreiches Wasser durch wellenförmige Körperbewegungen her-

Änderungen im Gezeitenrhythmus

Umweltänderungen Wenn das Watt bei Ebbe trockenfällt, steigt die Temperatur, an einem heißten Sommertag beispielsweise von 20 auf 27 °C, der Sauerstoffgehalt kann durch Übersättigung kurzfristig stark ansteigen und fällt anschließend rasch wieder ab. Der Säuregrad (pH) kann von 8 auf 9 ansteigen und die Salinität von 31‰ auf 33‰. Die Oberfläche des Wattbodens beginnt auszutrocknen. Die an diese Verhältnisse angepaßten Watt-Tiere reagieren darauf mit physiologischen Änderungen und mit Verhaltensänderungen.

Physiologische Änderungen Die Miesmuschel *(Mytilus edulis)* klappt bei Ebbe die Schalen zu und stellt Cilienschlag und Nahrungsaufnahme ein. Der Stoffwechsel wird von aerob auf anaerob (Gärungsstoffwechsel) umgestellt. Der Herzschlag sinkt von etwa 60 auf einige wenige Schläge pro Minute ab. Auch die Zusammensetzung der Körpersäfte und die Nierenfunktion ändern sich stark.

Verhaltensänderungen Die kleine Wattschnecke *(Peringia ulvae)* läßt sich mit der Flut, von unten am Oberflächenhäutchen hängend, landeinwärts treiben und setzt sich bei beginnender Ebbe auf dem Wattboden ab, den sie abweidet. Später gräbt sie sich ein und entgeht damit Temperaturanstieg und Austrocknung. Sobald die neue Flut die Rippelmarken mit Wasser füllt, kriecht sie hoch und hängt sich wieder ans Oberflächenhäutchen.
Die Tellmuschel *(Macoma baltica)* kriecht kurz nach dem Trockenfallen bei Ebbe zunächst in Richtung zur Sonne, einige Stunden später von der Sonne weg. Sie beschreibt damit schlaufenförmige Spuren, die verhindern, daß sie in zu seichte Gewässer kommt.

Wattringelwurm (*Nereis* spec.).

Nahrungsaufnahme von Wattbewohnern

Gerade in Hinblick auf die Nahrungsaufnahme findet man im Watt die vielfältigsten Typen und zahlreiche ökologische Anpassungen.

Sedimentfresser Mit seinem weit ausdehnbaren Saugschlund nimmt der Sandpierwurm nährstoffbeladene Sandmassen auf.

Filtrierer Seepocken filtern das Wasser mit ihren zarten Rankenfüßen durch, Miesmuscheln mit den Kiemenfiltern, Pantoffelschnecken mit einer Art Schleimnetz, sessile Würmer mit ihrer Tentakelkrone.

Pipettierer Pfeffermuscheln und Plattmuscheln schicken ihre langgestreckten Siphone pipettenartig an die Oberfläche, die sie abtasten. Aufgefundene Nahrungspartikel werden abgesaugt.

Räuber Kräftige Mundwerkzeuge zum Festhalten, Zerreißen und Zerkleinern der Beute besitzen Garnelen und Krabben, Saugfüßchen und Ausstülpmägen die Seesterne.

Raspler Strandschnecken raspeln mit ihrer Radula (eine Raspelzunge) den Oberflächenbelag von Steinen, Pflanzen und Sandkörnern ab.

Einschieber Der Schlickkrebs (*Corophium volutator*) schiebt sich ein Stück aus seiner Röhre, greift mit seinen breiten zweiten Antennen baggerartig nach außen und schiebt den nährstoffbeladenen Schlick an sich heran.

Produktion im Watt

Woher kommen die Nahrungsreserven im Watt? Zum einen stammen sie aus der Primärproduktion, der Photosynthese vor allem durch Kieselalgen (Diatomeen). Zum anderen entstammen sie eingespültem und sedimentiertem Meeresplankton sowie eingewehtem organischen Material, das sich abgesetzt hat. Dazu kommen noch Tierleichen, eingeschwemmte und abgestorbene Tange und vieles mehr.

Der Stoffumsatz im Watt ist vergleichsweise groß. So wurde in einem schottischen Watt für *Nereis diversicolor* eine Biomasse von 4,2 g Trockenmasse pro Quadratmeter bestimmt und eine Produktion von 12,8 g Trockenmasse pro Quadratmeter und Jahr.

Lebensgemeinschaften und Tiere im Watt

Das so einförmig erscheinende Watt bietet nach den abiotischen Bedingungen erstaunlich unterschiedliche Voraussetzungen für die Besiedelung. So können Unterschiede in den Höhenlagen von nur wenigen Zentimetern bis Dezimetern, die sich beim Trockenfallen deutlich auswirken, die Besiedelung grundlegend ändern.

Wattboden

Watthöhenschwankungen von wenigen Zentimetern machen dem wenig feuchtigkeitsempfindlichen Wattwurm *Nereis diversicolor* nichts aus. Der feuchtigkeitsempfindlichere Wurm *Arenicola marina* weist dagegen in Wattregionen 30 cm unter der mittleren Hochwasserlinie Bestände von rund 250 Individuen pro Quadratmeter auf, bei wasserungesättigten Sedimenten nur 25 cm unter der mittleren Hochwasserlinie dagegen lediglich von rund 10 Individuen pro Quadratmeter – und das bei Differenzen von nur 5 cm! Ähnlich sensibel sind manche Muscheln. Schlickkrebse und Schnecken wandern in günstigere Nachbarregionen ab.

Ansatz von Grünalgen und Blasentang *(Fucus vesiculosus)* an einem Hartstück.

An den Rändern der Priele oder der tieferen Gate kommen ganz andere Arten vor als auf der Wattoberfläche, und je nach dem Schlick- und Sandgehalt (und zugeordnetem unterschiedlichen Chemismus) ändert sich die Artenzusammensetzung. So siedelt sich die Miesmuschel gerne auf tiefer liegenden Schlickwatten an, die Auster dagegen auf Schlicksanden in der Prielregion, und an den Wänden der tiefabsteigenden Gate siedelt in Kolonien die »Sandkoralle«, der Wurm *Sabellaria spinulosa*.

Wattoberfläche

Die auf den ersten Blick lebensleere Region entpuppt sich erst bei näherem Hinschauen – oder Nachgraben – als vielfach besiedelt: die Tiere leben im allgemeinen verborgen (Abb. S. 205).

Da die Wellenbewegung an den flachen Sandküsten bis zum Boden reicht, werden Pflanzen ohne tiefe »Sandanker« losgerissen und treiben hin und her. Manche Algen benutzen als Anheftungsbasis im Sand lebende Muscheln oder Krabben, so die Zweigfadenalgen *(Cladophora)*, die häufig losgerissen werden, herumtreiben und im Strandaufwurf enden.

Schnecken saugen sich beim Trockenfallen fest; wo das nicht möglich ist – bei reiner Schlickoberfläche – versuchen sie sich einzugraben.

Muschelbänke

Erstaunlicherweise können sich trotz des Mangels an festem Aufwuchs auch große Bänke oder zusammenhängende Girlanden von Miesmuscheln halten. In den tieferen Prielen, die das Sandwatt durchziehen, finden sich statt der Miesmuscheln Austernbänke. Sie sind durchsetzt von Bäumchenröhrenwürmern und anderen Bewohnern, die längeres Trockenfallen nicht mehr vertragen, so manchen Seeigeln und der eigentümlichen »Sandkoralle«, einem koloniebildenden Wurm *(Sabellaria spinulosa)*. Miesmuscheln *(Mytilus edulis)*, bis knapp 2000 Individuen pro Quadratmeter), werden gerne von der Pantoffelschnecke *(Crepidula fornicata)* bewohnt. Auf dem Hartsubstrat siedeln Hydroidpolyppen und Seerosen, dazwischen auch Seeigel, Seesterne, Seepocken, Einsiedlerkrebse, Krabben, Bohrmuscheln.

Pantoffelschnecke *(Crepidula fornicata)* auf Miesmuscheln *(Mytilus edulis)*.

Austernbänke, von denen Möbius im Jahre 1877 den Begriff der »Biozönose«, also Lebensgemeinschaft abgeleitet hat, werden von der Auster *(Ostrea edulis;* ein Individuum pro zwei bis drei Quadratmeter) besiedelt, weiter von Hydroidpolypen (dem sogenannten »Korallenmoos«), dem Dreikantwurm, Seepocken, Bohrwürmern und Bohrschwämmen.

Die Sandkorallenregion, von der Sandkoralle *(Sabellaria spinulosa)* beherrscht, beherbergt unter anderem den Schlickkrebs *Corophium bonelli,* weiter aufwachsende Hydroidpolypen, Würmer, Bohrmuscheln, Seesterne und Schlangensterne. Da die Muscheln das Wasser durchfiltrieren und alle unverwertbaren Bestandteile aussieben und ausscheiden, wirken sie auch als »Schlickfänger«.

Fische im Watt

Für eine Reihe von Fischen ist das Watt existentiell wichtig. So ziehen die Jungschollen aus den nördlich der Inselketten gelegenen Laichgebieten zunächst in die Kinderstuben ins Watt, bevor sie als ausgewachsene, geschlechtsreife Fische weiter nach Norden wandern. Ähnliches gilt für die Seezunge *(Solea solea)*, die Sprotte *(Sprattus sprattus)* und den Hering *(Clupea harengus)*.

Standfische des Wattenmeeres sind beispielsweise Aalmutter *(Zoarces viviparus)*, Seeskorpion *(Myoxocephalus scorpius)*, Steinpicker *(Agonus cataphractus)* und Strandgründler *(Pomatoschistus microps)*. Dazu kommen Sommergäste, z.B. die Makrele *(Scomber scombrus)* und Wintergäste, etwa der Stint *(Osmerus eperlanus)*.

Vögel im Watt

Zahlreiche Vögel finden Nahrung und – auf Inseln, Dünen und Halligen – Brutmöglichkeiten in der Wattregion, so viele Möwen und Seeschwalben, unter anderem die Sturmmöwe *(Larus canus)* und die Küstenseeschwalbe *(Sterna macrura)*, Brandente *(Tadorna tadorna)*, Austernfischer *(Haematopus ostralegus)*, Steinwälzer *(Arenaria interpres)*, Rotschenkel *(Tringa totanus)* und zahlreiche kleine Limikolen wie Knutt *(Calidris canutus)*, Alpenstrandläufer *(Calidris alpina)* und andere mehr.

Die Wattvögel, dazu Ringelgans, Brandente und Schwimmenten, sind von den Gezeiten abhängig. Sie laufen über den Wattboden, den sie auf Nahrungssuche durchstochern. Eiderenten, Kormorane, Säger tauchen von der Wasseroberfläche aus und sind weniger an den Gezeitenrhythmus gebunden. Seeschwalben erbeuten die Nahrung sturztauchend.

Verschiedene Vögel sind an unterschiedliche Wattuntergründe angepaßt. So durchstochern und durchschnattern Säbelschnäbler *(Recurvirostra avosetta)* und Brandenten *(Tadorna tadorna)* bevorzugt Schlickwatt, manche Strandläufer reines Sandwatt. Während der Flut sammeln sich die nun untätigen Vögel häufig artweise an bestimmten

Auf den Ruheplätzen in und nahe dem Watt treffen sich Limikolen oft in großer Individuenzahl und bilden beim Auffliegen brausende Wolken: hier der Knutt *(Calidris canutus)*, ein tundrenbewohnender Zugvogel.

Die Mantelmöwe *(Larus marinus)*, die größte europäische Möwe, frißt nicht nur Jungvögel und Fische, sondern auch Aas und Abfall.

Hochwasserrastplätzen, an Stränden, Dünen und auf Äckern.

Wattvögel können von Pflanzen leben wie die Ringelgans *(Branta bernicla)*, überwiegend von Pflanzenstoffen (Schwimmenten) oder von tierischer Kost (alle anderen Arten). Man hat festgestellt, daß sich die Kost der Fleischfresser zu 72% aus Muscheln, zu 12% aus Krebsen, zu 10% aus Fischen und zu 6% aus Bor-

Seehund *(Phoca vitulina)*, dessen Jungen die Sandbänke der Wattregionen als Ruheplätze essentiell benötigen.

stenwürmern zusammensetzt. Im Durchschnitt konsumieren die Vögel pro Quadratmeter und Jahr im Watt etwa 3–4 g Trockengewicht an Fleischnahrung. Nur etwa halb soviel nimmt der Mensch in Form von Miesmuscheln, Austern, Herzmuscheln und Fischen sowie Pierwürmern und Garnelen.

Wattflächen sind für die Vögel nicht nur zur Nahrungsaufnahme während des Sommers wichtig, sondern auch als Rast- und Nahrungsaufnahmeplätze während der Zugzeit.

Säugetiere im Watt

Seehunde *(Phoca vitulina)*, dazu gelegentlich Kegelrobben *(Halichoerus grypus)* und Ringelrobben *(Phoca hispida)* kommen im Wattenmeer vor. Der Seehund liebt flachere Bereiche mit Sandbänken, auf denen im Juni und Juli die Jungen geboren werden, meistens pro Muttertier nur eines. Auf den Sandbänken werden die Jungen auch während der Ebbezeit gesäugt. Während der Wachstumszeit entnehmen die Jungen dem Wattenmeer zwischen 5 und 7 kg Nahrung pro Tag.

Kolonie von Brandseeschwalben *(Sterna scandvicensis)* und Pärchen von Flußseeschwalben *(Sterna hirundo*, Bildmitte*)*.

Literatur

Es sind keine Originalarbeiten und nur wenige wissenschaftliche Zusammenfassungen angegeben. Bevorzugt habe ich allgemeinverständliche Darstellungen (für jeden Abschnitt vier Literaturstellen), die ein vertieftes Eindringen ermöglichen und selbst zahlreiche Literaturhinweise enthalten.

Berg und Fels

Jeník, J. und V. Větvička (1978): Das Leben der Berge. Dausien, Hanau.

Engel, F.-M. (1977): Die Pflanzenwelt der Alpen. Süddeutscher Verlag, München.

Franz, H. (1979): Ökologie der Hochgebirge. Ulmer, Stuttgart.

Riess, W. und T. Schauer (1982): Alpin-Lehrplan 12. BLV Verlagsgesellschaft, München, Wien, Zürich.

Wald und Busch

Duflos, S. (o. J.): Der Wald lebt. Streifzüge durch die Natur. Herder, Freiburg.

Graf, J. und M. Wehner (1974): Der Waldwanderer. Pflanzen und Tiere des deutschen Waldes. Lehmann, München.

Hofmeister, H. (1977): Lebensraum Wald. Lehmann, München.

Scamoni, A. (1984): Unsere Wälder. Gondrom, Bayreuth.

Wiesen und Weiden

Duflos, S. (o. J.): Die Wiese lebt. Streifzüge durch die Natur. Herder, Freiburg.

Peters, S. (1971): Insekten auf Feld und Wiese in Farben. Maier, Ravensburg.

Pott, E. (1982): Wiesen und Felder. Pflanzen und Tiere nach Farbfotos bestimmen. BLV Verlagsgesellschaft, München, Wien, Zürich.

Schmidt, H. (1979): Die Wiese als Ökosystem. Aulis Deubner, Köln.

Moor und Heide

Ellenberg, H. (1978): Vegetation Mitteleuropas mit den Alpen.

Göttlich, K. (1980): Moor und Torfkunde. Stuttgart.

Krewerth, R. A. (ed.) (o. J.): Naturraum Moor und Heide. Meyster, München, Wien.

Slobodda, S. (1985): Pflanzengemeinschaften und ihre Umwelt. Quelle und Meyer, Heidelberg, Wiesbaden.

Trockenfluren und Ödland

Bertsch, K. (1947): Unsere Gesteinsfluren und Trockenrasen als Lebensgemeinschaft. Maier, Ravensburg.

Philippi, G. (1971): Sandfluren, Steppenrasen und Saumgesellschaften der Schwetzinger Hardt. Veröff. Landesst. Natursch. u. Landschaftspflege, Baden-Württemberg 39, 67–130.

Schröder, H. (1974): Insekten der Trockengebiete in Farben. Maier, Ravensburg.

Zänkert A. und L. (1955): Zwischen Strand und Alpen. Lebensstätten unserer Tiere und Pflanzen. Kosmos, Stuttgart.

See und Teich

Löffler, H. (1974): Der Neusiedler See. Molden, Wien.

Jeník, J. und V. Větvička (1977): Das Leben der Seen. Dausien, Hanau.

Kabisch, K. und J. Hemmerling (1982): Tümpel, Teiche und Weiher. Oasen in unserer Landschaft. Landbuch-Verlag, Hannover.

Schmidt, E. (1974): Ökosystem See. Quelle und Meyer, Heidelberg, Wiesbaden.

Bach und Fluß

Duflos, S. und J. L. Grailles (o. J.): Der Fluß lebt. Streifzüge durch die Natur. Herder, Freiburg, Basel, Wien.

Engelhardt, W. (1985): Was lebt in Tümpel, Bach und Weiher? Kosmos, Stuttgart.

Niemeyer-Lüllwitz, A. und H. Zucchi (1985): Fließgewässerkunde. Diesterweg Salle, Frankfurt und Sauerländer, Aarau.

Meyer, D. (1983): Makroskopisch-biologische Feldmethoden zur Wassergütebeurteilung von Fließgewässern. Arbeitsgemeinschaft Limnologie etc., Röttgerstr. 6, 3 Hannover 91.

Meeresküste und Watt

Gerhard, F. (1981): Naturraum Wattenmeer. Meyster, München, Wien.

Duflos, S. und R. Brandicourt (o. J.): Der Strand lebt. Streifzüge an der Küste. Herder, Freiburg, Basel, Wien.

Nachtigall, W. (1983): Tiere und Pflanzen an Mittelmeerküsten in ihren Lebensräumen vom Küstenstreifen bis zum offenen Meer. BLV Verlagsgesellschaft, München, Wien, Zürich.

Rohde, J. E. (1979): Naturwunder Küste. Nordsee, Ostsee, Schleswig-Holstein. Ringier, Zürich, München.

Allgemeine Literatur

Aichele, D. und R. sowie H.-W. und A. Schwegler (1974): Die Natur im Jahresablauf. Bunte Kosmos-Taschenführer. Franckh, Stuttgart.

Dirschke, H. (1974): Saumgesellschaften im Klimagefälle an Waldrändern. Scripta Geobot. (Göttingen) 6.

Dylla, K. und G. Krätzner (1977): Das biologische Gleichgewicht. Quelle und Meyer, Heidelberg, Wiesbaden.

Geiger, R. (1961): Das Klima der bodennahen Luftschicht. Die Wissenschaft 78, 4. Auflage. Braunschweig.

Halbach, U., J. Lehmann und K. Schilke (ed.) (1982): Lernspiele in der Umwelterziehung. Einfache und komplexe Ökosysteme im Spiel. Beltz-Verlag, Weinheim, Basel.

Janus, H. (1976): Das Watt. Franckh, Stuttgart.

Kelle, A. (1972–1978): Lebende Heimatflur. Fünf Teile. Dümmlers Unterrichtswerk Biologie, Dümmler, Bonn.

Klapp, E. (1971): Wiesen und Weiden. 4. Auflage. Parey, Berlin, Hamburg.

Klötzli, F. (1983): Einführung in die Ökologie. Die Wechselbeziehung zwischen Mensch und Umwelt. Hallwag, Bern.

Kloft, W. J. (1978): Ökologie der Tiere, Ulmer, Stuttgart.

Lüdi, W. (1945): Besiedelung und Vegetationsentwicklung auf den jungen Seitenmoränen des großen Aletschgletschers. Ber. Geobot. Forsch. Inst. Rübel, Zürich 1944, 35–112.

Mühlenberg, M. (1976): Freilandökologie, Quelle und Meyer, Heidelberg, Wiesbaden.

Odum, E. P. (1959): Fundamentals of ecology. 2. ed. Saunders, Philadelphia, London.

Reader's Digest (1971): Bildatlas der Tierwelt, 2. Auflage. Verlag Das Beste, Stuttgart.

Reisigl, H. und H. Pitschmann (1958): Obere Grenzen von Flora und Vegetation in der Nivalstufe der zentralen Ötztaler Alpen (Tirol). Vegetatio 8, 93–128

Remmert, H. (1984): Ökologie. Ein Lehrbuch. Springer, Berlin, Heidelberg, New York, Tokyo.

Schütt, P. et al. (1986): So stirbt der Wald. Schadbilder und Krankeitsverlauf. 5. Auflage. BLV Verlagsgesellschaft, München, Wien, Zürich.

Schwörbel, J. (1984): Einführung in die Limnologie. G. Fischer, Stuttgart.

Strasburger, E. (1978): Lehrbuch der Botanik. 31. Auflage. Fischer, Stuttgart, New York.

Straskraba, M. und A. Gnauck (1983): Aquatische Ökosysteme. G. Fischer, Stuttgart.

Tischler, W. (1975): Wörterbücher der Biologie: Ökologie. G. Fischer, Stuttgart.

Turner, H. (1970): Grundzüge der Hochgebirgsklimatologie. In: »Die Welt der Alpen« 170–182. Umschau-Verlag, Frankfurt.

Uhlmann, D. (1982): Hydrobiologie, G. Fischer, Stuttgart.

Zuber, E. (1968): Pflanzensoziologische und ökologische Untersuchungen an Strukturrasen (besonders Girlandenrasen) im Schweizerischen Nationalpark. Ergebn. Wiss. Unters. Schweiz. Nationalparks 60, 79–157.

Bestimmungsliteratur (Auswahl)

Arnold, E. N. und J. A. Burton (1979): Parey's Reptilien- und Amphibienführer Europas. Parey, Hamburg, Berlin.

Bezzel, E. und B. Gidstam (1978): Vögel Mittel- und Nordeuropas. BLV Bestimmungsbuch. BLV Verlagsgesellschaft, München, Wien, Zürich.

Brohmer, P. (fortgeführt von W. Tischler) (1977): Fauna von Deutschland. Ein Bestimmungsbuch unserer heimischen Tierwelt. Quelle und Meyer, Heidelberg, Wiesbaden.

Campbell, A. C. (1977): Der Kosmos-Strandführer. Pflanzen und Tiere der europäischen Küsten in Farbe. Franckh, Stuttgart.

Garms, H. (1977): Pflanzen und Tiere Europas. Ein Bestimmungsbuch. DTV, München.

Jahns, H. M. (1982): Farne, Moose, Flechten. BLV Bestimmungsbuch. BLV Verlagsgesellschaft, München, Wien, Zürich.

Müller, H. J. (1985): Bestimmung wirbelloser Tiere im Gelände. Fischer, Stuttgart.

Muus, B. J. und P. Dahlström (1968): Süßwasserfische. BLV Verlagsgesellschaft, München, Wien, Zürich.

Peterson, P., G. Mountfort und P. A. D. Hollom (1979): Die Vögel Europas. Parey, Hamburg und Berlin.

Schauer, Th. und C. Caspari (1984): Der große BLV Pflanzenführer. BLV Verlagsgesellschaft, München, Wien, Zürich.

Schauer, Th. und C. Caspari (1975): Pflanzen- und Tierwelt der Alpen. BLV Bestimmungsbuch. BLV Verlagsgesellschaft, München, Wien, Zürich.

Schmeil, O. und J. Fitschen (1982): (bearbeitet von W. Rauh und K. Senghas): Flora von Deutschland und seinen angrenzenden Gebieten. Quelle und Meyer, Heidelberg, Wiesbaden.

Streble, H. und D. Krauter (1973): Das Leben im Wassertropfen. Mikroflora und Mikrofauna des Süßwassers. Franckh, Stuttgart.

Register

Wissenschaftliche Namen (Gattungen)

Deutsche Namen

Sachwortverzeichnis

BLV Naturführer für spezielle Lebensräume

Wenn Sie die Tier- und Pflanzenarten der einzelnen Lebensräume »vor Ort« entdecken wollen: in der BLV Naturführer-Reihe gibt es die richtigen Orientierungs- und Bestimmungshilfen. Sechs praktische Taschenbücher bieten Ihnen ausführliche Tier- und Pflanzenporträts für alle typischen heimischen Lebensräume. Brillante Farbfotos und klare Texte zu Merkmalen, Vorkommen und Lebensweise liefern genaue Steckbriefe der wichtigsten Arten.

BLV Verlagsgesellschaft München